圖說天下

# 中國大歷史

◎主編 童超

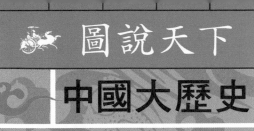

# 刺客列傳

# 圖說天下

# 前言

他們總是孤身一人出現，卻能營造勝於千軍萬馬的肅殺氣氛；他們的行動只在頃刻之間，卻常要經過精心細緻的策劃；他們的目的可能差之千里，手段卻如出一轍；他們隱匿於政局風雲的背後，卻常常有改寫歷史、左右天下的威力。他們有一個共同的、充滿神祕色彩的名字——刺客。

這是一群生活在黑暗和影子中的人，他們或者受人之託，或者自發行事，準備一把鋒利的匕首，營造一番完美的僞裝，千鈞一髮之後，無論事成與否，立刻拂袖而去，從此杳無音跡。

他們也許出身並不顯赫，甚至有些卑微，一介屠夫朱亥、其貌不揚的要離、戰爭俘虜郭循……而他們卻在一個獨特的舞台上，前仆後繼地演繹著一段段創意迭出、精彩絕倫的刺殺戲：專諸以美食作爲刺殺的糖衣，神醫吉平在藥中暗藏玄機，曹操以刀掩蓋殺意，更有項莊攝人魂魄的劍之舞……在這段特殊的歷史上，一個個鮮活的人物，一場場或干戈四起、或暗藏殺機的爭鬥，一齣齣或許曲折離奇、也可能感人至深的故事，也許悄無聲息、但卻力挽狂瀾地震撼上演。這不僅是一幅幅精彩紛呈的畫面，而更是從一個特殊的角度，以一種別出心裁的方式，詮釋著一個時代政權的爭鬥，歷史的變遷。

刀光血影，巧爭暗鬥，刺客們用暗殺的方式，向世人講述著自己的恩怨情仇。或爲知遇之恩，或爲遺世英名，或爲利益所驅，或爲民族大義，豪情也好，仇恨也罷，即便犧牲了自己的生命，也在所不惜，義無反顧。當仇恨逝去，起因已不再重要時，留給人們更多的，是激盪起的情感所帶來的深深震撼，是讀罷歷史之後，內心無盡的感慨、沉默與深思。

對於這些神祕的劍客，這群來無預兆、去無蹤影的刺客，我們在以往的恐懼之外，更多了一種或景仰或惋惜的複雜情感。不管他們的一生是波瀾壯闊、驚世駭俗，還是默默無聞、無名終了，他們的獻身精神與堅韌的毅力，終將久久留在我們心中，定格成某個時代的剪影。易水邊的悲唱，生離死別的辭行，也終會化作一首悼念勇士的安魂曲，在刺客傳奇的畫卷上空，永不停息地吟唱著一曲悲壯悠揚的旋律。

# 刺客列傳

目次

# 千秋俠客首稱曹
## ——曹沫劫齊桓公

「十步殺一人，千里不留行。事了拂衣去，深藏身與名」。在中國歷史上，有這樣一位特殊的刺客，他是唯一當過將軍的刺客，是唯一沒有殺死行刺對象卻達到目標的刺客，更是達到目的並安然存活下來的刺客。他，就是曹沫，司馬遷《史記・刺客列傳》中的首篇人物，中國刺客第一人。然而，曹沫何以有如此的殊榮？他經歷了一場怎樣驚心動魄的刺殺事件？

### 北杏會盟

齊國是周王朝開國功臣姜尚（齊太公）的封國。周莊王十二年（西元前六八五年），公子小白即位，成爲齊國第十六代國君，史稱齊桓公。在丞相管仲的輔佐下，再加上沿海地理資源優勢，齊國國勢日益增強。充滿野心的齊桓公並不滿足，他把目光投向了富庶的中原。同時，他也很清醒：當今諸侯，南有鄭楚，西有秦晉，這些強國均是他稱霸的障礙。爲了贏得列國諸侯對齊國的依附，達到稱霸的目的，管仲提出了「尊王攘夷」、「知與之爲取」等策略。

齊桓公五年（西元前六八一年），周天子莊王逝世，新天子即位。與此同時，宋國發生了弒君篡位之亂。齊桓公採納管仲意見，在周王室衰微之際，朝拜備受冷落的新天子，並以周天子的名義，約宋、魯、陳、蔡、衛、鄭、曹、邾等國齊集北杏（今山東省東阿縣），舉行會盟，平定宋國內亂。會盟當天，宋、陳、邾、蔡先後而至，而魯、衛、曹、鄭卻沒有來，九國會盟變成了五國會盟。

會盟之始，齊桓公向衆位諸侯陳述了會盟目的：「既爲商定宋公之位，更爲匡扶王室，安定天下。」衆諸侯聽後，莫不表示贊同。但當商議

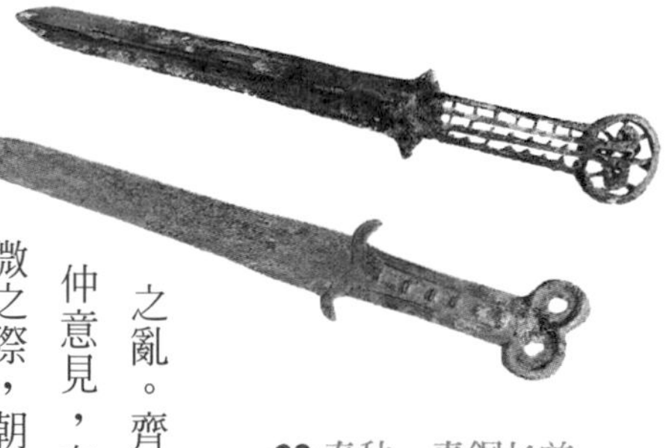

春秋・青銅匕首
匕首短小鋒利，攜帶方便，容易隱藏，是近距離搏鬥的有效武器，因此作為刺客的常用兵器。

推舉盟主之時，大家便議論紛紛。

按照當時的慣例，諸侯的爵位分爲公、侯、伯、子、男，尊卑有序，而宋是公國，齊是侯國，據此，理應推宋爲盟主。可是，宋公新立，地位很不牢固，對內對外都難以服眾。

經一番討論，大家一致贊成推舉齊侯桓公爲盟主，因爲齊侯代替周天子召集大家聚會，只有他才能眞正執行周天子的旨意，使各國各司其職，天下太平。但宋公很不服氣，「小小齊侯，妄自尊大，竟敢藉著周天子的名義，越位主盟！」於是，宋公帶領軍隊憤然離去。

齊桓公發現後，大發雷霆，決定即刻出兵征宋。管仲勸道：「宋背盟逃歸，罪當該罰，但他們不仁信，我們不能不義。況且，眼前還有比伐宋更急的事情等著您去辦啊！那就是伐魯——宋公背盟，但他還是來了，而魯國連會盟都不參加，根本就是無視主公您。魯爲鄰國，不先伐魯，何以服宋？」齊桓公採納了管仲的意見，於是向魯發兵。

## 三戰三敗

魯國是周王朝時一個姬姓諸侯國，爲周武王的弟弟周公旦的封地。春秋初期，魯國成爲東方大國，春秋中後期，因大夫專權，魯國漸成積弱之國，國力漸不如齊、晉之強，地勢不及秦、楚之大。

齊桓公塑像

位於山東濟南泉城廣場齊魯文化長廊上。

周莊王四年（西元前六九三年），魯莊公即位，爲魯國第十六任君主。魯莊公無心於政治，面對蜂擁而至的齊國大軍，驚慌失措，不知如何是好，於是召集群臣商議。然而大臣們戰戰兢兢，毫無鬥志，紛紛主張投降。魯莊公大怒，喝斥道：「國家危在旦夕，爾等卻無動於衷，實在枉爲魯國臣子！」就在這時，一名濃眉大眼、身材魁梧、皮膚黝黑的漢子站了出來說：「君侯，國家有難，匹夫有責！臣願率兵應戰！」

此人名叫曹沫，他因爲勇武神威、力大無邊而深受魯莊公的賞識，被魯莊公留在身邊。魯莊公怒顏漸展，喜上眉梢：「還是曹沫最忠！」於是，魯莊公任用曹沫爲將軍，率兵抗敵。

戰場上，只見曹沫怒髮衝冠，憤眼圓睜，手持大刀，奮勇抗敵，怎奈齊軍聲勢浩大，魯軍潰不成軍，丟盔棄甲。曹沫見狀，青筋暴露，瘋狂反撲。但以一敵眾，終歸失敗。迫於無

### 齊魯糾紛歷史淵源

魯莊公的生母文姜是齊國國君齊僖公的女兒，她與同父異母的哥哥姜諸兒發生不倫之戀。後來，文姜嫁給了鄰國魯國的國君魯桓公，生下了魯莊公；姜諸兒娶了宋國的公主，做了齊國的國君，即齊襄公。但兄妹倆仍都深愛著對方，因此他們經常偷偷幽會，久而久之，魯桓公知道了他倆的私情，醋意大發，與文姜大吵了一頓。姜諸兒知道後，在深夜把魯桓公灌醉，並派武士彭生謀殺他。彭生用麻袋罩住魯桓公的頭，魯桓公窒息而死。姜諸兒知道魯桓公已死，對外宣稱魯桓公暴病而亡，齊魯衝突從此爆發。

奈，曹沫只好帶著殘兵敗將，撤回魯國。

齊國如未飽之餓狼，繼續進逼魯境。魯莊公焦急萬分，火速召見曹沫。曹沫心有慚愧，但又不甘心，決定再次領兵抗齊。魯莊公仍然十分信任他，繼續任其爲將軍。於是，三日後，齊與魯再戰，但曹沫再敗。七日後，齊與魯三戰，曹沫三敗。三戰連連敗北，實爲將帥之辱，魯國之辱！曹沫痛苦萬分。

魯軍兵敗，齊軍逼臨魯國邊界，魯莊公心急如焚。他深知，再戰下去，魯國將不保矣。無奈之際，魯莊公只好答應齊國撤兵的條件，即割讓遂邑之地給齊國，並與其結盟，成爲齊的附屬國。

## 勇劫齊桓公

按照約定，齊國與魯國在齊魯交界之地——柯地舉行會盟。會盟日期將至，魯莊公焦躁不安：「齊國奸詐，此次結盟，前途未卜！」群臣也誠惶誠恐、面面相覷。

一片慨歎聲中，曹沫上前跪道：「臣三戰三敗，苟活至今！全蒙君侯仁愛！此次會盟，臣願同往，保護君侯！如若不應，臣即刻便死！」魯莊公忙扶起曹沫：「愛臣快快請起，三敗之辱，非你所致，皆因齊賊狂妄霸道、凶狠狡詐矣！」於是，魯莊公讓曹沫做將軍，與其同行。

魯莊公率領軍隊，一路奔波，終於到了柯地。只見高壇築起，壇煙裊裊，會場隆重而莊嚴。齊國把雄兵列於盟壇四方，成爲方陣。壇上高高豎起一大黃旗，繡有「方伯」二字，東郭牙爲司儀，立於盟壇階下，迎接魯莊公到來。

兩位國君走上盟壇，會盟儀式正式開始。鼓樂聲起，齊將隰朋燃壇香，插上香案，手捧玉盂，跪請兩位君主歃血爲盟。兩國大臣、士兵目不轉睛，直立壇下。突然，說時遲，那時快，曹沫「嗖」的一聲，以迅雷不及掩耳之勢，衝向盟壇，左手緊拽齊桓公雙臂，右手執利器狠壓齊桓公的脖子。全場頓時鴉雀無聲，就連魯莊公也目瞪口呆。

齊桓公嚇得冷汗直流，待驚魂甫定，喝道：「大膽狂徒！爲何行刺於孤？」曹沫面冷如冰，毅然答曰：「齊國富強，沃土廣袤，兵甲天下。而魯國貧弱，國土狹小，軍士不濟。但你們卻恃強凌弱，竟三番五次霸佔魯國疆土，辱沒魯國尊嚴，你實在是太過分了！」

「爾待要如何？」齊桓公問道。

「歸還魯國土地！」曹沫堅定地回答。齊桓公仔細衡量利弊後，答應歸還魯之失地。曹沫這才扔掉利器，挺胸抬頭、泰然自若地走下盟壇，面朝北方和群臣一起坐下，彷彿一切如初。齊桓公遵守諾言，更改了會盟協議。會盟終於在和平中結束。

## 終收失地

盟約簽訂後不久，齊桓公憤憤不平，想要毀約：「區區小卒，竟敢凌駕於孤之上，癡心妄想！」管仲忙勸道：「君侯！君子一言，駟馬難追！您不可爲了小利逞一時之快而失去天下的信任！」桓公細想，說：「還是卿家考慮周到！口血未乾，非君子所爲，我不可因小失大！況且，小小魯地，棄之何惜！」

至此，魯國終於收回因戰敗割讓給齊國的土地。而曹沫，因「以一劫之功反三敗之恥」而聲名遠播，傳誦至今。有詩爲證：「森森戈甲擁如潮，仗劍登壇意氣豪。三敗羞顏一日洗，千秋俠客首稱曹。」

齊國雖然被迫歸還新徵土地，但齊桓公終以遵守諾言而聞名天下，使各諸侯紛紛依附於齊國。據統計，在短短兩年內，臣服於齊的小國達三十一個。周僖王三年（齊桓公七年，西元前六七九年），齊桓公召集魯、鄭、宋、衛、陳等國在鄄（今山東省鄄城北，當時屬衛國）會盟，齊桓公主盟，正式成爲春秋時期第一個霸主。

失之東隅，得之桑榆。柯地會盟，也因曹沫的勇氣、管仲的智慧、齊桓的誠信，而成爲千古美談。

**魯國故城**

魯國故城始建於西周時期，是中國西周至戰國時期魯國的國都。自周公之子伯禽代父就封於魯開始，中間經過了三十三代，至楚滅魯止，共八百多載。

# 觸槐忠義世無雙

## ——鉏麑刺趙盾

行刺目標近在眼前，不僅手無寸鐵，而且還兀自小睡，對周圍的事物完全沒有防備。這本是絕佳的刺殺機會，而刺客不僅沒有把握時機，反而出人意料地撞槐自殺了，成為了「歷史上最不稱職的刺客」。究竟被施了什麼魔法，竟在這千鈞一髮的時刻有了如此驚人的轉變？

### 靈公無道

春秋時期，晉國在城濮之戰中大敗楚國，被周襄王正式賜封爲霸主，成爲當時唯一能與秦、齊兩大國抗衡的國家。

周襄王三十二年（晉襄公七年，西元前六二一年），晉襄公姬歡病逝，年僅七歲的皇子夷皋即位，史稱晉靈公。靈公年幼不理政事，終日游手好閒，漸漸養成了貪圖享樂的習慣。長大後，他不僅沒有收斂，反而愈加變本加厲。他終日與寵臣屠岸賈混在一起，魚肉百姓，大興土木，對朝中政事不聞不問。

屠岸賈爲了討好晉靈公，在城中建了一座花園，從全國各地搜羅來各種奇異的花草，種在園中。因其中桃花最多，且開得最爲艷麗，花園便被命名爲「桃園」。晉靈公非常喜歡桃園，經常到園中遊玩。桃園中有一個高台，爲了尋求刺激，晉靈公便叫人抓來一些百姓關到園中，自己則站在高台上，拿彈弓彈射園中的人，然後欣賞人們驚慌逃脫、四處躲藏的窘態，以此爲樂。

不僅如此，晉靈公還十分殘忍，絲毫無視他人的性命。有一次，他的一名廚師在燉熊掌時沒有掌握好火候，熊掌沒有燉爛就端了上來。晉靈公命人殺死了廚師，並將他的屍體大卸八塊，放在簍中，讓宮女抬出宮去。宮女走到半路，正好碰上了來拜見晉靈公的大臣趙盾和士季。

### 忠言逆耳

趙盾是趙衰的兒子。當年趙衰追隨晉國公子重耳，流亡異國十九年，最終輔助重耳登上了王位（即晉文公）。晉文公即位後，爲了感謝趙衰，將晉國的要害之地——原地賜封給趙家。晉文公死後，晉襄公即位，趙衰繼續效力新君，鞏固國政。趙衰死後，趙盾做了晉相，正值年幼的靈公即位，趙盾便輔助不通政事的靈公管理朝政。

趙衰爲人正直忠誠，關心民間疾苦，將朝政處理得井井有條。晉靈公成年後，趙盾苦於他驕奢淫逸、不聞朝政，經常苦口婆心地勸諫，而晉靈公卻依舊我行我素，把趙盾的勸告當成耳旁風。

元雜劇《趙氏孤兒》繪圖

寫春秋晉靈公時，趙盾一家被奸臣屠岸賈所害，只遺孤兒趙武為程嬰、韓厥、公孫杵臼所救，長大成人後殺屠岸賈報仇。故事實為晉景公時，屠岸賈殺了趙盾兒子趙朔一家及趙氏一族；趙武為趙朔之子，平冤昭雪後承襲祖職。

趙盾和大臣士季看到宮女抬著一個簍子走出來，簍子的孔裡還露出一隻人手，便問宮女怎麼回事。宮女將事情一一講出，趙盾和士季聽後大驚，趙盾歎道：「靈公如此殘暴，怎麼指望他能關心天下百姓呢？我們百般勸說，還是沒有作用，這可如何是好啊？」士季說道：「靈公身邊圍繞的都是寵臣，他們幫著靈公尋歡作樂，以此來討他歡心。你我二人不勸的話，就沒有人能管了。我先去規勸，若靈公不聽，再換你去吧。」

士季說完就來見靈公，晉靈公遠遠望見士季眉頭緊鎖走來，就知道他要來勸自己，搶先說道：「你什麼都不用說了，我以後不這樣就是了。」話雖這樣說，但晉靈公卻絲毫沒有悔改的意思，依然整日追逐玩樂，不務正業。趙盾不滿，多次好言相勸，曉之以理。晉靈公漸漸倍感厭煩，常常當著屠岸賈的面抱怨自己雖貴爲君王卻沒有自由。

## 佞臣賈凶

屠岸賈與趙盾雖同朝爲官，但個性迥異，素來不和。趙盾百般勸說晉靈公，請他不要終日玩樂，耽誤了國事。屠岸賈認爲趙盾是在挑撥晉靈公與自己的關係，就在晉靈公面前極盡所能詆毀趙盾，晉靈公便讓屠岸賈找人殺掉趙盾。

晉國一個大力士叫鉏麑，雖只是一介草民，卻十分懂得禮儀。他家境貧寒，但武力超群。屠岸賈覺得鉏麑忠實可靠，將來或許有用得著的地方，便常常在經濟上幫助他。鉏麑非常感激，爲了報恩便一直留在屠岸賈身邊，誓死爲其效勞。屠岸賈準備刺殺趙盾時，便想到了鉏麑。

這天晚上，屠岸賈準備了一頓豐盛的酒席，祕密地將鉏麑叫來，並十分恭敬地請他入席。鉏麑受寵若驚，謝過之後就和屠岸賈同席坐了下來。屠岸賈故意眉頭緊鎖，裝作一副心事重重的樣子。

鉏麑關切地問道：「恩公有什麼爲難的事情嗎？」屠岸賈說道：「你有所不知，我是爲了國事擔憂啊。趙盾獨攬大權，權傾天下，如今竟一點都不把主公放在眼裡，大有弒君篡位的意圖。我和主公商議多日，希望你能去除掉趙盾，以保王室太平。」鉏麑信以爲眞，拍案而起，怒道：「想不到趙盾竟如此膽大妄爲，恩公放心，我一定會親手殺了這個大逆不道之徒！」屠岸賈見鉏麑同意，便交代他第二天五更時分到趙盾家中將其殺死，便讓他回家準備去了。

## 自盡示忠

鉏麑回到家中之後，換了一身夜行衣，見天色已近五更，就出門來到了趙盾宅前。他身手敏捷，輕鬆地翻過了趙盾家的圍牆，四處張望了一會，看準了趙盾的臥房，便提起刀快步走去。

剛走到門口，鉏麑不由放慢了腳步。他見趙盾家中簡陋不堪，只有一床一櫃，外加幾件零碎的家具，並且看上去都已十分陳舊。不禁充滿疑惑，又見趙盾官服整潔，已經準備上朝，因天色尚早，還坐在桌邊小睡。

鉏麑想了想，悄悄地退出了趙宅，心中歎道：「恩公待我雖不薄，但公正地講，恩公並不像趙相這般廉潔。趙相潔身自律，一心只爲朝廷和天下百姓，是晉國的福氣，也是晉國百姓的好靠山，如果這樣的清官都死在我的手裡，那晉國可眞的是要滅亡了，我也會受全國百姓唾棄，遺臭萬年。」可是自己是受了晉靈公和屠岸賈的命令來的，如果不能完成任務，背棄了主公的旨意，就是不忠；但如果眞的殺掉了好官趙盾，就是不義。鉏麑一時陷入兩難的境地，不知如何是好。

忽然，他看見門前立著一棵大槐樹，軀幹粗壯挺拔，直聳參天，於是想到：一棵樹都能如此正直，剛正不阿，我難道還不如這棵樹嗎？就讓我以死來表明自己的忠誠吧。這樣想著，鉏麑便絲毫不再猶豫，猛地撞向槐樹，頓時鮮血噴湧而出，鉏麑當場身亡。

趙盾聞聲跑來，見一個壯士躺在槐樹下，全身是血，便明白了怎麼回事，心中不由對此人十分敬佩。但見已死，只好令手下人將他厚葬在了槐樹下。

## 再刺忠臣

晉靈公見鉏麑刺殺趙盾不成，又請趙盾來赴宴，席間突然叫出事先埋伏好的重兵，下令殺掉趙盾。趙盾酒後手無縛雞之力，多虧手下提彌明拚死保護，才勉強擊退了晉靈公的士兵。晉靈公又放出惡狗撕咬趙盾，曾受過趙盾活命之恩的靈輒臨時叛主，摔死了這隻惡狗。趙盾見晉靈公想盡辦法要置自己於死地，無奈之下只好逃出了京城。

不久，趙盾的弟弟趙穿將屠岸賈哄騙出城，然後乘虛而入殺死了晉靈公，並迎回趙盾，請他主持朝政。趙盾回國後，擁立晉靈公的叔叔姬黑臀為王，史稱晉成公。周定王六年（西元前六〇一年），趙盾病死，謚號「宣子」。

趙盾死後，屠岸賈藉機殺害趙氏全族，只有遺腹子「趙氏孤兒」趙武倖免於難。趙武成年後，逐漸聚集了強大的力量，殲滅了屠岸賈全族。此後，趙氏在晉國的勢力愈來愈大，與韓氏、魏氏三家瓜分了晉國土地，史稱「三家分晉」。

周威烈王二十三年（西元前四〇三年），周天子正式封韓、魏、趙三家為諸侯，晉國滅亡，由此進入了戰國時代。

山西省盂縣藏山的藏孤洞

藏山原名盂山，相傳春秋時晉國程嬰藏趙氏孤兒於此，故稱藏山。

# 魚腹內的劍芒
## ——專諸刺王僚

「煮豆持作羹，漉菽以為汁。萁在釜下燃，豆在釜中泣；本是同根生，相煎何太急？」曹植以一首七步詩聞名古今，人們在讚歎曹植出眾的智慧與文采時，更為那在野心驅使下手刃兄弟的悲哀而深深傷懷。在爭奪王位的大戲中，歷代都有手足相殘、同族反目的悲情演繹。他們為了滿足自己爭權奪利的私慾，不惜用盡一切手段，口蜜腹劍，為了自己的野心不惜戕殺親情、正義。

### 春秋諸侯奪霸

西周末年，犬戎帶兵攻打都城鎬京。周幽王平日沉溺聲色，無心朝政，對犬戎的進攻毫無招架之力，鎬京很快被犬戎的軍隊洗劫一空。其後雖經衛、晉、鄭三個諸侯國出兵打退了犬戎，但鎬京在犬戎搶掠之後已只剩頹垣斷壁，光景十分破敗。周平王元年（西元前七七〇年），新即位的周平王在諸侯擁護下遷都雒邑，史稱東周。

然而周王室的東遷並沒有帶動周朝的再次繁盛，都城以外的土地逐漸被秦、虢等國佔領，周室能控制的範圍僅限於雒邑周邊。各諸侯國也不再向周天子納貢，王室收入銳減，失去了號令諸侯的權力，漸漸與普通小國無異。

在周王室衰落的同時，一些諸侯國日益強大起來。為了爭奪更多的土地、財產和人口，爭當天下霸主，幾個大的諸侯國之間，展開了長期的爭霸戰爭。

在爭霸過程中，齊桓公憑藉有效的改革和強大的軍事實力首先做了中原霸主。很快地，位於今日湖北的楚國也壯大起來，開始向東擴張勢力。齊桓公死後，內部發生權力之爭，國力逐漸衰落。楚國又趁機向北發展，並打敗了想繼承齊業的宋襄公。

在楚國就要登上霸主寶座之時，晉國又興盛起來。而正當晉楚兩國爭霸中原時，長江中下游又崛起了吳、越兩個國家。由此，幾個諸侯國之間上演了一幕幕爭雄奪霸的激烈場景。

### 吳氏王位之爭

吳國建都於吳（今江蘇蘇州），

周簡王元年（西元前五八五年），由仲雍的十九世孫壽夢正式稱王，春秋後期，吳國開始強盛。當時吳國有位公子叫姬光，姬光的父親是吳王諸樊（壽夢長子）。

諸樊有三個弟弟，大弟弟叫餘祭，二弟叫夷，最小的弟弟叫季札。諸樊知道季札賢明，就不立太子，想依照兄弟的次序把王位傳遞下去，最後好把王位傳給季札。

於是諸樊死後王位傳給了餘祭，餘祭死後又傳給夷，夷死後本應由季札繼承，但季札卻執意不肯，吳國人就擁立夷的兒子僚做了國君。

但是諸樊的兒子姬光認爲：假如以兄弟次序相傳，季札當立；若要傳給兒子，那麼自己才是眞正的嫡子，應當立自己爲國君。於是姬光便祕密供養一些有智謀的人，想在他們的幫助之下奪回王位。吳王僚猜到了姬光的心思，便終日安排很多有勇有謀的人在身邊防備，使姬光無法下手。他只好繼續搜羅人才，等待機會。

虎丘劍池

據說，吳王闔閭（姬光）入葬時把他生前喜愛的「專諸」、「魚腸」等三千把寶劍一起埋進了墓裡。後來秦始皇、孫權等人都曾來挖掘寶劍，寶劍沒挖到，開鑿的地方卻成了池塘，也就是現在的「劍池」。

## 伍子胥懷恨投吳

楚平王有個太子叫建，伍子胥的父親伍奢是太子建的師傅。太子還有一個少傅叫費無忌，爲人不忠，所以太子尊重伍奢，不喜歡費無忌。

費無忌怕太子對自己不利，便處心積慮地想離間平王與太子的關係。有一次，平王派費無忌到秦國爲太子娶親，費無忌見那秦女長得十分嬌美，就返回楚國，對平王描述了一番秦女的美貌，並勸平王自己娶秦女，爲太子另外選妃。平王禁不住誘惑，就給太子另選了一位女子爲妃，自己把秦女娶回來，十分寵愛。不久這秦女就生了一個兒子，取名爲軫。

費無忌用美女討好楚平王後，就趁機離開了太子去侍奉平王。但多慮的費無忌又擔心將來平王死後，太子一旦繼位就會殺掉自己，就在平王面前百般詆毀太子。時間一長，平王對太子愈來愈疏遠，後來又把太子派去駐守邊疆。

費無忌一心要置太子於死地，他對平王說太子因秦女之事一直心懷恨意，並誣陷太子對外聯絡諸侯，很快就要打回來奪權。楚平王急忙召回太傅伍奢審問，伍奢知道是費無忌從中作梗，便提醒平王不要聽信小人讒言，疏遠了自己的親生骨肉。平王不但不聽，還認爲伍奢與太子是同夥，於是把伍奢囚禁起來，命令城父司馬奮揚去殺死太子。奮揚是忠義之將，不忍殺太子，便在出發前派人將這個消息告訴了太子，讓他盡快離開。太子接到消息非常傷心，但他知道此刻父親已不再相信自己，迫於無奈只好遠走他鄉，逃到宋國去了。

民國泥塑姬光臉譜

姬光（？至西元前四九六年），又作闔閭，吳王諸樊之子，故又稱公子光。著名軍事家，春秋五霸之一。

太子走後，費無忌又勸平王殺掉伍奢的兩個兒子，以絕後患。平王就以伍奢爲人質，召伍子胥兄弟前來。伍子胥知道這是平王設的陷阱，就勸哥哥伍尚不要去，但伍尚仁厚孝順，執意前去，他交代弟弟要爲父親報仇雪恨，然後就接受了平王的逮捕。伍子胥不來，平王當然不肯就此罷休，又派人追捕伍子胥。伍子胥很快擺脫了追兵，他聽說太子在宋國，便跑去追隨。平王抓不到伍子胥，便殺掉了伍奢和伍尚。伍子胥萬分悲痛，發誓要殺死楚王，以報家仇。

伍子胥到宋國後，正好遇上宋國國內大亂，就和太子一起逃到了鄭國。鄭國君臣一開始待兩人十分不錯，但不久太子因與晉國合謀攻打鄭國，被鄭定公殺掉。伍子胥害怕鄭定公也會對自己不利，便帶著太子的兒子勝逃奔吳國。不料還未逃到吳國京城，伍子胥就病倒了，只好中途停下，沿路乞討維生。

## 初識專諸

吳都不遠處有一個小鎮叫吳趨。伍子胥與公子勝路經這裡時，見到一位壯漢正與人打架，眾人都勸阻不下。忽然一位老婦大喝一聲，那壯士立刻就停了手。伍子胥向鄉人打聽方才得知，這位壯漢名叫專諸，力大如牛，但從不因此欺負人，剛才是路遇不平才出手相助的。那位老婦是專諸的母親，專諸十分孝順，對母親一向言聽計從。

伍子胥聽後非常欣賞這位勇士，便主動找到專諸，將兩人的身分和經歷一一告知，並表示希望與專諸交個朋友。專諸見兩人談吐不凡，又對自己十分坦誠，也很樂意與之結交。雙方一見傾心，當下結拜了異姓兄弟，因伍子胥年長兩歲，專諸便稱他爲兄長。八拜之後，公子勝因不堪勞累進屋休息，專諸則擺出酒菜與伍子胥對飲。

酒過三杯，專諸問伍子胥有何打算，伍子胥搖搖頭，苦笑道：「楚國這麼大，我只是一個沿路乞討的逃犯，如果沒有他人相助，是很難報仇雪恨的。」專諸見伍子胥說得傷感，也不由歎道：「若論武力我自信並不輸給別人的，雖然也有一番壯志，但無奈有老母在上，如我有不測，母親便是孤苦一人，我實在放心不下。所以胸中雖有抱負，卻也不敢輕舉妄動。」二人各懷心事，只能舉酒對飲。又過了一會兒，專諸提出伍子胥可以去求見吳王僚，天下各國都在爭當霸主，或許能藉機勸吳王攻打楚國。伍子胥覺得有理，決定第二天就去吳都找吳王。

### 怒斷父賭

專諸自小勇猛過人，體壯如牛，並且十分正直孝順。專諸的父親嗜好賭博，終日不務正業，母親卻善良賢惠。有一次，父親不顧母親的苦苦哀求又要去賭博，還把她踢倒在地上。專諸正在門口劈柴，見此情景，氣得一下子跳到父親面前，手裡緊緊握著斧頭，一動不動地怒視著父親良久。從那以後，專諸的父親就再也沒有出去賭博。專諸也因此揚名鄉里。

## 姬光喜獲雙傑

伍子胥到達吳都時，吳王僚剛剛執政，姬光是大將軍。伍子胥先見了姬光，然後透過姬光見到了吳王。當時楚國與吳國交界處的居民因爲小事起了糾紛，楚王一氣之下派兵攻打吳國，吳王派姬光應戰，姬光攻克了楚國的鍾離和居巢後就收兵了。伍子胥

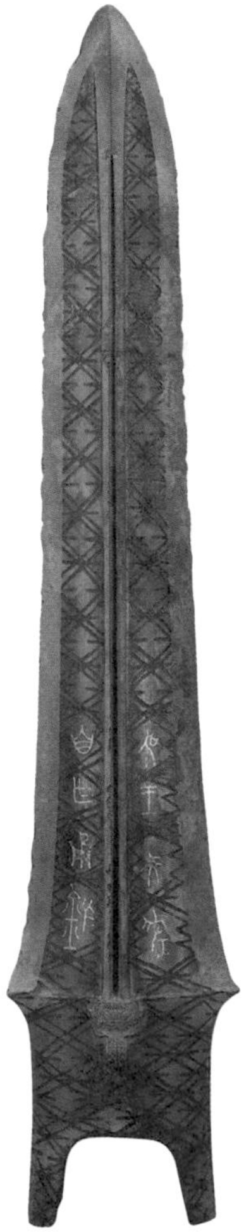

春秋．吳王夫差矛

這件兵器為青銅鑄造，其狀如矛，長二十九．五公分，兩面脊部均有凹槽，凹槽基部有鋪首裝飾，鋪首有孔可繫條，銎部中空，器身遍飾精美的幾何形花紋，上篆錯金銘文八字：「吳王夫差自乍（作）甬（用）」。

勸吳王繼續攻打楚國，並爲吳王分析出可以擊敗楚國的種種理由，但姬光卻對吳王說伍子胥是在利用吳國替自己報仇，不能聽從他的話。伍子胥看出姬光想奪王位，欲保存實力。伍子胥便決定幫助姬光奪取王位，然後藉助姬光的力量攻打楚國。

於是伍子胥找了一個合適的機會，向姬光表達了自己願意幫助他登上王位的想法。姬光早就看出伍子胥是個有才能的人，自然非常高興。兩人隨即開始商量刺殺吳王僚的辦法。姬光說吳王僚身邊每日有武將保護，此項任務並非一般人可以勝任。這時伍子胥想到了專諸，便向姬光推薦。姬光聽後非常高興，立即讓伍子胥帶自己去見專諸。

京劇專諸臉譜

兩人來到專諸家中，專諸看見結拜的兄長十分開心，不停地詢問伍子胥的近況。而當伍子胥介紹了姬光的身分，和他們來找專諸的目的之後，專諸臉上露出了難色。專諸說：「我並不是不願意幫助公子，只是我除去妻子和孩子，還有一個年老的母親。如果我有不測，她們孤兒寡母的日子就很難維持下去了。」姬光忙說：「我瞭解你的苦衷，可是除了專諸你，沒有第二個人能做成這件事了。假如你眞有不幸，我會把你的母親和妻兒當做我自己的親人一樣對待的。」專諸見堂堂吳國公子竟對自己如此請求，也不好執意拒絕，但又實在擔心自己的母親，於是便低頭喝酒，不再提及此事。姬光想專諸是個孝子，此事不宜操之過急，便也不再追問，臨走時給專諸的母親留下了很多財物。

## 母自縊以安子

後來一段時間裡，姬光經常帶著錢物到專諸家中看望一家老小，並對專諸的母親十分尊重。專諸漸漸對姬光產生了感恩之情，但出於對母親的顧慮仍不能下定決心。兩面爲難的專諸只好在家終日長歎。

多日之後，專諸的母親慢慢知道了這件事的來龍去脈，她知道兒子一方面不願違背公子的重託，另一方面又放心不下自己，於是她決定爲兒子解除後顧之憂。

這天，專諸的母親突然說口渴，

要專諸去打清水，專諸便依言去了。誰知取來水後母親不見了蹤影，他到後屋一看，母親已自縊身亡。專諸悲從中來，號啕大哭，可是母親已經氣絕，再無復生的可能。

料理完母親的後事，專諸便開始和姬光商議刺殺行動。一日在閒談時，姬光告訴專諸吳王平時最愛吃烤魚。專諸突然靈光一閃，生出一計。專諸說找個合適的機會宴請吳王僚，然後將劍藏在魚腹中，自己在獻魚時趁機殺掉他。姬光一聽覺得這個辦法十分巧妙，便爲專諸籌備了盤纏，讓他去拜師學廚。

## 學藝太湖公

專諸知道吳王僚貴爲王侯，必定享慣了人間美味，即使是他最喜歡的烤魚，也一定要做得異常鮮美才有可能吸引他近身品嚐。於是專諸便四處打聽做魚的名廚，終於得知太湖邊的太湖公烹魚技術是天下一絕。

專諸沿路打聽，來到了太湖公的府上。不料太湖公卻立了一個奇怪的規矩：要想學藝必須將他門口大桿子上的繡球摘下來才行。那大桿子足有十丈長，摘球時身體還不能碰桿，且不能用射箭或扔石頭的辦法。專諸略一思量，便抽劍斬斷了長桿，然後用劍挑開綁繡球的繩子，把繡球拿到手上。圍觀的人對這般敏捷的劍術和強大的力氣見所未見，紛紛鼓掌叫好。太湖公也爲能收得這樣一個良徒而喜上眉梢，當即大擺筵席，讓專諸行了拜師之禮。

就這樣，專諸離鄉背井，開始跟隨太湖公學做魚。專諸做事虛心，又好學上進，太湖公很是滿意，便將自己做魚的技巧竭盡所能都傳授給了專諸。太湖公曾問起過專諸爲何路遠迢迢來學烤魚，專諸只說因爲自己很喜歡吃，所以想掌握烤魚的技術，對刺殺之事隻字不提。

冬去春來，漸漸地，專諸做魚的技術愈來愈精湛，他做的烤魚香氣四溢，已與太湖公的手藝相差無幾。

## 苦心設宴起殺意

吳王僚九年，楚平王死了，太子軫登上王位，也就是楚昭王。伍子胥聞訊捶胸頓足，扼腕而歎，憤於不能手刃仇人。

吳王僚聽說這個消息後卻十分高興，他認爲楚國正在辦理喪事，無心作戰，若此刻出兵攻打楚國，定能將其一舉擊敗。於是派他的兩個弟弟公子蓋餘、燭庸率領軍隊圍攻楚國都城，並派季札子到晉國觀察各諸侯國的動靜。

吳軍進入楚國後，楚國出動軍隊斷絕了吳將蓋餘、燭庸的後路，吳國軍隊進退兩難，被困在了楚國。吳王把精良部隊和親信都派了出去。萬事俱備的姬光，此時眼看東風到來，便立即召回專諸，開始準備刺殺行動。

姬光有一把匕首叫魚腸劍，是昔日越王允常命人鑄成的五把寶劍之一，體型短小，卻削鐵如泥。姬光將這把劍給了專諸，讓他將這把匕首藏在魚腹中，見機行事。

周敬王五年（西元前五一五年）四月的某一天，姬光召集了一批勇猛善戰的武士，令他們穿上鎧甲，埋伏在地下室。然後，他派人跟吳王僚說自己有個從太湖請來的廚子，專門擅長做烤魚，邀請吳王僚來家裡品嚐。吳王僚一聽烤魚就有了興趣，便答應了。於是吳王僚派出護衛隊，從王宮一直排列到姬光的家裡，門戶、台階兩旁都是自己的親信，手舉長矛，威不可侵。安排好之後，他就放心地到姬光家裡赴宴。

### 廚師之祖

因專諸曾在太湖邊學燒魚，後人把他奉爲「廚師之祖」，並常常到太湖邊燒香祭奠專諸。現在蘇杭一帶有一道名菜叫「糖醋黃河鯉」，簡稱「糖醋魚」，就是「全炙魚」傳承下來的代表菜，而這道料理的發明者正是教專諸做魚的人，也就是春秋時期的名廚太湖公。

## 藏利器獻美食

吳王僚來後，姬光先是與他客套一番，便請他入了酒席。吳王僚見姬光屋內除了幾個女僕之外，並沒有士兵和其他可疑之人，就稍稍放寬了心，與姬光開懷共飲，還不時談及天下大事。中間不斷地有廚子來上菜，門口的士兵總要先搜一下身，確認沒有問題後才放進來。席間姬光又叫來幾名貌美的女子跳舞助興，吳王僚看得不亦樂乎，酒也一杯接一杯地下了肚，漸漸地放鬆了警惕。

就在兩人喝得酣暢淋漓時，姬光突然喊腳痛，並說自己每次腳病復發都疼痛難忍，必須要用布帛裹起來才行。吳王僚便讓姬光快去裹腳，自己則繼續喝酒賞舞。於是姬光拐著腳離開宴席，偷偷潛入了地下室。

這時專諸已經把魚做好了，他將匕首藏在魚腹中，端著來上菜。到了門口，守衛的士兵仔仔細細地在專諸全身上下搜了一遍，見沒有武器，就讓專諸進去了。此時吳王僚早已聞到了烤魚的香味，他看那烤魚做得色味俱全，香氣四溢，便迫不及待地想親口品嚐。

專諸舉著魚慢慢走近吳王，就在吳王僚將要下筷子的時候，專諸突然掰開烤魚，抓起匕首，用盡力氣對準吳王僚的胸口刺了過去。吳王僚只顧盯著香噴噴的烤魚，還沒來得及反應，就被專諸一劍刺穿了胸口，一聲慘叫倒在地上，傷口頓時血流如注。

門口的士兵見狀，迅速舉劍向專

諸刺來，一時之間八、九隻劍在專諸眼前閃過，專諸來不及躲避，被士兵刺中數劍，也倒在血泊之中。

姬光在地下室聽到大事已成，立即派出埋伏的武士，吳王僚的部下寡不敵眾，最終被姬光全部殺死。

除掉了吳王，姬光自立爲國君，也就是歷史上赫赫有名的吳王闔閭。闔閭厚葬了專諸，將專諸的兒子封爲上卿。而那只魚腸劍則被闔閭函封，永不再用。

蘇州護城河邊的伍子胥雕像

位於蘇州護城河邊的伍子胥雕像帶著剛毅嚴肅的面容，拂著寬袍大袖，栩栩如生。其身後是描述當時伍子胥帶人築城的大型浮雕。

## 伍子胥鞭尸雪恥

伍子胥向姬光推薦了專諸之後，爲了掩人耳目，就和公子勝到鄉下種地去了。姬光稱王後，覺得伍子胥是個可用之才，又將他召回，與他一同策劃國是。

聽說吳王僚被殺，姬光做了國君後，蓋餘、燭庸等人也不敢回國，就逃亡他國去了。闔閭當政不久，就和伍子胥等率軍攻打楚國，收復了舒邑，並殺死了兩個在外逃亡的公子。

周敬王十四年（吳王闔閭九年，西元前五〇六年），吳國聯合唐國和蔡國，大舉進攻楚國。這一次，吳國幾乎出動了所有的兵力，兵分幾路，向楚軍陣營開進。楚國也動員全軍予以抵抗，雙方在漢江展開了殊死搏鬥。最終，這場艱難的戰爭以吳國的勝利告終，吳軍揮師直下，一直佔領了楚國都城郢都。

時隔多年，伍子胥重新回到了祖國。他想到父親和兄長慘遭殺害，心中悲痛無比；想到楚平王已死，自己不能手刃仇人，更是一腔怒火無處發洩。於是伍子胥決定殺掉楚昭王，以洩此恨。

伍子胥率兵四處尋找，卻得知楚昭王早已逃亡他國。盛怒之下，伍子胥刨開了楚平王的墳墓，鞭屍三百。至此，伍子胥總算爲自己的父親和兄長報了仇。

報完仇後，伍子胥又回到吳國，並得到了闔閭的提拔，從此便輔助吳王闔閭，開始了爭霸天下的大業。

## 英雄惜英雄——要離刺慶忌

刺殺成功了，被刺人卻在臨死前極力保護刺客的性命；刺客明明有機會逃走，卻選擇了自殺……這樣的行刺著實令人難以置信。但在遙遠的春秋時期，這不可思議的事情卻真真實實地發生了。刺客因何行刺，又為何自殺？這兩個人之間到底有著怎樣的瓜葛，使得他們如此相惜呢？

### 五霸競天下

東周時期各諸侯國爲了爭奪更多的人民與領土，不斷互相征伐，一時間戰爭頻繁，天下紛亂。

在不斷的兼併戰爭中，先後出現過齊桓公、晉文公、楚莊王、宋襄公和秦穆公五個霸主，史稱「春秋五霸」。後來，由於長年戰爭勞民傷財，社會經濟遭到嚴重破壞，各諸侯國都需要一個修養調整的時期，於是在周靈王二十六年（西元前五四六年），十四個諸侯國召開了第二次弭兵之會，並彼此達成協議，戰火才暫時得以平息。

然而在這期間並不是絕對的平靜，新興的諸侯國吳國與楚國之間發生了多場爭奪霸權的戰爭。吳國本來是楚國的屬國，後來吳國強大起來，就逐漸脫離了楚國的統治。楚平王在位時，因聽信小人讒言殺害了太傅伍奢和他的大兒子伍尚。伍奢的小兒子伍子胥爲了躲避平王的追殺逃亡他鄉，一路顛簸後在吳國安定了下來，伺機報仇。

春秋時期節符圖

圖為春秋時期許國使者手持節符的情景。節符是國君授予使者的信物。

### 舊怨惹新仇

伍子胥到達吳國後，幫助吳國的公子姬光殺死了吳王僚，奪取了王位，而自己也被封了官，留在吳王身邊。

眼看吳國愈來愈強大，報仇心切的伍子胥又勸闔閭攻打楚國。闔閭卻猶豫了，他對子胥說：「我知道吳國現在的實力足以與楚國一較高下。你幫我得到了王位，我也很想早日爲你報仇。但是現在我還有一個很大的後患沒有解除，現在出兵楚國，國內一旦空虛就會很危險啊。」

原來吳王僚有個勇猛的兒子叫慶忌，專諸刺殺吳王的時候，慶忌正在外集結鄭、衛兩國軍隊攻打楚國。也正是趁了這個空虛，闔閭的刺殺計劃才得以成功。

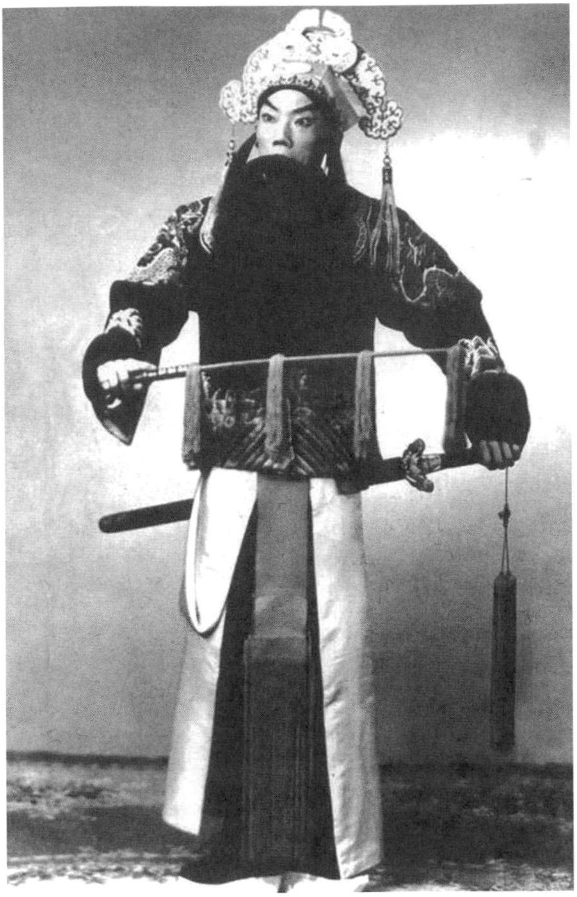

京劇《文昭關》劇照

## 慶忌蓄勢

慶忌自小習武，力大過人，有萬夫不當之勇，並且十分機智，可謂智勇雙全。慶忌爲了練習騎馬與射箭，經常到郊外打獵，每次打獵的場面都十分壯觀，他不僅有驍勇的坐騎，每每有擂鼓相伴，氣勢震天。

在一次打獵時，慶忌碰到一隻麋鹿和一隻雌犀。雌犀十分凶狠，麋鹿又被當時的人們奉爲神物，所以很多打獵的青年都很懼怕這兩隻動物，卻步不前。慶忌卻毫無畏懼，他以迅雷不及掩耳之勢，跳踏到麋鹿的背上，將牠控制住，接著徒手與雌犀搏擊，最終將兩個獵物全部擒獲。慶忌有膽有識的行動，成了當時許多年輕獵手崇拜的楷模，就連鄰國的不少獵人和力士都自願投靠他的門下。

正當慶忌如日中天的時候，公子姬光設計害死了自己的父親，並奪取了王位。慶忌遠在楚國，聽到這個消息後頓時渾身冰涼。他知道已經沒有辦法繼續攻打楚國，當機立斷，立即率領親信殺出重圍，懷著一腔悲憤逃到了衛國。

到了衛國後，慶忌發誓要殺死吳王闔閭，以報殺父之仇。於是他來到

### 伍子胥過昭關一夜白髮

伍子胥的父親伍奢是楚國太子建的太傅，太子建被奸人所誣陷，伍奢也受到了牽連，伍奢和長子伍尚一起被殺，只有伍子胥逃離。

楚平王懸賞捉拿伍子胥，叫人畫了他的畫像，貼在楚國各地的城門口，囑咐官吏加強盤查。伍子胥逃到吳楚兩國的交界昭關時，昭關上的官吏盤查得很緊，他一連幾夜愁得睡不著覺，連頭髮也愁白了。

幸虧遇到一個人叫東皋公，很同情他的遭遇，把他接到家裡躲藏。東皋公有個朋友，長得有點像伍子胥，東皋公讓他冒充伍子胥過關。守關的人逮住了假伍子胥，而眞伍子胥因爲頭髮全白，守關的官吏認不出來，就讓他矇混過關了。

衛國艾城招兵買馬，並盡可能地聯絡鄰邦，等待時機成熟，舉兵伐吳。

## 子胥薦要離

有這樣一個勁敵在時時窺視著吳國，闔閭非但不敢輕易出兵，還終日提心吊膽，唯恐慶忌突然帶兵殺回吳國。這時，急於報仇的伍子胥又幫闔閭出了一個除掉慶忌的方法。

這天伍子胥來到宮中，見闔閭愁眉不展地坐在大殿上，一副心事重重的樣子。於是問闔閭爲何事煩心，闔閭便將自己對慶忌的顧慮又對伍子胥講了一遍。伍子胥便趁機說：「我有一個叫要離的門客，也許可以幫您解決這個後顧之憂。」闔閭歎氣道：「慶忌勇猛過人，有萬夫之勇，一個門客怎麼可能殺掉他呢？」伍子胥又道：「此人雖只是一個門客，但勇氣與謀略都非同一般。既然現在沒有其他的方法，何不找他來試試呢？」闔閭聽後覺得有些道理，便同意了。

## 身小志高

要離是伍子胥的至交，天生矮小瘦弱，並且要離相貌奇醜無比，外表看上去沒有一點英雄氣概。但要離有一個非常聰明的頭腦，十分善於計謀。也許正是源於對外表的極度自卑，激起了要離強烈的成名之心。而機遇似乎也十分垂青於他，要離總能碰到有名之士，並且每次較量都能佔到上風，也逐漸因此名聲大噪。

東海有個勇士叫椒丘，一次前往吳國參加朋友的葬禮。中途路過淮津渡口時，牽著馬在渡口飲水。掌管渡口的小官吏見後告訴椒丘水中有怪物，經常吞吃來此喝水的馬，勸椒丘趕快將馬牽走。椒丘聽後覺得很荒唐，偏不聽水官的勸告，依然由著馬喝水。誰知不多一會果然有隻怪物從水中冒出來，一口將馬咬住，拖入水中吃掉了。椒丘見狀十分生氣，抽出劍就跳進了水中。椒丘在水中與怪物搏鬥了三天三夜，漸漸體力不支，加上一隻眼睛被水怪打傷，只好退回岸上。雖然椒丘沒有得勝，但他認爲自己能跟水怪拚爭三天三夜，也是很了不起的英雄。

後來在朋友的喪席上，椒丘對著眾多吳國大臣講述自己的英勇事跡，並流露出一副趾高氣揚、不可一世的神氣。當時要離也在場，他看不慣椒丘狂妄自大的樣子，便義正詞嚴地說：「我聽說，眞正的勇士與日月戰不變色，與鬼神戰不退卻，與敵人戰不求饒，寧死也不受對方侮辱。你跟水怪打了三天三夜，不僅沒救回馬，還被水怪打瞎了一隻眼睛。你這番形容毀壞、名譽受辱的形象，不趕快找個地方藏起來，還有什麼臉面在眾人面前沾沾自喜呢？」椒丘被要離一番話羞得啞口無言，只好紅著臉默默地離開了酒席，心裡卻對要離十分憤恨，決心要殺掉要離爲自己解恨。

春秋．銅矛

矛是一種殺傷力強的兵器，在中國的「冷兵器」時代佔有重要地位。

要離猜到椒丘會找自己報復，回到家後，就囑咐妻子晚上把所有的門都打開。妻子知道要離的勇武與智謀，便照著他的話做了。到了晚上，椒丘趁黑摸到了要離家裡，見大門小門都敞開著，不禁笑了出來，他找到臥房，卻見要離獨自坐在床上，像是專門等自己來，臉上毫無懼色。

椒丘舉起劍指著要離，生氣地說道：「你犯了三個致命的錯誤：第一，今天在宴席上你不該當眾羞辱我；第二，你不該睡覺時不關門，讓我輕易地進來了；第三，看見我來你還不知躲避，這是你自己要死，死了也不能怪我。」要離聽後卻不慌張，他鎮定地說：「你也做了三件不該做的事情：我今天那般羞辱於你，你卻不敢當著眾人報復我，這是其一；現在你偷偷摸摸，夜闖民宅，絲毫沒有勇士的作風，這是其二；其三你拿劍指著我，還出言不善，證明你不僅卑鄙，而且很心虛。」這一番指責使得椒丘更加無地自容，他慚愧地說：「想不到天下還有你這樣的勇士，我如果殺了你，豈不招全天下人恥笑。而我繼續活下去，恐怕也是要遭人笑話的。」說罷，椒丘拿起劍自殺了。

這件事逐漸傳開，要離的智慧與膽略盡人皆知。

## 忍施苦肉計

伍子胥將要離帶到宮中，闔閭見他身材矮小，相貌醜陋，與自己想像中威武高大的形象相去甚遠，不禁大失所望。但礙於情面，不得不與要離客套了幾句。要離看出闔閭的失望，便說：「大王當初派專諸在魚腹中藏劍，殺掉了吳王僚，您應該知道刺殺靠的是計謀，而不是力氣。雖然我體弱無力，但如果能讓我接近慶忌，我就一定可以殺死他。」

闔閭見要離說得合情合理，而且談吐十分大氣，很像是能做一番大事的人，便又對其貌不揚的要離產生了敬意。於是問道：「先前我派人殺掉了慶忌的父親，慶忌一定對此有所防備，要行刺他可不是那麼簡單的。」要離說：「大王不要著急，我自有一番計策。」於是便湊到闔閭耳邊說出計謀。闔閭聽後不禁皺起了眉頭：「計策雖好，可是不但你要受皮肉之苦，就連你的妻子和孩子都要受牽連，他們並沒有什麼罪過，你卻要做如此犧牲，究竟是爲了什麼呢？」要離鄭重地說：「做妻子的，如果不能輔助丈夫成就大業，那也就不是賢惠值得珍惜的妻子了；做兒女的如果不懂得順從父親，也就不能稱之爲孝子了。如果能夠殺掉慶忌，爲大王建功立業獻出自己的微薄之力，而自己也得以名揚天下，這點犧牲又算得了什麼呢？」闔閭見要離如此堅定，也就不再多問。隨即三人開始商量具體的行動。

第二天一早，伍子胥帶著要離一同來上早朝，懇請闔閭派兵攻打楚國，並說自己不報殺父大仇，夜不能寐，更無法專心朝政。闔閭便問伍子胥：「楚國強大，要想將其打敗並非兒戲，子胥有什麼好方法嗎？」伍子胥說：「請大王拜我的朋友要離爲大將軍，他足智多謀，定能將楚軍一舉擊敗。」闔閭大笑道：「你這個獐頭鼠目的朋友，我如果派他領兵打仗，豈不被楚人嘲笑？」要離受了侮辱，一氣之下跳起來指著闔閭說道：「你這個昏君，不用我也就罷了，子胥爲你盡忠盡義，幫你登上了王位，你卻不幫他報仇，眞是枉爲人君！」闔閭被要離一番辱罵，也氣急了，立即叫人砍了要離的右臂，把要離押進了大牢裡，又吩咐把要離的妻子和孩子也抓起來。朝廷大臣見闔閭動怒，都不敢上前勸阻，伍子胥也只好歎著氣離開了。

過了幾天，伍子胥買通了看管要離的士卒，將要離救了出來，要離不敢逗留，逕直跑到了吳國境外。闔閭發覺要離逃跑了之後龍顏大怒，當即命人提出要離的妻兒，當街遊行，殺頭示眾。

## 慶忌敬殘將

要離一路逃亡，逢人便哭訴自己的冤情。後來他打聽到慶忌在衛國，就跑去投靠。慶忌擔心又是闔閭派來的刺客，不予收留。要離脫下衣服，給慶忌看自己的斷臂。慶忌詢問緣由，要離就將事情經過原原本本講了一遍，還說闔閭無心報仇，伍子胥已經不對他抱有希望，如果慶忌有意，伍子胥可以做內應，內外合作除掉闔閭，再一同攻打楚國，以報父仇。慶忌見要離果真斷了一條胳膊，而且情緒憤慨，便將他暫時收在府中，並派人到吳國探聽虛實。

不久探子回到衛國，說要離的妻兒確實被闔閭所殺，而且屍體被燒焦，扔在了街市上。要離怒髮衝冠，破口大罵，發誓要殺掉闔閭爲妻兒報仇。這次慶忌深信不疑了，表示和要離一起伐吳，爲親人報仇。要離順勢說道：「我這次多虧了伍子胥才能夠保全性命逃了出來，子胥因爲我與闔閭起了隔閡，所以囑託我一定要來投奔公子。如果公子此時不出兵，日後他二人君臣復合，我們就沒有這樣好的機會了啊。我的妻兒死了，我自己也殘廢了，活著還有什麼意義呢？」說著便要撞牆而死，慶忌連忙一把拉住，答應了要離。兩人於是一同回到艾城，修船造箭，訓練軍隊。要離不離慶忌左右，傾力爲其出謀劃策，慶忌覺得自己得到一個得力助手，便把要離倚爲心腹，每日帶在身旁。

春秋・甲冑

甲冑類似現代戰事中的防彈衣，可保護將士身體免遭敵方進攻性兵器重創，進而增強己方的戰鬥力。

## 以德報怨

三個月後，一切準備妥當，慶忌便和要離率軍出發了。他們乘船從長江水路順流而下，行至江心時，後面的船漸漸落後了。要離便請慶忌親自坐到船頭，提防船上的人。慶忌並沒有懷疑什麼，就來到船頭坐定。要離拿著一隻短戟，靜靜站在慶忌旁邊。要離四下裡瞄了一眼，近旁除了他們兩個沒有其他人了，隱約覺得時機來臨了。這時江面上突然起了大風，慶忌轉過臉去避風，要離趁機跳到上風處，緊握短戟，藉著風力向慶忌猛刺了過去。這一刺很準，短戟直入慶忌心窩，並穿透後背，鮮血瞬時流滿船頭。

### 劍池

被譽為「吳中第一名勝」的蘇州虎丘，距今已有二千五百年的歷史，宋代大詩人蘇東坡盛讚「到蘇州而不游虎丘，乃憾事也」的名言，使虎丘成為蘇州的必遊之地。虎丘中最引人入勝的要數傳為吳王闔閭墓的劍池，池子深處的最北端有一個三角形的口子，該口子就是「闔閭墓」的入口。

據方志上記載，劍池終年不乾涸，清澈見底，可以汲飲，唐代李秀卿曾品為「天下第五泉」。劍池下面就是吳王闔閭埋葬的地方，闔閭生前喜愛的寶劍被作為殉葬品一同埋葬，「劍池」的得名就由此而來。令人遺憾的是，劍池只是闔閭墓的入口，而闔閭墓中的祕密，雖經中國科學家多次考察，卻始終未能揭開。

而慶忌不愧爲吳國第一勇士，他並沒有被一戟刺倒，反而將要離一把提起來，沒入水中，再提起，再沒入。如此反覆三次，然後將要離提出來放在膝蓋上，大笑道：「天下果眞有這樣的勇士，膽敢行刺我！」士兵此時已經趕來，舉劍就要刺向要離，慶忌急忙制止，說道：「今天死我一個就可以了，怎麼能一天之內殺掉天下的兩個勇士呢？要離捨棄了親人，殘害了自己，處心積慮三個月才完成這個任務，就讓他回去領取自己該有的獎賞吧。」接著慶忌把要離推開，伸手拔出了還插在自己胸口的短戟，鮮血噴湧而出，慶忌隨即氣絕身亡。

## 以死謝相知

轉眼血水便染紅了一片江水，要離坐在船頭，看著死在自己手中的慶忌，又想到他剛才說的話，著實愣住了。他沒有想到慶忌居然不讓士兵殺掉自己。雖然自己是假投靠，但從慶忌一方來說，他對自己有知遇之恩，這三個月來又對自己敬愛有加，即便被自己害得丟了性命，臨死時還在關心自己的安危。慶忌才是眞正的英雄。

要離在船頭呆呆地坐著，舟師不禁奇怪地問：「慶忌公子已經吩咐過手下不殺你，你可以回吳國去領取功名了，爲什麼還呆坐在這裡呢？」要離悵然若失，苦笑道：「慶忌連我這樣的仇人都不肯殺，我卻爲了功名害死了自己的妻兒，此爲不仁；爲了討新君主的歡心，殺掉了舊君主的後代，這是不義；我急切地想揚名於天下，不惜殘害自己的身體，又很不明智。我這樣不仁、不義、不智之人，還有什麼面目苟活於世上呢？」說罷準備投江自殺，舟師連忙將其拉住：「你回國後，必定有功名利祿，爲什麼不高高興興回去接受呢？」要離大笑：「我連家室都不珍愛，更何況功名利祿呢？你帶著我的屍體去見吳王吧，一定能獲得重賞。」於是奪來舟人的佩劍，一劍砍斷自己的腳，然後又割斷喉嚨自盡了。如此一來，要離既完成了自己的任務，又報答了慶忌的知遇之恩。

而這兩個蓋世的英雄，最終還是在同一天，死在了同一個人的手中，成爲了闔閭實現獨霸王位野心的殉葬品。

舟師和將士收拾了要離、慶忌的屍體，去見闔閭。闔閭大喜，重賞降卒，以上卿之禮安葬了要離，並根據要離的遺願，將他與專諸的墳墓並列，後又以公子之禮將慶忌葬在吳王僚墓側。

周敬王十四年（西元前五〇六年），吳國發動全國兵力，大舉進攻楚國。此時楚國國君楚平王剛剛去世，雖然楚國也動員了全國力量抵抗，但終究被吳國以五戰五捷的優勢打敗了。吳國攻破了楚國經營二百年之久的都城郢，掠去了大量物資。從此吳國取代楚國，成爲了南方勢力最強的國家。

春秋．提梁虎形銅灶

這款春秋時期的行軍灶由灶體、釜、甑和四節煙筒組合而成。灶體的火門呈虎口狀，背上有圓形灶眼，尾端為煙道口。灶筒用子母口相套接。此器形體較大，但可拆卸，便於軍旅、遊牧中使用。

# 毀身釋忠義——豫讓刺趙襄子

一身癩瘡，他本不是個乞丐；一副啞嗓，那本不是他的聲音。然而為了報恩，為了復仇，豫讓不惜漆身吞炭，自毀形容，用自己的執著與果敢，詮釋了「忠義」二字的內涵。究竟是什麼帶給豫讓如此大的仇恨？又是什麼值得他做出如此巨大的犧牲呢？

## 大權旁落四卿

西周初年，周成王把唐（今山西翼城西）封給弟弟叔虞，唐遂成爲當時重要的封國之一。叔虞死後，他的兒子燮父把唐改爲晉，從此稱晉國。

西周末年，晉文侯擁戴平王東遷雒邑，並殺死在西周故地自立的周攜王，爲東周的締造立下大功，受到周平王獎賞。

春秋初期，晉國內部出現王室與貴族爭奪君位的鬥爭，長達六、七十年之久。到晉侯緡二十八年（西元前六七九年），曲沃武公才以旁枝代大宗，正式受命爲晉侯，重新建國。武公死後，其子獻公登位，獻公吸取武公旁枝而立的教訓，對同姓公族採取殺戮和放逐的策略，任用異姓大臣輔佐朝政。並大力向外擴張勢力，先後攻滅耿、霍、魏、虞、虢等國，戰勝驪戎、赤狄等族。

獻公排除同姓而重用大臣的做法，有效地遏制了同族旁枝勢力的增長，但卻助長了異姓大臣的權勢。靈公時，異姓大臣的勢力愈來愈大，竟形成了大臣專權的局面。

後來的厲公由於擔心大臣持權造反，便想辦法加強公室、削弱強臣。他曾利用大臣間的衝突矛盾誅滅掌權的異姓大臣，但最終自己也被大臣所殺。此後的幾位君主都曾努力遏制大臣權力，卻都無甚效果，君權弱，臣權強的局勢再也無法逆轉。

昭公以後，晉國形成強大的范、中行、智、韓、趙、魏六卿，王室已不復重要。六卿之間的鬥爭也十分激烈，定公時，范、中行兩家首先敗亡，智、韓、趙、魏四卿分掌晉國大權，並繼續四族相爭。

## 智瑤稱伯

四卿中，以智家的勢力最爲強大，開始時由智宣子掌權。智宣子有個兒子叫智瑤，族人評說智瑤有五大長項：儀表非凡、箭術高超、技藝出眾、巧文善辯、堅毅果敢；但也有一大缺憾，就是行事殘酷不仁。

智宣子看重智瑤，臨死前想立他爲繼承人，族人智果勸諫道：「智瑤有五大優勢，才能超群，本是絕佳人選，但他爲人殘暴，他日一旦掌政，必定殘虐無道，加上他的優勢又無人能敵，暴行愈演愈烈，最終必定導致智氏家族的滅亡。希望您能慎重考慮，另立他人。」智宣子不聽，執意選擇了智瑤繼任。

智瑤繼位後，就開始馬不停蹄地對外擴張勢力。周元王四年（西元前四七二年），智瑤發動了兩次伐鄭戰爭，壯大了智氏的勢力。幾年後，智瑤又一次攻打鄭國，鄭國抵抗不住，向齊國求救。齊國派出的軍隊剛到達鄭國，智瑤就命令軍隊撤退了。

周定王十一年（西元前四五八年），智氏聯合趙氏、魏氏、韓氏，瓜分了范式和中行氏的土地和財產。智氏獨佔了其中的大部分，並取代趙氏而掌管晉國政事，自此成爲四卿中最強的勢力。智瑤認爲自己居四卿之首，於是自稱「智伯」。

### 智瑤爲何自稱「伯」

古人講究禮節，兄弟之間必須要分出長幼，以便彼此和其他人都能清楚明瞭。他們通常採用的方式是以姓名區分：伯是老大，仲是老二，叔是老三，季是最小的。例如孔子排行第二，字就叫仲尼。智瑤爲了表明自己實力最強，就用「伯」字來爲自己命名了。

晉祠中的唐叔祠

晉祠，初名唐叔虞祠，是為紀念晉國開國諸侯唐叔虞而建。叔虞是西周開國皇帝姬發的三子，其封地國號為唐。

### 趙襄子出衆

趙襄子是為晉國正卿趙鞅（即趙簡子）的兒子，因為母親出身不好，因此在趙鞅的所有兒子中名分最低，也最不受父親重視。可是他沒有以此為恥，反而從小就十分好學，而且膽識過人。時間長了，趙家的家臣姑布子卿注意到他，非常欣賞他，決定為他在諸兄弟中爭得一席之地。所以當趙鞅把所有的兒子召到面前來請子卿看相時，子卿就趁機舉薦了趙襄子，不過趙鞅並沒在意。後來，當他考查兒子們的學習情況時，卻發現除了趙襄子，沒有一個人認真地對待這件事，甚至包括太子。還有一次，他在考查大家對於國家將來的打算時，只有趙襄子一個人明白他的苦心，於是，最後他廢掉了太子趙伯魯，破例立趙襄子為太子。

隨著勢力逐漸強大，智伯也變得愈來愈目中無人，在一次宴會上，他竟公然侮辱韓氏家臣。屈於智氏強大的實力，韓氏只敢怒，卻不敢言。

## 水灌晉陽

智伯野心愈來愈大，他想侵佔其他三家的土地，就對三家大夫趙襄子、魏桓子、韓康子說：「晉國本來是中原霸主，後來不幸被吳、越奪去了霸主地位。爲了使晉國重新強大起來，我提議每家拿出一百里土地和一萬家戶口，爲國家所有。」

三家知道智伯強國是假，以公家名義霸佔土地是眞。可是三家並不齊心，韓康子不加任何反對，首先將土地和戶口割讓給了智家；魏桓子不敢得罪智伯，不久也乖乖交出了土地和戶口。只有趙襄子不願任智伯宰割，他對智伯說：「土地是上代留下來的產業，我怎麼能輕易地送人呢？」智伯聽後火冒三丈，馬上命令韓、魏兩家一起發兵攻打趙家。

周定王十四年（西元前四五五年），智伯自己率領中軍，韓家的軍隊擔任右路，魏家軍擔任左路，三路人馬直奔趙家。趙襄子自知寡不敵眾，就帶著趙家兵馬退守晉陽（今山西太原）。智伯窮追不捨，不久也趕到了晉陽，將晉陽城團團圍住。趙襄子吩咐將士們堅守城池，不與智伯交戰。智伯只好命三家聯手攻城，每次進攻時，城頭上總會落下無數的箭，使得三家人馬不能前進一步。晉陽城就這樣憑著弓箭死守了兩年多，智伯始終沒能將其攻下。

有一天，智伯到城外觀察地形，看到晉陽城東北的晉水，靈光一閃生出一計。晉水本是繞過晉陽城往下游流去的，智伯想，假如把晉水引到西南邊來，晉陽城就會被淹，城裡的人就不得不投降了。於是他吩咐士兵在晉水旁邊另外挖了一條河道，一直通到晉陽，又在上游築起堤壩，攔住上游的水。

此時正是雨季，不久水壩上的水就滿了。智伯命令士兵在水壩上挖開一個豁口，大水立即直衝晉陽城，灌到城裡去了。很快大水就淹沒了城裡的房子，百姓不得不跑到房頂上去避難；灶頭也被大水淹沒，人們只好把鍋掛起來做飯。但晉陽城的百姓恨透了智伯，寧可被淹死，也決不投降。

## 韓魏異心

智伯在高處設宴，約韓康子、魏桓子一起去觀看水勢。推杯換盞間，智伯看著晉陽城中驚慌失措的百姓，得意地對他們兩人說：「原來晉水不僅能像城牆一樣阻攔敵人，還能這樣滅掉一個國家啊。你們看，晉陽不就要完了嗎？」韓魏兩人對視一眼，心中都暗暗驚恐：魏家的封邑安邑和韓家的封邑平陽旁邊都各自有一條河道，智伯殘忍無道，今天能用晉水淹沒晉陽，說不定哪一天就會用同樣的方法對付他們。這樣一想，兩人心中不由對智伯恐懼起來。酒席過後，二人迅速告辭了。

春秋．聳肩尖足空首布

春秋晉國貨幣，一九五九年山西壽陽縣出土。

智伯有一個家臣叫絺疵，十分機敏。宴會之上，他聽見智伯的一番話，心中很是著急，卻又不便當著韓魏兩人說明。宴會過後，絺疵來到智伯房中，說道：「主公曾與韓、魏兩家有約在先，滅掉趙國之後，三家平分趙氏土地，如今眼看晉陽城要被攻破，兩家剛才在宴會上不見歡喜，反而面露憂慮。雖然他們沒有明說，但我能看得出來，他們是要反叛我們了。」智伯不信，說：「我們跟他們兩家合作得很好，他們憂慮什麼呢？」絺疵答道：「晉水可以灌晉陽，汾水就可以灌安邑，絳水同樣可以灌平陽。您在宴會上說水不但可以做依靠，還能作爲滅城的好工具，兩家自然想到自己封邑的情況，怎麼能不憂慮呢？」智伯覺得絺疵的話有些道理，但又不能確定兩人是否眞有反叛之心，心中十分忐忑。

第二天，韓康子和魏桓子帶著酒

來到智伯軍中，答謝他昨日的宴請。酒席間，智伯藉機說道：「我天生就是個直率的人，心裡是藏不住事情。昨天酒席過後，有人告訴我，兩位將軍似乎有意不再與我合作，不知實情是這樣嗎？」韓魏兩人異口同聲道：「哪裡有這樣的事情呢？您眞的相信嗎？」智伯說：「如果我眞的相信，也就不會當面詢問兩位將軍了。」韓康子說道：「攻破晉陽只在旦夕，眼看到了我們論功分賞的時候，如果現在起了反叛之心，我們又能得到什麼好處呢？此時希望我們反目的，應該是趙襄子才對啊。我聽說趙氏正在到處賄賂我們三家的大臣，您的家臣也許是受了趙氏的好處，才挑撥我們之間的關係吧？」智伯笑道：「我早就明白兩位是眞心與我結盟，又豈會生出二心？這都是絺疵在疑神疑鬼。」魏桓子緊接道：「您今天相信了我們，以後也許還會有人出言誣陷，您都能夠不懷疑我們嗎？」智伯聽後立刻站起來，將一杯酒灑在了地上，鄭重地說道：「如果我對兩位再生猜忌，就像這杯酒一樣。」韓魏兩人連忙拱手感謝，酒後各自回家了。智伯將絺疵叫進來，告訴他韓魏並沒有謀反的意思，要他以後別再懷疑了，絺疵聽後既氣憤又失望，不久就告病還

智伯渠

智伯渠位於山西太原南郊的晉祠鎮，渠首是晉祠三泉之一的千古名泉——難老泉，這是中國第一個有壩引水的灌溉工程。

鄉了。

## 三家分晉

晉陽被大水淹了之後，城中的情況愈來愈緊急，趙襄子非常著急，日夜召集家臣商量對策。有一天，門客張孟談建議道：「智伯為人凶殘，韓家和魏家並不是甘心把土地割讓出去，只是出於懼怕不敢反抗罷了。我想辦法說服他們一起抗擊智伯，就有希望將智伯打敗了。」趙襄子無奈，只好孤注一擲。

當天晚上，趙襄子派張孟談偷偷出城，先找到韓康子，又見了魏桓子，向兩人分析當前的形勢：智伯野心勃勃，攻破晉陽後必定會繼續侵吞韓魏兩家。韓魏兩人本就明白唇亡齒寒的道理，只是苦於沒有機會進城中與趙氏聯絡，也正在暗自焦急。此時見趙襄子主動要求合兵，兩方當下一拍即合，開始商議具體行動。

第二天夜裡三更過後，智伯正在自己的營房中熟睡，突然聽到一片喊殺之聲，他忙從臥榻上爬起，卻看見兵營裡全是水，並且水勢愈來愈大。智伯正驚慌失措時，四面突然響起了戰鼓聲，趙、韓、魏三家的士兵駕著小船一齊衝殺過來，智家軍隊陷在水中，毫無招架之力，很快便全軍覆沒，而智伯也被三家的人馬逮住殺掉了。

趙、韓、魏三家滅了智家，平分了智家的土地。趙襄子對智伯怨恨難消，命人將智伯的頭骨取出，塗上油漆，給自己當了便壺。

## 豫讓報恩

豫讓是晉國人，曾在范氏和中行氏兩家做過家臣，但兩家對他並不重用。范、中行兩家滅亡後，豫讓便投靠了智伯，智伯對他非常器重，豫讓心懷感激，對智伯盡心盡力，忠誠有加。智家被三家平滅後，豫讓逃到了山中，他聽說趙襄子拿智伯的頭骨做了便壺，當即氣憤難當，發誓要殺掉趙襄子，以報答智伯對自己的知遇之恩。

於是豫讓改名換姓，裝扮成一個服役的囚犯，並暗自在身上藏了一把

春秋．酒具盒

春秋戰國時期漆器大量出現，並在上流社會生活中逐漸取代青銅器皿。此盒呈圓角長方形，厚木胎，蓋與器身以子母口扣合。盒內用隔板分格，分裝有漆耳杯、漆酒壺、大小漆盤等。

### 豫讓橋詩

豫讓雖然刺殺未成身先死，但他的事跡卻世代流傳了下來。人們甚至在赤橋西邊的觀音廟中建了一座豫讓的塑像，和其他神像一起供奉起來。歷代有志之士和文人墨客都會在經過山西時前來祭拜豫讓。清代康熙年間，知縣殷嶧就做了一首〈豫讓橋詩〉：「臥波虹影欲驚鷗，此地曾聞手戡仇。山雨往來時漲涸，岸花開落自春秋。智家鼎已三分裂，志士思憑一劍酬。返照石欄如有字，二蓋臣子莫經由。」後來人們將此詩刻在觀音廟旁邊，以紀念這位心目中的英雄。

匕首，假裝到趙府中修整廁所，想等到趙襄子上廁所時將其殺掉。有一天，趙襄子走進廁所，覺得豫讓的舉止有些異常，就派人搜身。士兵搜到豫讓身上的匕首，趙襄子便問豫讓：「你是什麼人，爲什麼帶著匕首藏在廁所裡，是要刺殺我嗎？」豫讓卻也坦然，說道：「我是智伯的家臣，你殺死了我家主人，還對他進行侮辱，我要殺掉你爲他報仇！」士兵聽後要殺掉豫讓，趙襄子卻阻攔說：「主人已經不在了，卻還一心要爲主人報仇，如此忠義之士就放他一條生路吧，日後我小心一些就是了。」士兵只好放掉豫讓。

## 毀身避目

雖然趙襄子沒有殺掉豫讓，但卻沒有改變豫讓一心報仇的信念。回到家後，豫讓整日想著爲智伯報仇，卻苦於沒有一個良好的計策。他想再次去晉陽等待機會，又怕被晉陽的士兵認出自己。於是豫讓刮掉自己的眉毛和鬍子，又往身上塗了很多生漆，長了一身癩瘡，並找了一個破碗在街頭行乞。豫讓的妻子見他多日不回家，便出門尋找，路上聽到一個酷似丈夫的聲音，就跑過來看，誰知竟看到一個乞丐，不由失望地自言自語道：「聲音跟我丈夫的很像，卻不是同一個人。」說完逕自走開了。豫讓知道自己的聲音沒有變，於是找來幾塊木炭吞了下去，嗓子也跟著啞了。

豫讓有一個好朋友，見到這個乞丐後，也懷疑就是豫讓。他深知豫讓是個十分執著，有韌性的人，所以並沒有像豫讓妻子一樣走開，而是輕輕喚他的名字，豫讓抬起頭，被朋友認了出來。朋友見狀痛哭流涕，他將豫讓帶入家中，準備了一桌好酒好菜，請求豫讓說：「你想爲智伯報仇，也要找到合適的方法啊。以你的才能，如果去接近趙襄子，他肯定非常重用你，到時候你時常在他身邊，大有機會下手的，何苦要這樣摧殘自己，把自己弄成乞丐呢？」說完不禁又大哭了起來。豫讓勸阻友人道：「你的好意我十分明白，但是如果我去投靠了趙襄子，得到他的信任後又一劍將他殺掉，那是多麼不仁不義的行爲。我這樣做，就是要那些對主人懷有二心的臣子感到慚愧！」豫讓說完之後就向朋友告辭了。

## 再刺事敗

豫讓從朋友家中出來之後，又一路乞討來到了晉陽，這次沒有人能夠認出他來，豫讓便在晉陽靜靜地等待時機。

春秋・青銅鑲嵌綠松石匕首及帶鉤

劍首呈弧形，扁方莖，中空，莖上鏤雕幾何形圖案，上下兩面的雕飾相互對應，間飾較密集的嵌有綠松石的小圓柱，工藝講究。匕首短小鋒利，容易隱藏，十分受當時人的喜愛。

趙襄子當日聯合韓魏打敗智伯後，到晉陽城邊察看智伯修的引水渠。到了之後見渠道已經修成，不好再改建，就讓人在渠道上建一座橋，好方便人們行走。並將此橋命名爲「赤橋」，赤是火的顏色，因爲智伯曾經引水作亂，趙襄子便意寓以赤橋鎭壓其上。

赤橋建成的那天，趙襄子乘車前來觀看。豫讓事先得知這個消息，就在身上藏了一把匕首，裝成一個死人，躺在了橋底下，準備趙襄子經過時將其一劍刺殺。誰知趙襄子乘車而來，就要走到橋上時，拉車的馬似乎感覺到了殺氣，就停下不往前走了，還不時發出陣陣悲鳴。一旁的張孟談急忙說道：「我聽說良馬不會帶著主人走入爲難之地，現在這馬仰天長嘯，不肯上橋，這之中必有蹊蹺，您不能不仔細查看啊。」

於是趙襄子命令士兵四處搜查，不久士兵回來報告：「這附近並沒有發現奸細，只有一個死人躺在橋下面。」趙襄子在士兵搜查的時候，便暗自揣摩殺氣來源，思來想去只有豫讓值得懷疑，這下又聽說橋下有一個死人，更加確認是豫讓所裝，便說道：「赤橋剛剛建好，怎麼會有死人呢？一定是豫讓埋伏在下面，把他帶上來吧。」士兵將豫讓拖到趙襄子面前，雖然他一身污穢，面目大變，但

豫讓刺衣

清末民初馬駘《馬駘畫寶》。描繪春秋晉卿智瑤的家臣豫讓，多次行刺趙襄子為主人報仇沒有成功，最後請求趙襄子脫下外衣，讓他象徵性地刺幾下，然後便自刎身亡。

趙襄子還是認出了他，不由怒道：「上次你潛伏在廁所之中，想要刺殺我，我敬重你是個好漢，好心放了你；現在你卻又埋伏在橋底下，準備置我於死地。這次我一定要殺了你！」於是下令殺死豫讓。士兵得令，走上前去拘捕豫讓，豫讓呼天搶地，大哭不止。趙襄子問：「你這樣一個義士，也會怕死嗎？」豫讓答道：「我哪裡是怕死，我只是怨恨，我死以後，就再也沒有人替主人智伯報仇了！」

## 恨斬空衣

趙襄子十分納悶，不禁問道：「我聽說你以前曾經為范式和中行氏都做過家臣，智伯把他們消滅了，你不替他們報仇，反而委身於智伯，做了他的家臣。現在智伯死了，你為什麼一心一意急切地為他報仇呢？」豫讓回答道：「范式、中行氏對待我只是像對一個普通門客，我也只能像普通門客對待主人一樣對待他們。而智伯卻把我當國士一般看待，視我如心腹，我就必須像一個國士一樣對待他。主人被殺了，心腹當然一定要為他報仇！」

趙襄子聽後十分敬佩豫讓的忠義與執著，但這樣一來他更不能放掉豫讓，於是下令讓士兵將他團團圍住，並解下寶劍，賜豫讓自殺。豫讓知道報仇無門，不能完成自己許下的誓願，倍感絕望。他對趙襄子說：「自古以來，忠誠的臣子不怕死，而英明的君主也不掩蓋他的仁義。您放過我一次，我已經感激不盡了，今天我也不能再奢望您的寬恕了。但我刺殺了兩次都沒有成功，我死也不瞑目，就請您脫下袍子，讓我刺幾劍，權當是為主人報仇了吧。」趙襄子被眼前這位志士深深打動，就脫下長袍，給了豫讓。

豫讓怒目圓睜，就像看到趙襄子在眼前一般，幾次跳起來，對準空袍狠刺了幾劍。刺過之後，豫讓長出了一口氣，歎道：「我終於也算爲主人報了仇啊！」隨即提劍抹斷了自己的脖子，自殺了。趙襄子見這樣一個忠義之士死在了自己面前，心中也很悲傷，於是命人厚葬了豫讓。

豫讓死去的消息傳出，晉國的仁人志士都紛紛落下眼淚。人們感慨於豫讓忠心事主的精神，便將赤橋又稱爲「豫讓橋」，以此來表達對豫讓的尊重與懷念。

赤橋村

赤橋，一座原本普通的石橋，因豫讓在此演繹的千古絕唱，而名揚青史，也成就了赤橋村的聲名。進村之後可見一棵參天古槐，古槐之下原有一座砂石的赤橋，又被稱為豫讓橋。

# 士爲知己者死
## ——聶政手刃俠累

周安王五年（韓烈侯三年，西元前三九七年），韓國都城，人們叫嚷著湧向最繁華的中央大街。這條大街的盡頭，矗立著一根高高的木樁，上面五花大綁地縛著一具屍體。他面容盡毀，雙目滴血，一條長長的傷口從胸口一直延伸到腹腔。這個人是誰？他背後又隱藏著怎樣一個慘烈的故事？

### 避禍走他鄉

戰國時期，魏國重鎮軹邑由於管理得當，經濟十分發達。城內居民生活富足，遊人如織，各國商旅慕名而來，貿易來往十分繁榮。在軹邑深井，生活著一家三口，年邁的老母親帶著一雙兒女。女兒名叫聶嫈，尚未出嫁。兒子聶政，從小習武，十分孝順。一家人靠耕種土地爲生，閒暇之餘，聶政也會做些殺牛屠狗的副業。

不過，畢竟是習武出身，再加上年少氣盛，因此每遇到不忿之事，即便與自己無關，聶政也往往會拔刀相助。這一性格雖然得到了鄉鄰的讚賞，但也爲他招來了禍患。

有一次，聶政因路見不平，與當地官員起了爭執，一時義憤，錯手殺了地方官，遭到官府的通緝。無奈之下，聶政只好收拾家當，帶著母親和姐姐遠走他鄉。他們一路受盡磨難，輾轉到西鄰齊國，開始了在鄉下隱姓埋名的日子。因爲流落他鄉，家雖安定下來，但生計卻成了問題，聶政便又開始操起了屠狗的舊業。

當時，因爲狗肉味道鮮美、營養豐富，是一種比豬肉更爲普通百姓所喜愛的肉食，所以社會上殺狗的人也很多。聶政技藝高超，又能吃苦，收獲的利潤也頗爲可觀，再加上姐姐做一些女工貼補家用，日子漸漸安穩下來。

不過，他們畢竟是因爲避禍才來到齊國的，所以，一家三口深居簡出，幾乎不與他人往來，當然也很少有人上門。不料，有一天，一個陌生人卻主動找上門來。

### 遍訪求名士

來人名叫嚴遂，字仲子，是韓國大夫。嚴遂學問淵博，見識獨到，深得韓哀侯的寵信。也正是因爲如此，他引起了韓國相國俠累的嫉恨。俠累，原名韓傀，韓景侯的弟弟，爲人驕橫跋扈。

嚴遂早就對俠累的所作所爲看不慣，因此經常直言不諱地指出他的過失，這讓俠累非常惱火。兩人之間劍拔弩張的關係已經成爲朝中上下眾所周知的事。

有一次，嚴遂與俠累又在朝廷上發生激烈爭執，嚴遂據理力爭，得理不饒人。而俠累仗著自己是韓國相國，又是皇親，自然也不甘示弱。兩人各不相讓。面對俠累的詭辯，嚴遂十分氣憤。他一氣之下順手拔出旁邊衛士腰間的寶劍，直直地砍向俠累。眾大臣見狀，紛紛上前將兩人拉開，一場血戰雖然得以避免，但嚴遂與俠累的關係卻降到了冰點。

退朝後，嚴遂一直爲朝上發生的事心神不寧，這時，他的好友派人送來消息，說俠累揚言要找人暗殺嚴遂，拔除他這個眼中釘、肉中刺。好友勸他暫時避避風頭。嚴遂心想，俠累位高權重，勢力強勁，爲己所不敵。於是，嚴遂連夜收拾金銀細軟，攜帶家眷逃回老家魏國濮陽。然而，嚴遂無論如何也嚥不下這口氣。經過一番深思熟慮，他決定遊歷各國，遍訪勇士，去刺殺俠累，以報自己的離鄉之恨。

此後幾年，嚴遂顛沛於各國之間，一路飽嘗流離之苦，遍尋武藝高強的俠士。可過了很長時間，嚴遂也沒有找到合適的刺殺人選。

有一年，嚴遂遊歷到齊國，在途中歇息時，聽到幾個路人正在談論聶政。原來，聶政一家雖然深居簡出，極力避免招搖，但聶政俠義的性格卻始終隱藏不了，遇到不平之事照樣拔刀相助，因此早就聲名在外。嚴遂聽到人們對聶政的議論，認定他就是自己所求之人。於是，嚴遂準備好重金厚禮，打聽到聶政的住址，親自登門拜訪。

## 知遇之恩逢時報

嚴遂的第一次拜訪並不順利。他到了聶政家中後，說明來意，求聶政爲自己出頭，並答應定以重金相謝。他原本以爲，憑著聶政俠義的

戰國．青銅短劍

劍是短兵器的一種，脫胎於矛形刺兵及短匕首，始源於殷商以前。古人用此劍插腰，可割可刺，抵禦匪寇與野獸。到了周代，尤其是春秋、戰國時期，劍已成為主要短兵器，士子必隨身佩劍。

個性，必定會出手相助。然而，聶政卻直言不諱地告訴嚴遂，堂上老母還健在，自己要奉養母親，不能離家。聽了這話，一股深深的失望湧上嚴遂的心頭。於是，嚴遂站起身告辭聶政，轉身離去。

隨後，嚴遂又數次拜訪聶政，每次都帶著厚禮，但再也沒有提起刺殺的事情。在這幾次往來中，聶政被嚴遂的學識和談吐打動了，兩個人漸漸成爲朋友。嚴遂登門拜訪的次數也愈來愈多，閒暇之餘，聶政也會去嚴遂府上做客。每到這個時候，嚴遂總是熱情地款待他。兩個人高談闊論，把酒言歡。

聶母生日這一天，嚴遂送來重金，爲聶母慶生。聶政明白他的意思，執意不肯收下禮物。他對嚴遂說：「我現在以屠狗爲生，就是爲了養活母親。母親還健在，我是不敢以死報答別人的。」雖然再一次婉拒了嚴遂的請求，但在聶政心裡，他早就把嚴遂引爲知己了。

就這樣，又過了好幾年，聶母去世了。嚴遂幫聶政厚葬了他的母親，隨後就回老家魏國了。

對於嚴遂的想法，聶政心知肚明，也打心底想幫助他。不過，按照慣例，聶政還要爲母親守孝三年。在這三年裡，聶政仍舊靠屠狗爲生，與姐姐相依爲命。後來，姐姐出嫁了。又過了不久，母親的喪期也滿了。聶政憶及嚴遂的知遇之恩，認爲是報答他的時候了。

## 仗劍千里行

聶政收拾好行裝，來到魏國，找到嚴遂。嚴遂根本沒有料到聶政會找上門來，大喜過望，忙命人擺宴款待聶政。喝到酣暢淋漓之際，聶政動情地對嚴遂說：「我本是個市井之徒，就算如我一樣的凡夫俗子，也從來沒有人對我如此厚待過。而你身爲諸侯卿相，身家榮耀，卻不遠萬里來找我，對我以禮相待，傾心相交。我心中對你十分感激，本該答應你的要求，來償還你對我的深情厚誼，但當時母親健在，致使孝義無法兩全。現在家母已經去世了，我的守孝期也已經滿了，是爲你出力的時候了。士爲知己者死，我一定誓死報答你。現在，請告訴我你的仇人是誰？」

嚴遂聽了十分感動，說：「他是韓國相國俠累，因爲他的逼迫，我不得已才背井離鄉，這口氣我一直嚥不下，一直想找個人刺殺他。可是，俠累身爲相國，相府上下守衛森嚴，刺殺是不可能輕易得手的。既然你答應幫我，那我給你找些幫手吧。」

聶政說：「魏國與韓國相距不遠，再加上韓府人多勢眾，行刺的人多了反而容易走漏風聲，發生意外，到時後果將不堪設想。爲了以防萬一，還是由我一個人去吧。」隨後，兩人灑淚而別，聶政隻身前往韓國都城，踏上刺殺的征途。

到達韓國都城後，聶政調查好相府位置，伺機尋找闖入相國府的機會。有一天，俠累宣布要在家中大宴賓客，聶政得知消息後大喜，他知道，喜慶熱鬧的時刻，人們往往疏於防範，正是下手的好機會。於是，聶政收拾停當，隨身攜帶寶劍，準備開始他醞釀已久的刺殺行動。

聶政趕到相國府時，宴席正進行到最熱鬧之際，就在這時，相府門口突然發出一陣騷動。守門將士還沒反應過來，就見一個身著深色長衫，手提一柄長劍的漢子，氣勢洶洶地衝入相府，相府內頓時亂作一團。

只見那名漢子三步併作兩步走，一直衝到俠累面前，舉劍便刺。白光一閃，長劍已經穿透俠累的胸口，他掙扎了幾下便倒地身亡。反應過來的衛士揮劍而上，將那漢子團團圍住。只是一眨眼的工夫，衛士就被刺倒十幾個，賓客也早已逃得不知去向。鮮血染滿了大廳的牆壁。在這滿堂鮮血之中，那漢子與數十倍於他的衛士怒目相視……。

眾衛士蜂擁而上，混亂中，那漢子中了一劍，一個踉蹌翻倒在地。他剛站起來，又有數十柄寶劍一起上前，在他的身上劃下了數十道傷痕。血順著漢子的身體流下來，他轉過頭，望了望不遠處俠累的屍體，突然反手一劍，劃向自己的臉頰。周圍的衛士驚呆了，愣愣地站在那裡，不知所措。就在這一

河南新鄭鄭韓故城遺址

### 廣陵絕唱

在《神奇秘譜》古琴集裡，收錄著一首名叫〈廣陵散〉的樂曲。這個樂曲共有四十五個樂段，它到底是誰做的，於史無傳。但關於它的主角，人們都知道，那就是聶政。從某種意義上說，聶政因爲這首曲子而爲更多的人熟知。而傳播這首曲子的人，名叫嵇康。

嵇康，「竹林七賢」之一，爲人狂放不羈，由他來彈奏〈廣陵散〉，自然是對聶政故事的絕妙詮釋。然而，嵇康那「非湯武而薄周孔」、「越名教而任自然」的人生主張，深深地刺痛了統治階層的要害，終於爲他招來了殺身之禍。魏景元三年（西元二六二年），司馬昭下令將嵇康處以死刑。

在刑場上，嵇康要來一架琴，面對前來爲他送行的人，彈奏了最後一曲〈廣陵散〉，隨後從容地引頸就戮，時年僅三十九歲。自此，〈廣陵散〉遂成絕唱。

瞬間，漢子已經將自己的臉頰劃得面目全非，隨後，他又反手兩劍，挖出自己的雙眼，緊接著便將長劍插入自己的腹腔，剖腹而死。

## 姐弟情深義長存

因爲事發突然，毫無任何徵兆，沒有人認識這個刺客到底是誰，也沒有誰知道他爲什麼來刺殺相國。於是，韓哀侯下令將刺客的屍體懸掛於街市上，重金懸賞，追查他的身分以及他的家屬，發誓一定要爲相國報仇。但懸賞佈告連同聶政的屍體在街市上風吹日曬，陳列了很久，卻依然沒有任何關於刺客身分的消息。

後來，隨著俠累被刺殺以及懸賞追查刺客身分的事愈傳愈廣，齊國人也終於知道了。聶嫈聽說這個消息後，一下子想起自己未嫁之時嚴遂上門託付的事情。她立刻猜到，兇手肯定是自己的弟弟。於是，聶嫈孤身輾轉來到韓國國都。

聶嫈遠遠地看到飄蕩在半空中的屍身，她不禁癱倒在地，痛哭失聲。街上圍觀的行人看著這個異鄉女子，紛紛駐足觀望。一個好心人走上前，悄聲說道：「這是殺害我們相國的兇手，如今國君正在懸賞重金追查他的身分和其家屬的下落，你怎麼這麼大膽子，還敢來認屍啊？」

聶嫈哭著說：「這些我都知道。然而聶政之所以蒙受屈辱隱跡於市販之中，是因爲當時老母尚在，我又未嫁。但嚴遂並不因爲出身市販而輕視他，反倒屈身與他相交，如此深厚的知遇之恩他怎能不報？士爲知己者死，聶政不過是因爲我還活著，怕爲我招來殺身之禍，這才毀壞了自己的容貌軀體。他如此深情厚誼，我怎麼能任他的英名就此埋沒呢？」說罷，聶嫈長呼三聲「蒼天！」便死在了聶政的屍體旁邊。

## 史記·刺客列傳

《刺客列傳》全文五千多字，共寫了曹沫、專諸、豫讓、聶政、荊軻、高漸離六個人。細味全傳，儘管這五人的具體事跡並不相同，其行刺或行劫的具體緣由也因人而異，但是有一點則是共同的，這就是他們都有一種扶弱拯危、不畏強暴，爲達到行刺或行劫的目的而置生死於度外的剛烈精神。而這種精神的實質則是「士爲知己者死」。所以太史公在本傳的贊語中說：「此其義或成或不成，然其立意較然，不欺其志，名垂後世，豈妄也哉！」

本傳雖是五人的類傳，但能「逐段脫卸，如鱗之次，如羽之壓，故論事則一人更勝一人，論文則一節更深一節」（吳見思《史記論文》），所以全篇次第井然，始於曹沫，終於荊軻，中間依次爲專諸、豫讓和聶政，儼然一部刺客故事集，而統攝全篇的內在思想則是本傳的主旨。

這件事迅速傳遍各國，人們紛紛議論：「聶政爲酬知己，不惜以命相還，眞是義士。他的姐姐聶嫈，不因爲畏懼災禍而埋沒弟弟，也是一個烈性女子。而嚴遂也是慧眼識人，才能得到聶政這樣的勇士相助啊。」

時人感歎萬分，後有人出重金將聶氏姐弟合葬，這段轟轟烈烈的刺殺案得以終結。

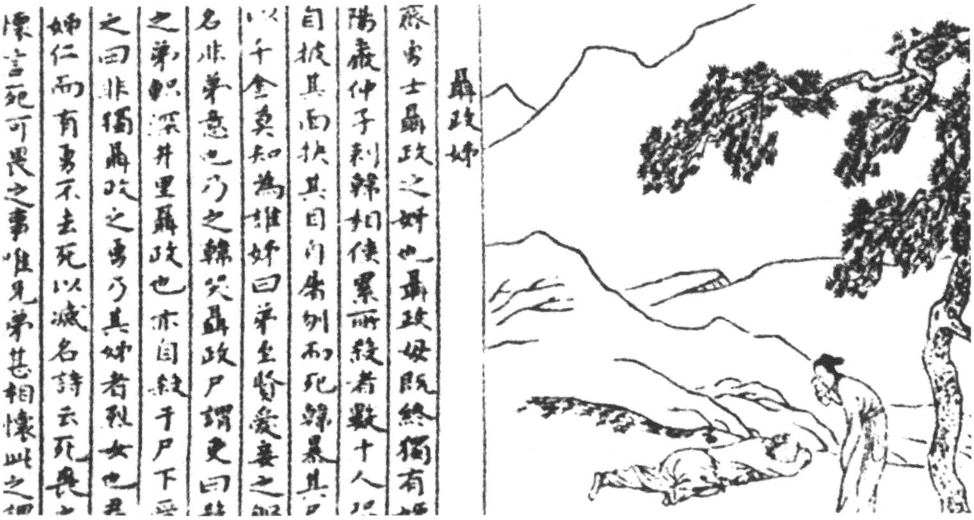
聶政姊
齊勇士聶政之姊也聶政母既終獨有
陽嚴仲子刺韓相俠累所殺者數十人
自披其面抉其目自屠剔而死韓暴其
以千金募知為誰姊曰吾弟至賢愛妾之
名非弟意也乃之韓哭聶政尸謂吏曰
之弟軹深井里聶政也亦自殺于尸下
之曰非獨聶政之勇乃其姊者烈女也
姊仁而有勇不去死以滅名詩云死喪
懷言死可畏之事唯兄弟甚相懷此之

東漢·劉向《列女傳·聶政姐》書影

東漢劉向《列女傳·聶政姐》中的聶政姐即戰國時著名刺客聶政之姐。故事描繪了戰國韓國勇士聶政行刺俠累後，為了不連累姐姐，自毀面容剖腹自殺。聶政之姐不懼，認屍痛哭。

# 挽狂瀾的小人物——朱亥椎晉鄙

一介草民，卻引得魏國公子信陵君多次登門拜訪；一個混跡於市井的屠夫，卻在抗秦救趙的戰爭中發揮決定性的作用，使整個魏國脫離了唇亡齒寒的威脅。平頭百姓朱亥，在叱吒風雲的諸侯背後，竟用一把錘子，譜寫了這段流傳千載的歷史。

## 信陵君遭忌

戰國時期，魏國有位公子叫魏無忌，是魏昭王的兒子。昭王去世後，魏無忌同父異母的哥哥魏圉登上了王位，稱爲安王。

齊國有一位丞相叫田文，也就是歷史上有名的孟嘗君。當時田文已經在魏國從政十幾年，擁有雄厚的政治實力。安王爲了牽制田文，就把弟弟魏無忌封於信陵（今河南寧陵），因此人們也稱其信陵君。

晉泰始九年（西元前二七三年），秦軍進攻魏國，大敗魏軍，魏軍主帥芒卯倉皇逃跑，推薦芒卯爲帥的田文因此受到安王的罷免，他的門客紛紛投向魏無忌，從此魏無忌逐漸取代了田文在魏國的地位。

魏無忌爲人仁愛寬厚，愛惜賢士，士人都爭著歸附於他，最多時門下曾有三千食客。魏無忌在當時威名遠揚，各諸侯國連續十年都不敢興兵侵犯魏國。

有一次，魏無忌正在和安王下棋，北邊邊境傳來警報，說趙國發兵進犯，正準備進入魏國邊境。安王立刻放下棋子，吩咐召集群臣商議對策，魏無忌卻說守邊將士觀察有誤，那只是趙王在打獵，並不是想侵犯魏國，說完便若無其事地和安王繼續下

戰國．彩繪車馬出行圖圓奩

棋。安王卻坐立不安，無心對弈。不多時，北方邊境又傳來消息，證實報告錯誤，而魏無忌說得確爲實情。安王大爲驚異，問魏無忌怎麼知道邊境的情況。魏無忌告訴安王，他的門客當中有能深入探聽趙王祕密的人，可以隨時向他報告趙王的行動。安王聽後十分畏懼魏無忌的賢能，不敢再將國事交給他辦理。

## 禮待侯嬴

魏國有一個隱士叫侯嬴，已經七十歲了，但是因爲家中貧困，還在大梁（魏國都城，今河南開封）的夷門做守門小吏。魏無忌聽說後，就來到侯嬴家中拜訪，並帶了一份厚禮，希望侯嬴能到自己府上做一名食客。侯嬴卻堅決不肯接受，將魏無忌的好意拒之門外。魏無忌不肯放棄，回家後擺宴席遍請賓客。等人來齊後，魏無忌帶著車馬和隨從，並空出左邊尊貴的位子，親自到夷門迎接侯嬴。侯嬴有心考驗魏無忌，便毫不謙讓，逕直坐上了魏無忌空出的上座。

一路上侯嬴暗自觀察，發現魏無忌態度始終十分謙和，並沒有生氣的表現。走到半路時，侯嬴突然說要拜訪一位在街市做屠夫的朋友，魏無忌立即駕車來到街市，侯嬴自顧自下了車去見朋友朱亥，魏無忌則拿著馬轡在一邊等候。侯嬴故意遲遲不走，和朱亥不停地說話。隨從的侍衛紛紛抱怨侯嬴沒有禮節，不懂規矩，而魏無忌卻自始至終面帶善色，沒有半句怨言，一直耐心地等候侯嬴和朋友談完，才帶著他回到府中。宴席上，魏無忌把上座讓給侯嬴，並向每一位賓客介

清．吳歷．信陵君夷門訪賢

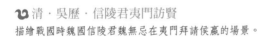

描繪戰國時魏國信陵君魏無忌在夷門拜請侯嬴的場景。

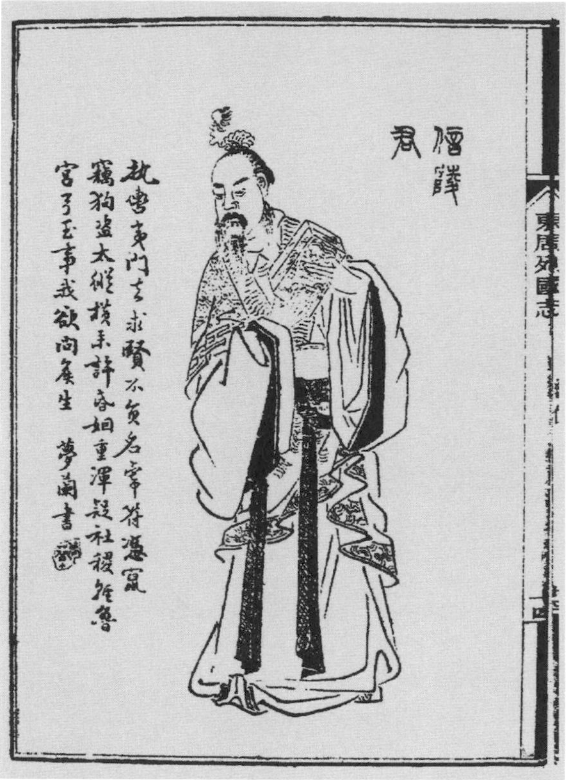


信陵君像

信陵君（？至西元前二四三年），名魏無忌，戰國時代魏國人。信陵君是戰國時代著名的政治家、軍事家，官至魏國上將軍，與合稱為「戰國四公子」。

紹侯嬴。侯嬴見魏無忌如此謙恭，禮賢下士，宴會之後便成了魏無忌府上的常客。

在一次閒談中，侯嬴告訴魏無忌自己拜訪的朋友朱亥也是一位賢能之人，只是無人能賞識，才被埋沒在市井當中。魏無忌聽後幾次前去拜訪，朱亥卻並不回拜，使得魏無忌心中十分奇怪。

## 唇齒之急

周赧王五十五年（西元前二六〇年），秦國大舉圍攻趙國，趙國四十多萬士兵被秦國所殺。秦國攻破趙國在長平的駐軍後，又包圍了邯鄲，趙國形勢陷入危急。趙國丞相平原君的妻子是魏無忌的姐姐，他幾次寫信向安王求救，安王派出將軍晉鄙率領十幾萬軍隊前去救援。秦王聽說後，便派人威脅安王，說自己很快就要攻下趙國，如果哪個國家敢去幫趙國抗秦，秦國就會在滅掉趙國後第一個攻打提供救援的國家。安王十分害怕，於是命令晉鄙停止進軍，駐紮在鄴城，先觀望兩軍形勢，再做計劃。

平原君見魏軍遲遲不行動，便又來信催促，並責備安王見死不救，連自己姐姐的性命都棄之不顧，毫無仁義道德可言。安王仍然命令晉鄙按兵不動，不予解救。魏無忌爲此十分憂慮，屢次請求安王出兵救趙，並讓自己的門客也前去勸諫，但安王懼怕強大的秦國，始終不肯出兵。

魏無忌深知秦國野心勃勃，一旦滅掉趙國必定會繼續擴張，魏國很有可能就是下一個目標。他見安王不肯相救，於是自動自發湊齊了一百人馬，帶上自己的賓客，準備去和秦國拚命，與趙國共存亡。

魏無忌帶著人馬路過夷門的時候，把這件事情告訴了侯嬴，並用一種必死的口氣向侯嬴告別。侯嬴卻說自己年老不能跟從，讓魏無忌自己好好努力。魏無忌走出幾里之後，愈想心中愈不舒服，他覺得自己對侯嬴謙和恭順，禮節周到，現在自己要去死了，侯嬴卻沒有一句相送的話，難道是自己哪裡做得還不夠好嗎？魏無忌掉轉馬頭又奔了回來，想找侯嬴問個清楚。

侯嬴看到魏無忌回來十分開心，他笑著說：「公子是個講究禮數的人，我就知道你一定會回來的。公子禮賢下士，天下聞名。現在趙國有了危難，您卻要自己親自去打仗，這豈不相當於拿肉去投給餓虎嗎？平日您對自己的賓客謙和仁義，尤其對我百般敬重，現在卻要自己去送死，您要這些賓客有什麼用處呢？現在我有一個方法，可以讓晉鄙出兵救趙國。」

### 信陵君審鴿

信陵君仁愛善良，天下皆知。傳說信陵君年少時，偶然見到一隻鳩被兇猛的鷂追殺，他不忍看鳩被吃掉，就把鳩藏到自己屋子裡，打算等鷂走後，再放他出去。

誰知狡猾的鷂就躲在附近，見鳩一出來，就撲上去將其吃掉了。信陵君非常自責，認爲是由於自己一時疏忽，才導致了鳩的死亡。於是他下令四處捕捉鷂，共捕得一百隻。信陵君逐一審問，最後把捕殺鳩的兇手查了出來，然後放掉了其他的鷂，再把兇手殺掉，以祭奠鳩的亡靈。

## 如姬竊符

魏無忌聽說有辦法，便忙向侯嬴請教。侯嬴將旁人遣開，對魏無忌說：「我聽說安王有一位寵妃叫如姬，當年她的父親被人殺害，到處懸賞找人報仇，卻沒有人能幫她。後來她來求您，您就找門客殺了她的仇人，如姬對您感激不盡，一直想找機會報答，是這樣的嗎？」魏無忌點頭稱是。侯嬴又說：「兵符在安王臥房中，拿到兵符就可以號令軍隊。而如姬深受安王寵愛，最有機會拿到兵符，您去請如姬幫忙，她一定會答應。那您就可以拿著兵符從晉鄙手中奪過軍隊，去救趙國了。」魏無忌覺得侯嬴的方法很可行，就去找如姬，如姬果然將兵符偷了出來。

魏無忌拿到兵符，即刻準備出發，這時侯嬴又說：「大將在外作戰的時候，爲了國家的利益，有時是不會聽從君王的指揮的。晉鄙是個老將軍，雖然您有兵符，但他不一定會服從您的號令。公子還是把我的朋友朱亥帶上吧，他是個大力士，假如晉鄙眞的不交兵權，就讓朱亥殺掉他。」魏無忌聽後卻哭了起來：「晉鄙是馳騁戰場的老將，恐怕不會聽從我的命令，看來是要不得已殺死他啊。」侯嬴見魏無忌如此仁義，不禁也掉下淚來：「公子大仁大義，不光是朝中的大臣，就連我這貧弱的老頭都百般尊重。我此番不能跟隨公子，只能計算公子到達邯鄲的時間，您一到那裡我就以死相謝。」魏無忌聽後堅決不許，無奈侯嬴堅持，想到邯鄲形勢緊迫，只好趕快出發了。

路上魏無忌問朱亥爲什麼當初不回拜自己，現在卻要跟自己出兵打仗。朱亥笑道：「我不過是一個市井中的屠夫，雖然感激您的知遇之情，但回拜只是沒什麼用處的小禮節，我覺得並不能當做對您的回報。現在您有了我能幫得上忙的事情，是我該效死力的時候了。」魏無忌非常感動，一路上與朱亥形影不離，很快就到了鄴城。而侯嬴也算準了時日，對著北面魏無忌所在的方向自殺了。

**鄴城遺址**

鄴城初建於春秋時期，相傳為齊桓公所築。周考王二年（西元前四三九年），魏文侯封鄴，把鄴城當做魏國的陪都。此後，鄴城一步步成為侯都、王都、國都。曹魏時曹操擊敗袁紹佔據鄴城，以城牆為基礎，建築了著名的三台，即金鳳台、銅雀台及冰井台。

### 戰國四公子

戰國末期，秦國愈來愈強大。各諸侯國貴族為了對付秦國的入侵和挽救本國的滅亡，竭力網羅人才。他們禮賢下士，廣招賓客，以擴大自己的勢力，因此養「士」（包括學士、策士、方士或術士以及食客）之風盛行。當時，以養「士」著稱的有平原君趙勝、孟嘗君田文、春申君黃歇以及信陵君魏無忌，後人稱他們為「戰國四公子」。

## 退秦救趙

到了鄴城後，魏無忌拿著兵符，假傳安王的旨意要取代晉鄙，晉鄙看過兵符，見魏無忌並無兵馬，隻身而來，便對這件事產生了懷疑，於是堅決不從。朱亥此時正站在旁邊聽著，他見晉鄙固執己見，不肯交兵，頓時怒從心起，不由抓緊了手中的錘子，慢慢向晉鄙靠近。晉鄙並沒有注意到朱亥的舉動，朱亥逐漸移到晉鄙旁邊，見他絲毫沒有退讓之意，便舉起手中的錘子，重重向晉鄙砸去，晉鄙當場就被砸死了。

魏無忌立即統領了晉鄙的軍隊，他對士兵們說：「父子都在軍中的，父親回去；兄弟都在軍中的，哥哥回去；獨子沒有兄弟的，回家奉養父母。」這樣，魏無忌挑選了八萬精兵，一路向秦軍進攻，一直打到邯鄲，秦軍節節敗退，只好撤掉了邯鄲的守軍。趙王和平原君親自到邯鄲邊界迎接魏無忌，趙王十分感激，對魏無忌說道：「從古至今，再也沒有第二個人能比得上公子啊。」

邯鄲大捷後，魏無忌知道自己偷了兵符，殺了大將晉鄙，必定惹怒安王，於是讓部將率領大軍回了魏國，而自己和賓客則留在了趙國。

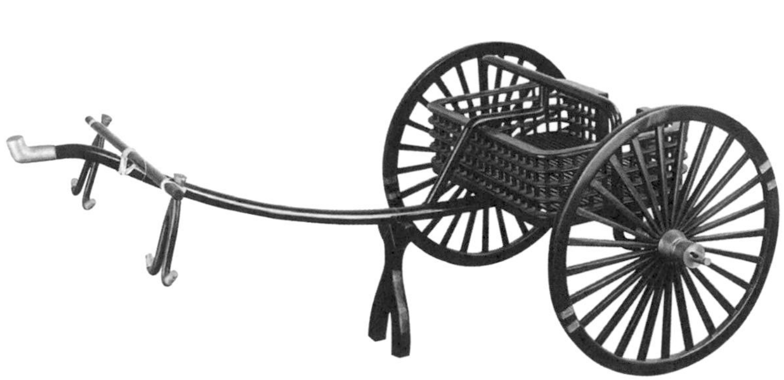

春秋戰車模型

戰車自商代晚期崛起，春秋時期趨於鼎盛，當時的很多諸侯擁有大量戰車，到了戰國時期則開始被步兵、騎兵取代。

# 易水悲歌千古頌

## ——荊軻刺秦王

「風蕭蕭兮易水寒，壯士一去兮不復還！生死聚散兮彈指間，壯志不酬兮誓不返！」一把匕首，一腔壯志，關乎一位天下霸主的性命與一個國家的命運；這又是一支淒婉的離別曲，冰冷的易水，不僅隔開了孤單的離人與送別的摯友，更扼殺了英雄頑強生命。

### 秦國獨強

春秋結束，中國進入紛亂的戰國時期。從春秋時代初期的一百四十多家諸侯，經過三百六十多年不斷的融合與兼併，到戰國初期就只剩下二十餘家。其中又以秦、齊、楚、燕最爲強大。趙、魏、韓三家分晉後，不斷擴張勢力，也在不久後成爲了佔得重要地位的國家。由此「戰國七雄」的局面正式形成，並繼續上演更加殘酷的攻城掠地之戰。

七雄中，最爲強大的就是秦國。秦最初的領地在今天陝西省西部，在當時屬於中國的邊緣部分。直到戰國初期，她還是一個比較弱的國家，加上地處偏僻，所以開始時並不受其他國家的重視。直到周顯王八年（秦孝公元年，西元前三六一年）秦穆公重用商鞅，改革了一系列經濟政治制度，秦國由此開始不斷強大起來，並逐漸成爲逐鹿中原舞台上的主角。

周赧王五十三年（秦昭王四十五年，西元前二六二年），秦昭王派大將白起攻打韓國，佔領了野王城，切斷了韓國上黨郡和國都的聯繫。韓國想獻出上黨郡向秦求和，但是上黨郡馮守亭不願降秦，於是寫信請趙國發兵救上黨郡。

周赧王五十五年（西元前二六〇年），秦派左庶長王齕攻韓，奪取上黨。上黨的百姓紛紛逃往趙國，趙駐兵於長平（今山西省高平市長平村），以鎮撫上黨之民。秦軍與趙軍僵持數月，趙軍連敗，損失巨大。

同年八月，白起設計引趙軍攻至秦軍壁壘，然後令事先埋伏好的精兵切斷了趙軍的糧道。到了九月，趙軍已斷糧四十六天，軍中士兵甚至自相殺食。趙國大將軍趙括走投無路，重新集結部隊，分兵四隊輪番突圍，但始終沒能衝出秦軍的包圍。無奈之下，趙括又親自率精兵出戰，不幸被秦軍射殺。趙括軍隊大敗，四十幾萬士兵投降。白起將趙國的降卒全部坑殺，六國爲之震驚。

長平之戰後，再無其他國家能與秦國抗衡，秦國的野心也愈來愈大，開始四面征戰，企圖一統天下。

建造秦始皇陵墓的工人模型

陝西西安秦陵地宮展覽館內在士兵驅趕下建造陵墓的工人模型。

## 太子丹回國

燕國有一位太子叫姬丹，最初在趙國作人質。秦國的太子嬴政作爲人質也出生在趙國，少年時兩人稱得上是相交甚歡的好友。後來秦國逐漸強大，嬴政成年後回到秦國繼承了王位。燕國爲了討好秦國，就將太子丹又送去秦國做人質。誰知秦王卻一改往日友好的態度，對待太子丹的待遇十分低下。太子丹不堪凌辱，於秦王政十五年（西元前二三二年）逃回了燕國。

秦王嬴政即位以後，一心想統一中原，不斷向各國進攻。秦王政十七年（西元前二三〇年），秦國攻破韓國。又過了兩年，秦王派大將王翦攻破趙國，俘虜了趙王，佔領了趙國全部土地，之後繼續向北侵入，到達了燕國南部的邊界，這樣，本不與秦國接壤的弱小的燕國就處在了秦國的直接威脅之下。

眼看燕國危在旦夕，太子丹心急如焚，請來自己的老師鞠武，商量如何抗秦。鞠武答道：「天下到處都是秦國的土地，燕國與秦國的勢力已經不可同日而語了。領軍打仗的方式顯然是行不通的，好在秦國剛剛打敗了趙國，需要一段時間休整，不會太快入侵燕國，我們還是趕緊想其他的辦法吧。」

## 秦臣投燕

嬴政的父親嬴異人是秦國的皇子，年輕的時候在趙國當人質。當時趙國有個富商叫呂不韋，他雖然富比王室，但因爲當時社會風氣歧視商人，所以呂不韋並不爲人尊重，相反很受人瞧不起。

爲了改變自己的社會地位，呂不韋想到了攀附秦國皇子嬴異人。於是他送了一個漂亮的姑娘趙姬給嬴異人，以此來討他的歡心。嬴異人也確實很喜歡趙姬，帶在身邊倍加寵愛。很快地，趙姬爲嬴異人生下了一個兒子，就是嬴政。後來，嬴異人在呂不韋的幫助下回到了秦國，做了國君，就立了嬴政爲太子，封呂不韋爲丞相。

嬴異人死後，十三歲的嬴政即位做了秦王，趙姬便成了太后。但秦王慢慢長大後，竟發現趙太后與呂不韋有私情，他非常生氣，但又不便將兩人處罪。爲了掩蓋皇室醜聞，嬴政找藉口將知道這件事情的人全部殺掉了，最後只剩下大臣樊於期。樊於期是個忠臣，雖然沒有洩密之心，但他知道嬴政心狠手辣，自己恐怕難逃厄運，便逃出秦國，一路投奔燕國去了。太子丹接納了樊於期，對他善加款待。

秦王派人一路追殺，發現樊於期逃進了燕國，就讓太子丹交出樊於期的人頭，不然就要攻打燕國。鞠武規勸太子丹：「秦王本來就很凶暴，一直垂涎於燕國，如今他又聽說樊於期在這裡，更加有藉口發兵進攻了，爲了燕國的命運，就請太子再愼重考慮一下吧。」太子丹說道：「樊將軍現在窮途末路，前來投靠我，我無論如何也不能將他交給秦王去送死。秦王野心勃勃，就算沒有這個藉口也一定會想辦法吞掉燕國的，我們還是盡快想辦法對付秦國吧。」鞠武歎道：「難得太子如此仁慈，但是我們也即將自身難保啊。燕國的刺客田光先生足智多謀，名揚天下，我們還是把他請來，

武陽台遺址

河北易縣被雨水自然沖刷、水土流失的燕下都武陽台遺址。武陽台遺址位於易縣縣城東南三・五公里處，是戰國時期燕國都城的遺址。主體建築由武陽台、望景台、老姆台等建築基址組成。

商議抗秦大計吧。」

## 田光薦俠

太子丹非常恭敬地請來田光，並親自跪下爲田光擦拭座位。田光坐穩後，太子丹退去了旁人，對田光說：「秦國自從呑併韓、趙兩國後，一直對燕國虎視眈眈，如今秦王看準燕國收留樊於期這個機會，終於要藉口出兵了。但是秦國強大，若以武力相鬥，燕國一定不是秦國的對手。田光先生謀略過人，有什麼辦法能抵抗秦國嗎？」田光說：「如果我身在壯年，一定義無反顧去幫您刺殺秦王，可是如今我年老體衰，並且天下人都知道我的身分，恐怕不是那麼容易能接近秦王的。我有個朋友叫荊軻，是個十分沉著冷靜的人，他大概可以幫您完成這個任務。」說罷便要起身將荊軻找來，太子丹送到門口，又對田光說：「我今天對您說的都是關乎國家命運的大事，請您務必不可洩露。」田光允諾，便離開了。

田光找到荊軻之後，將太子丹的想法一一告知荊軻，並囑託他保守祕密，便抽劍自殺了。荊軻忍住悲傷去見太子丹，告訴他田光的死訊，太子丹痛哭流涕，長跪不起。過了許久，他對荊軻說：「我之所以囑咐田光先生嚴守祕密，是害怕計謀失敗，先生卻以死明志，這不是我的初衷啊。」荊軻極力安慰，太子丹才止住悲痛，對荊軻說道：「如今天下即將盡歸於秦王囊中，燕國自然也難逃厄運。但燕國就算調集全國軍隊，還是無法抵抗來勢洶湧的秦軍。現在我想到一個並不成熟的計劃，就是派一名勇士，到秦國去挾持秦王，逼他歸還各國的土地，如果不行，就將其殺死，這樣秦國國內必然大亂，我們就可以趁機聯合其他國家，將秦國打敗了。希望您能爲了燕國的百姓，出手相助。」說完竟跪在了荊軻面前，請求他能同意。荊軻見此情景，只好答應了太子丹。

## 於期獻首

雖然荊軻答應了，但是過了很長一段時間仍然沒有行動的跡象。太子丹忍不住來催，荊軻說道：「我並非推脫，只是現在到秦國去，沒有一個面見秦王的理由。」太子丹問道：「那您的意思如何呢？」荊軻回答：「秦王覬覦我們的土地，如果我們帶上燕國督亢的地圖，將督亢獻給秦王，假意投降，秦王一定願意接見我。但是只有地圖恐怕不夠，如今秦王懸重賞捉拿樊於期，若我們一意孤行，不肯交出樊將軍，秦王一定不會接受我們的示降啊。假如我能帶上樊於期的人頭，秦王必然很高興地接見我，我才有機會殺掉他。」太子丹聽後臉色大變：「地圖好說，可是樊將

清·吳歷·《易水送別圖》

《易水送別圖》是清代著名畫家吳歷所繪《史記故事圖卷》中的一幅，描述秦王政二十年（西元前二二七年）時，燕太子丹在易水邊送別荊軻的情景。

軍是無路可走才來投靠我的，我這樣做就太不仁義了，這個要求恕我不能接受，我們還是另想他法吧。」

荊軻知道太子丹不忍心，便親自找到樊於期說：「秦王殘暴，不僅塗炭天下蒼生，自己國家的臣子也隨意殺害，聽說正在懸賞黃金千兩，以求將軍的首級。如今我有一個辦法，既可以解除燕國的禍患，又能爲將軍報仇，只是有一個過分的要求，不知道怎麼開口。」樊於期說道：「先生儘管直說，只要能殺掉秦王這個暴君，我願付出一切代價。」荊軻便將自己的計策說了一遍，樊於期聽後，向荊軻說了一聲：「一切拜託先生。」就拔劍自刎了。太子丹聽到這個消息，立即駕車前往，趴在樊於期的屍體上痛哭流涕，悲傷萬分。無奈木已成舟，他也只能按著荊軻的計劃進行下去了。

## 易水送別

荊軻將樊於期的首級裝到匣子裡，密封起來。太子丹花重金買了一把鑄劍大師徐夫人製作的匕首，鋒利無比，又叫工匠將劇毒淬於匕首上面，並在動物身上試驗，只要見了一點血，就沒有不死的。之後太子丹又命人將督亢的地圖也裝到匣子中。一切準備齊全後，太子丹又叫來一位勇士，這名勇士叫秦舞陽，十三歲時就殺過人，百姓都不敢正視他。太子丹命令秦舞陽做荊軻的助手。

這時荊軻正在等另外一個朋友一同前往，荊軻認爲這個朋友能爲刺殺秦王帶來很大幫助，對於這個行動十分關鍵。荊軻爲朋友準備好行李，等他一起出發。但那朋友因路途遙遠，遲遲不見蹤影。太子丹又沉不住氣了，催促道：「大敵當前，已經沒有多少時間可以耽誤了，如果先生還沒有動身的打算，我就只好派秦舞陽先出發了。」

荊軻十分生氣：「太子只顧催我前去刺殺，而不考慮是否能眞的完成任務回來。此番去秦國猶如隻身入虎穴，我之所以還不出發，是在等一位能夠助我一臂之力的朋友，如果您認爲我拖延了時間，那我現在就起程吧！」

於是荊軻帶上地圖和樊於期的首級，和秦舞陽一道出發了。太子和一些知道這件事的賓客，身穿白袍，頭戴白帽，來到易水（在今河北易縣）邊爲兩人送別。

荊軻的朋友高漸離爲其擊筑送行，聲調蒼涼淒婉。荊軻此時壯志滿懷，但也深知自己此去凶多吉少，不禁悲憤交加，和著擊筑的節奏高聲唱道：「風蕭蕭兮易水寒，壯士一去兮不復還。」歌聲嘹亮悲壯，在場的人紛紛落下了眼淚。

## 舞陽露怯

到了秦國之後，荊軻先是找到秦王的寵臣中庶子蒙嘉，贈送了他優厚的禮物，並說自己是來投降秦國的，請蒙嘉轉告秦王。蒙嘉於是面奏秦王道：「燕國確實非常畏懼您的威風，不但不敢派兵來抵擋您的軍隊，還表示願意臣服於您，讓燕國所有

易縣荊軻塔

荊軻刺秦王失敗之後，人們尊奉荊軻為義士，太子丹在荊軻館旁築一衣冠塚，後又稱荊軻山。遼時又在塚上建塔，因塔建在荊軻山上，且傳為紀念荊軻而建，故稱荊軻塔。

**圖窮匕首見**

荊軻拿地圖給秦王看，當地圖慢慢展開到最後時露出了匕首，也就露出了荊軻刺殺秦王的本意。後世便有了「圖窮匕首見」這個成語，以此來比喻事情發展到最後，眞相或本意露出來了。其中「見」讀作「現」，這個成語也可說爲「圖窮匕見」。

的百姓都做您的子民，並且像所有秦國的郡縣一樣，向秦國進貢財產，只求能夠守住祖先的宗廟。如今燕太子丹已經殺掉了樊於期，並派人送來了督亢的地圖和樊於期的首級，只是他們非常害怕，不敢自己來面見您，託我來向大王稟報。敬請大王指示。」秦王聽後不禁大喜，於是穿上朝服，安排了外交上極爲隆重的九賓之禮，在咸陽宮接見燕國的使者。

朝見開始了，荊軻捧著裝有樊於期頭顱的匣子，秦舞陽捧著裝有地圖的匣子，按照主副次序，一前一後走上秦國朝堂的台階。當走到大殿前的台階下時，秦舞陽看見秦國威嚴的大殿上，無數的秦國士兵手持利刃，似乎都在望著自己，不由變了臉色，嚇得抖了起來。朝堂上的大臣都覺得很奇怪，守衛的士兵喝道：「使者爲什麼臉色變了？」荊軻回頭一看，果然秦舞陽臉色發青，還在不停地抖動，心裡不由大失所望，但他還是很鎮定地對秦王笑了笑，說：「北方邊遠地區來的粗人，沒有見過天子，所以有些害怕，還請大王能夠原諒他，讓他能夠在大王面前完成自己的使命。」秦王嬴政略一沉思，說道：「你一個人上來吧，讓副使在外面台階下等著。」荊軻獨自捧著匣子來到了大殿上。秦王命人打開木匣，果然是樊於期的人頭，這才放下心來，對荊軻說：「現在請你把地圖拿給我看吧。」荊軻轉身下殿，從秦舞陽手中拿過裝地圖的木匣，而此時秦舞陽仍在顫抖不止。

## 圖窮匕見

荊軻捧著木匣重新走上大殿，取出地圖慢慢在秦王面前展開，隨之一邊介紹督亢的地理、物產等，以此來分散秦王的注意力。秦王也就順著荊軻的解說一一察看。當地圖展開到最後時，藏在最裡面的匕首露了出來，荊軻迅速抓起匕首，左手拉住秦王的袖子，右手緊握匕首猛地向秦王胸口刺去。

秦王大吃一驚，急忙向後一躍，由於用力過猛，被荊軻抓著袖子也撕裂了。秦王連忙向柱子後面躲去，慌亂之中，想抽出自己身上的佩劍，但是劍過於長，秦王拔了幾次都沒能拔出。荊軻一刀沒有刺中，便拿著匕首在殿上追趕秦王，秦王只好繞著柱子跑，躲避荊軻手中的利器。

此時殿上的大臣都慌了神，但都

手無寸鐵，雖著急卻束手無策。秦國的法律規定，進殿侍從的大臣不允許攜帶任何武器，守衛的武將也只能拿著兵器守在殿外，沒有皇帝的命令，不准進入大殿。而此時驚恐過度的秦王，早已無暇喊門外的士兵了。

就在這個緊急時刻，太醫夏無且急中生智，拿起手中的藥袋對準荊軻的頭部砸了過去，恰巧砸中荊軻的後腦，荊軻一頓，秦王趁機跑開了一段距離。這時大臣們對秦王喊道：「大王，快將劍背到背上！」秦王急忙背上劍，這才將劍從劍鞘中抽出，回身向荊軻刺去。寶劍畢竟長於匕首，不幾下秦王就砍斷了荊軻的左腿，荊軻跌坐在地上，無法再追趕秦王，於是奮力將匕首向著秦王扔去，秦王忙側身一閃，匕首刺進了殿內的柱子上。秦王趁機又舉劍向荊軻猛刺，荊軻身中八劍，再也沒有力氣站起來。他自知事情不能成功，靠在柱子上大笑道：「事情之所以沒有成功，我是想活捉了你，讓你許下歸還土地的誓約來回報太子啊！」

這時，秦王才想起招呼護衛的武士上來，結束了荊軻的性命。而台階下的秦舞陽，已早被亂刀砍死。

荊軻的行動失敗了，太子丹也因此惹怒了秦王。秦王早已對燕國垂涎三尺，便以此爲藉口，發兵大舉進攻燕國。不久，燕國都城就被秦軍攻下。燕王喜和太子丹率領精銳部隊退守遼東。秦王派人寫信給燕王喜，說只要將太子丹的人頭交出，就可以保全燕國，燕王無奈，只好獻上太子丹的人頭。但是秦王非但不停戰，反而繼續進軍攻打燕國。又過了幾年，燕國全軍覆沒，敗在了秦軍的鐵蹄之下。

### 高漸離筑擊秦王

荊軻死後，他的朋友高漸離十分傷心，他決定想辦法接近秦王，伺機為自己的好友報仇。高漸離是擊筑高手，他聽說秦王喜歡聽人擊筑，便故意在各個場合表現自己擊筑的高強技藝，不久便名聲大噪。終於有一天，秦王將高漸離召入宮中，為自己擊筑。但宮中有人認出了他，並向秦王報告了他的身分。秦王便命人燻瞎了高漸離的眼睛，並繼續讓他為自己演奏。高漸離在演奏時只好憑著感覺揣摩秦王坐的位置，當他感覺秦王慢慢放鬆警惕，終於坐到自己身邊的時候，便暗中在筑中放入了鉛，在一次擊築時突然將築用力向秦王砸去，但因看不到秦王的具體位置沒有砸中。秦王大怒，命人殺掉了高漸離。

# 驚魂博浪沙
## ——張良刺秦王

始皇帝一統江山後，帶著無比愉悅的心情，一次又一次不知疲倦地外出巡遊，卻不想在一次經過博浪沙時，經歷了一場險些命喪黃泉的噩夢。

### 韓氏興國

三家分晉後，韓、趙、魏三國都逐漸發展成中原大國。中原各國爲了爭奪霸主地位，不斷擴大戰爭規模，經過激烈的戰爭與兼併，只有秦、齊、楚、燕、趙、魏、韓七個國家實力最爲雄厚，稱爲「戰國七雄」。

韓國的開國君主是晉國大夫韓武子的後代，建都於陽翟（今河南禹縣）。韓國地處黃河中下游地區，東部和北部都被魏國包圍，西邊有秦國，南有楚國和當時已經很薄弱的東周（今河南洛陽），可以說是四面受敵。幸而韓國以其著名的兵器——弩，爲各國所畏懼。

韓國的弩能射出八百公尺以外，遠了能洞穿人的胸口，近了就能直射心臟，因此當時有「天下之強弓勁弩皆從韓出」的說法。除此之外，韓國的劍也異常鋒利，甚至能劈開敵人的堅韌鐵甲。

憑藉強大的武器裝備，韓國的勢力發展非常迅速，到周烈王元年（西元前三七五年），韓便以厲兵滅了中原古國鄭國，從此遷都到新鄭。韓昭侯繼位後，韓國國勢達到了最盛。他任用法家的申不害爲相，內政修明，整個國家呈現一片小康之象。但由於韓國四面皆是強國，所以最多也只能自保不受外國欺負，卻並沒有向外擴張發展的條件。

商鞅雕像

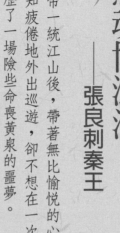

衛鞅姓公孫，名鞅，原是衛國的一個沒落貴族，所以大家管他叫衛鞅。他看衛國弱小，不足以施展他的才華，就跑到魏國，可是在魏國當了很長時間的門客，並未受到重用。因此一聽到秦孝公招聘人才的消息，就離開魏國到秦國去。

## 衛鞅變法興秦

秦人是華夏族西遷的一支。傳說周孝王因秦的祖先善養馬，因此將他們分封在秦，作爲周朝的附庸。周平王元年（西元前七七〇年），秦襄公護送周平王東遷有功，被封爲諸侯，秦由此建國，攻佔了被戎人和狄人佔領的原周朝在陝西的領地。從周僖王五年（西元前六七七年）起，秦國在雍建都。此後的近三百年之間，秦國因地處偏僻，一直處在弱國位置上，並不受其他國家重視。

戰國・龍鳳雲紋皮盾

周顯王八年（西元前三六一年），秦孝公即位。當時魏國和齊國已經稱霸天下，由於秦國弱小，各國都不重視秦國，甚至將秦國摒棄於盟會之外。秦孝公深感不安，於各地召集賢才，振國興邦。

求賢令發出後，有一個叫衛鞅的人從魏國來到秦國。衛鞅是衛國的貴族子弟，從小喜歡鑽研法學。他來到秦國後，秦孝公見他是個人才，十分重用。秦孝公六年和十二年（西元前三五六年和西元前三五〇年），衛鞅進行了兩次變法，嚴明了賞罰制度，又在全國內推行郡縣制，並且鼓勵農民生產。這一系列措施，使得秦國的政治經濟爲之改善，軍事力量也大幅提升。衛鞅變法一共推行十年，秦國國力一路飆升，中原各國紛紛與秦國交好，就連周天子也派使者送祭肉給秦國。秦孝公也在衛鞅的建議下遷都咸陽，並加入爭霸天下的行列之中。

周赧王五十六年（西元前二五九年），秦王嬴政即位。此時七雄中秦國實力最強，已具備統一六國的條件。於是嬴政厲兵秣馬，更加猛烈地向六國進攻。

## 疲秦計

六國中，韓國距離秦國最近，且國力相對較弱，很容易成爲秦國討伐的首選目標，形勢岌岌可危。韓桓惠王爲此終日憂心忡忡，有一天，他又叫來群臣商議退秦的計策，一位大臣說道：「秦王好大喜功，即位以來經常修建一些大的工程，我們可以建議他在國內修一條大的水渠，必定消耗大量的國力，這樣秦國就無暇攻擊我們了。」桓惠王聽後覺得這個方法可以一試，便下令徵召擅長水利的人去完成這個任務。不多久，一個叫鄭國的人憑藉高超的修建水利工程的技能，從眾多人選中脫穎而出，被派到秦國修建水渠。

鄭國來到秦國後，對秦王說：「咸陽地處中原心臟，地勢絕佳，物產富庶，唯獨降雨缺乏，恐怕糧食供應會發生困難。」

西安阿房宮壁畫．商鞅變法

阿房宮是秦王朝的巨大宮殿，遺址在今西安西郊十五公里的阿房村一帶，始建於秦始皇三十五年（西元前二一二年）。

秦王正在爲糧食儲備受到影響而倍感憂患，鄭國的一番話正好中其下懷，於是急忙問道：「先生說得很對，請問有什麼好的辦法解決這個問題嗎？」

鄭國說道：「關中平原上的涇河和洛河水流充沛，如果能在兩河之間挖一條大的渠道，將兩條河連起來，利用涇河豐富的水量灌溉洛水一帶缺水的土地，關中自然就不怕乾旱了。只是這條水渠大約要三百多里長，恐怕需要投入大量的人力物力。」秦王聽到能解決糧食儲備這個大問題，非常高興，對於鄭國說的人力物力的問題未加考慮就同意了。他興奮地對鄭國說：「修一條水渠能解決這麼大的生存問題，投入一些人力和財物又算得了什麼呢？我派你當總工程師，你就來幫我修這條渠吧。」於是，秦王徵調了大量的人力和物力，開始在涇河和洛河之間修建這條巨大的水渠。

工程剛開始時秦王很高興，每天都會詢問鄭國水渠的進程。後來工程進行到一半時，秦王發現這樣做非常消耗國民力量和國家財產，不由對鄭國的眞實意圖懷疑起來，便找人調查鄭國的來歷。當得知鄭國是韓國派來，特意用修水渠的方法牽制秦國力量時，秦王十分生氣，讓人將鄭國抓來，準備殺掉他。

鄭國卻機智地說道：「我確實奉了桓惠王的命令，前來爲您修建大型水渠，以此來削弱秦國的力量，使得秦國無力攻打韓國。開始我也是抱著這個目的來的，但是現在水渠已經修一半了，請您認眞權衡一下這件事情的利弊，現在停止工程的話一切都前功盡棄了，如果您允許我繼續修完，那就會給秦國帶來無窮的利益。雖然消耗了民力，但也只是暫時的，只要稍作休整，秦國強大的實力很快就會恢復的。」秦王思索半晌，覺得鄭國的話不無道理。於是便認可了鄭國的說法，命令鄭國繼續修下去，將水渠建造完成。

鄭國渠建好後，源源不斷的涇河水灌溉著關中北部的數萬多畝乾旱的土地，每畝可收穫糧食六石四斗，比原來增加了數倍。關中一帶糧食充沛，秦國也因此變得更加富裕強大。這條渠就被人們稱作「鄭國渠」。

## 秦王反目

就在鄭國渠完工的那一年，秦王發動了統一中國的全面戰爭，韓國人的良苦用心並沒有起到救國的作用，反而更快地招來了滅國之災。

張家山鄭國渠遺存

張家山位於陝西涇陽縣城西北二十五公里，是九嵕山與北仲山交匯處，涇河由此出谷，中國古代三大水利工程之首的戰國秦修鄭國渠遺址就坐落在此。

張良雕塑

睢寧市留侯廣場上的張良雕塑。張良是韓國貴族之後，秦滅韓後，他便投入到反秦的戰爭中。

秦莊襄王元年（西元前二四九年），秦軍攻取韓國的要塞成皋和滎陽，建立了三川郡，將韓國攔腰截爲南北兩部分。秦王政元年（西元前二四六年），秦國奪取韓國十三座城池，韓國政權已搖搖欲墜。秦王政十四年（西元前二三三年），在秦國強大的軍事壓力之下，韓王安被迫表示願意投降秦國，成爲秦國的藩臣，交出土地和國璽，並順從秦王的要求，將王室貴族、法家學者韓非子送到秦國爲秦王效力。

秦王政十六年（西元前二三一年），韓國南陽郡代理郡守騰投降秦國。第二年，秦國任命騰爲將軍，攻破韓國首都新鄭，韓王安被俘虜，韓國滅亡。

就這樣，韓國首當其衝，第一個成爲了秦王統一天下霸業的戰利品。

在後來的十年裡，秦國以猛烈的攻勢取下了另外五個國家，於秦始皇二十六年（西元前二二一年）統一中原，成爲了中國歷史上第一個大一統的國家。秦王嬴政則成爲秦國的開國皇帝——秦始皇。

秦始皇完成統一大業後，並沒有注意休養生息，恢復在多年戰亂中遭到嚴重破壞的社會經濟，而是大興土木，不惜勞民傷財。始皇帝很喜歡各式各樣的宏偉建築，滅六國時，每到一個國家，他總是讓國師將這個國家的宮殿畫下來，以便日後照圖在自己的皇宮建造相同的宮殿。統一天下大業完成後，他就開始著手修建這些形色各異的建築。除此之外，他還頒布了更爲嚴酷的刑罰和賦稅制度，百姓苦不堪言。不久，秦始皇又下令收回全國的兵器，以保證王朝的安定，並用「焚書坑儒」的方式，銷毀了大量經典。

秦王暴政，很快惹得民怨連天。各地紛紛掀起了反秦的呼聲。韓國貴

## 張良與《太公兵法》

張良行刺秦始皇失敗後，爲了逃脱追捕，只好隱姓埋名，逃到下邳。有一次，張良到橋上散步，一個老人走到張良面前，故意把鞋丟到橋下，對張良說：「小子，去把鞋給我撿起來。」張良十分生氣，但一見是個老人，便強壓怒火將鞋撿了起來。老人又命令給他穿上，張良只好又幫他穿到腳上。老人於是叫張良五天後的早上到橋邊等他。然後又故意早到，說張良遲到，要他改日再來。如此反覆數次，張良便半夜到橋邊等，終於早到了一次。老人很滿意，將一本書送給張良。天亮後，張良看到是一本兵法，書名爲《太公兵法》，於是苦心研究，後來就是憑著書中所學的謀略，輔佐劉邦打下了天下。

族後裔張良，也早在韓國滅亡後，加入了反秦的抗爭中。

## 傾家報國仇

張良是韓國貴族的後人，他的祖父韓開地是三朝丞相，父親韓平是韓厲王和悼惠王兩朝丞相，一家兩代輔佐五世韓王，可謂家門殊榮。

韓平在悼惠王二十三年（西元前二五○年）去世，張良當時年紀還很小。悼惠王去世後，韓國最後一位國王韓王安即位，僅僅在位九年就成了秦軍的俘虜。張良從小便生活在韓國的動亂當中，眼看著國家在秦軍的凌辱下歷盡苦難，漸漸風雨飄搖，最終滅亡在秦軍的鐵蹄下。家仇、國恨同時在張良的心中生長，張良立下了爲國家報仇的遠大志向。

韓亡國後，張良曾淪爲民間遊俠。眼看秦國政權日趨鞏固，復興祖國的希望愈來愈渺茫，張良決定以個人力量刺殺秦始皇，以報亡國之恨。張良有一個弟弟，不幸早亡。當時張良家中還有三百多僮僕和大量的土地財產，張良來不及將弟弟好好安葬，就變賣了家中所有的財產，仗義疏財，廣交天下豪傑，四處尋找可以刺殺秦始皇的勇士。

不久，張良來到了反秦熱地陳縣，但在這活動一段時間後，並沒有覓得合適人選，便繼續東去，終於找到了一位倉海大力士與自己一同行動，並請人製造了一個重達一百二十斤的大鐵錘，準備做刺殺之用。

## 重遊噩夢

秦始皇統一天下之後，開始大規模巡遊天下。首次出遊，秦始皇是爲了拜祭西方祖先，向列祖列宗報告自己已完成統一天下的大業。第二次，登泰山封禪就成了他的出行目的。聖地封禪完成，回到皇宮之後，秦始皇

**秦始皇出巡圖**

設色絹本，手卷。統一全國後，秦始皇經常出巡，向天下人炫耀自己的文治武功。秦始皇一生曾五次出巡各地。秦始皇二十五（西元前二二〇年），巡行隴西、北地；二十六年（西元前二一九年），東撫東土、封祀泰山；二十七年（西元前二一八年），再次東出函谷關巡行東方，遭張良襲擊；第五次巡行碣石和北邊，病死在路上。

始終留戀泰山宏偉的景象，想再次一睹黃海和琅琊台的風采，於是在秦始皇二十七年（西元前二一八年），他再次踏上了東去的行程。但就在秦始皇準備重享美麗的旅程時，張良卻早已埋伏在博浪沙等待取他的性命了。

博浪沙在洛陽附近，秦始皇從洛陽到大梁，剛好要從這裡經過。博浪沙在戰國時期是韓國和魏國交界的地方，張良從小生長在韓國，對這裡的地形十分熟悉。加上聰慧機警，善於推算，他算準了當秦始皇率大隊軍馬從這裡經過時，必會掀起大風沙，十分利於趁亂行刺，於是就和倉海大力士事先潛伏在此，等待秦始皇大軍的到來。

果然不出張良所料，當秦軍浩浩蕩蕩經過博浪沙時，恰逢風沙大起，空中彌漫著無數沙塵，白晝如夜，很難看清事物。張良不禁大喜，便和倉海力士一同奔向秦始皇的馬車。然而張良沒有想到，風沙雖讓士兵辨不清事物，助他順利地來到車隊前，但同時也迷惑了張良和倉海力士的視線，他們沒有擊中秦始皇乘坐的馬車，而是將一百二十斤的大錘砸在了秦始皇之後的副車上。始皇帝大驚，忙命士兵抓捕，張良趁著風沙逃掉了，而倉海力士卻被當場抓了起來。秦始皇百般審問，倉海力士始終不肯供出同謀，最後撞柱而死。

經過這一場突如其來的噩夢，秦始皇著實受了驚嚇，他回宮後命令「天下大索十日」追捕疑犯，但卻始終沒有抓住張良。

張良行刺不成，便隱居起來苦學兵法。後來，他成爲劉邦的「首席謀士」，輔佐其轉戰南北，用計策幫助其爭奪天下。最終劉邦率領軍隊攻入咸陽，推翻了秦朝的殘暴統治，張良也報了當年的滅國之仇。

歸履橋

位於河南原陽縣的古博浪沙遺址。張良謀刺秦始皇雖未成功，但在《史記》、《漢書》上均有記載，後人也把他當成英雄歌頌。李白詩：「報韓雖不成，天地皆震動。潛匿游下邳，豈曰非智勇。」

# 鴻門宴上的殺機

## ——項莊的詭譎之舞

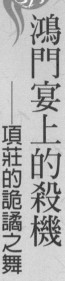

他們面臨同樣的敵人，他們懷有同樣的信念，他們同樣為了自己的目標艱苦奮戰。然而為何在終於攻破秦王朝之後，本應是楚漢兩邦大獲全勝的慶功宴上，卻上演了一場鉤心鬥角、殺氣洶湧的劍之舞呢？是什麼讓劉項兩人反目？又是誰親手策劃了這場奇異詭譎、攝人魂魄的表演呢？

### 秦業欲墜干戈起

戰國末年，七雄爭霸，天下四分五裂。經過多年的兼併戰爭，諸侯割據的分裂局面被統一的秦王朝取代。但是，秦始皇在統一六國後，並沒有注意休養生息，恢復在戰爭中遭到嚴重破壞的社會經濟，而是大建宮殿陵墓，勞民傷財。此外，秦朝統治者還制訂了嚴酷的刑法，人民動輒就觸犯法律，遭受處罰，致使百姓苦不堪言。秦二世即位後更是變本加厲，不僅大興土木，用法也更加苛刻殘酷，因觸犯法律被處死的人堆積成山。另有奸臣趙高玩弄權術、排除異己，誣陷並殺害了大量朝臣與秦宗室，人心不安。到秦二世末年，民生哀怨，統治者昏庸、閉目塞聽，社會危機加重，秦氏基業搖搖欲墜。

秦二世元年（西元前二〇九年）七月，陳勝、吳廣領導人民在大澤鄉起義，並迅速攻下多個城縣。義軍佔據陳縣時，已經擁有了萬餘人馬。陳勝不顧舊貴族的反對，自立爲王，國號「張楚」。

張楚政權的建立，掀起了全國各地反秦的聲浪，各地百姓早就苦於秦政，紛紛殺秦長吏，響應陳勝。項羽與劉邦就是以這樣的方式步入了反秦起義的隊伍。

### 八千子弟起江東

項羽的祖父是楚國名將項燕，在秦滅楚國時被殺。身負家國之恨的項羽自小就志向遠大，他無心學習文字，只專注於研究率軍作戰的兵法。叔父項梁因此非常高興，認爲項羽將來定有一番作爲。

大澤鄉起義爆發後，項梁叔侄聯手殺死會稽郡守，並在官府舊交的擁立下拿到了會稽兵權。隨後項梁在所屬地區挑選了八千子弟兵，作爲起義的常備軍，以此爲基礎，江東盡入他的控制範圍之內。

秦二世元年（西元前二〇九年）冬天，陳勝攻秦的主力軍被章邯擊潰，吳廣被殺。與吳廣一同作戰的召平便以陳勝的名義封項梁爲上柱國，請他渡江相救。項梁也早有此意，當即與項羽率領八千江東子弟渡過長江，支援義軍。過江後，江北各地殘存的起義軍紛紛投靠項梁叔侄，隊伍迅速壯大起來，於是兩人決定重組義軍勢力。爲了服眾，他們找到楚懷王的孫子熊心，將他立爲楚王，自此全力奮戰，多次大破秦軍，而項梁也因此漸漸驕傲起來。

### 鴻門宴中項羽爲何向東而坐

提起鴻門宴的典故，很多人都能繪聲繪色地把當時的情景描述出來，但也許很少人知道當時項羽爲何向東而坐。根據古籍《風俗通義》記載：「俗說西者爲上，上益宅者，妨家長也。不西益者，恐動搖之耳。」意思是說，西面是尊者所處的方位，住宅向西擴建，會動搖尊者的地位，所以古代是以西爲尊的。項羽當時已居於稱雄天下的尊者地位，理所當然坐西朝東。劉邦處於弱勢，所以只能屈居南面，向北而坐了。

秦二世二年（西元前二〇八年）初春，章邯率秦軍主力兵團出關作戰，在短短數月的時間裡，先後消滅了韓魏兩國，乘勝進攻齊國。項梁率楚軍北上救齊，兩軍在中原地區激烈交鋒，互有勝負。九月，秦軍夜襲定陶，擊破楚軍大營，項梁戰死。於是項羽開始了獨自領兵抗秦的征程。

## 斬白蛇亭長奮起

劉邦本是泗水亭亭長，與項羽不同，他爲人散漫，胸中並無大志。有一次，劉邦押送一批犯人到驪山做工。因不願忍受勞役之苦，中途不斷有人逃走。劉邦知道就算到了驪山也無法交差，索性放了所有被押的犯人，和大家一起逃了。一些人敬佩劉邦豪勇，便主動跟隨於他。

爲了響應陳勝，各地百姓紛紛起來反抗，殺掉縣令或郡守。沛縣縣令害怕自己也被殺掉，便請部下蕭何和曹參商議。蕭何、曹參都是劉邦的朋友，便極力向縣令推薦劉邦，請他來帶領百姓起義。縣令於是找來劉邦的摯友樊噲去尋劉邦。樊噲走後縣令又後悔了，擔心劉邦回來後聯合蕭何與曹參掌權，對自己不利，於是關起城門，準備除掉蕭何和曹參。蕭曹兩人逃出城去，將這個變故告訴了劉邦。

劉邦聽後，對縣令出爾反爾的行爲極爲惱怒，於是寫了一封信射進城中，信上鼓動百姓殺掉縣令，一起反抗暴秦王朝。百姓素日深受縣令壓迫，看到信後便自發組織起來，衝進縣衙殺掉了縣令，並擁立劉邦爲縣令。劉邦推辭了一番，便答應了眾人的要求，並自稱「沛公」。

做了縣令後，劉邦召集了三千兵丁，誓師起兵，踏上了他爭奪天下的道路。

## 先入關惹怒霸王

由於秦軍大力圍剿，及陳勝集團內部矛盾，大澤鄉起義最終失敗了。而項羽和劉邦則愈戰愈勇，成爲了抗擊秦朝的主要力量。秦二世二年（西元前二〇八年），懷王遣劉邦和項羽分兩路討伐秦軍，並約定誰先入軍關中，就封誰爲關中王。於是項羽揮軍北上，以破釜沉舟之勢殲滅秦軍二十萬，並最終降服章邯，徹底破解了秦軍。

另一方面，劉邦向西進攻，所到之處勢如破竹，秦軍紛紛投降。漢王劉邦元年（西元前二〇六年），劉邦領先一步駐軍霸上，秦王子嬰見大勢已去，只好向劉邦示降。劉邦進入咸陽，統治天下十五年的秦朝由此滅亡。

咸陽是秦國故都，城內珍寶無數，美女成群。劉邦本是喜財好色之人，但他爲贏得百姓擁戴，聽從了謀士張良的建議，入關後秋毫無犯，並與民約法三章，除了必要的法律，其餘酷法一律廢除，百

為防禦匈奴的南下掠奪和滋擾，秦始皇徵用民夫與大量戰俘，連接了燕、趙、秦三國北邊的關隘、邊牆、烽火台，有許多人死於此項工程，導致民生凋零。

姓聽後非常高興。

項羽打敗了章邯的軍隊後迅速向關中進發，卻遠遠看到劉邦軍隊的旗幟已在關中城頭上飄揚。項羽氣得當即下令攻破了函谷關，在距劉邦幾十里的鴻門紮下了大營，商量如何攻打劉邦。

劉邦的左司馬叫曹無傷，他知道劉邦不是項羽的對手，怕自己跟著劉邦受到牽連，就連夜派人向項羽報告了劉邦在城中的言行，企圖轉投項羽。亞父范增聽說劉邦對百姓秋毫無犯，連忙提醒項羽，劉邦是下定了決心要稱王，必須盡快除掉他才行。項羽更加憤怒，誓言打敗劉邦。

項伯是楚軍的左尹，也是項羽的叔父，曾經被張良救過性命，一心想要報恩。於是他連夜趕到劉邦營中，將實情告知張良，並勸他與自己一起逃走。張良卻是忠心護主，隨即將此事報告了劉邦。劉邦聽後十分驚慌，馬上請進項伯，解釋說自己是爲了迎接項羽才先入關中準備的，毫無稱王之意。接著劉邦以聯姻爲承諾討好項伯，請他在項羽面前爲自己求情。項伯答應了劉邦的要求，並讓他第二天就到項羽營中說明情況。項伯回去後就向項羽傳達了劉邦的意思，勸項羽不要攻打劉邦。項羽聽劉邦對自己如此恭敬，不覺猶豫了起來。

**霸王祠**

霸王祠又名項羽廟，位於安徽和縣烏江鎮東南一公里處的鳳凰山上，是為紀念西楚霸王項羽自刎烏江而建。

## 醉翁之意不在酒

第二天，劉邦帶了一百人馬到項

羽營前謝罪，說自己能先入關是藉了項羽的威勢，提前入關也是爲了迎接項羽的到來，只因有小人挑撥才發生了誤會。項羽見劉邦說得誠懇，便消了心中的怒火，告訴劉邦是曹無傷派人來說，自己才會生氣的。隨即大擺宴席，招待劉邦和張良。

宴席上，項羽面向東坐，對面是張良，劉邦面向北邊，對面是范增。酒過三杯之後，范增覺得時機已到，便暗示項羽，讓他下令殺掉劉邦，但是項羽卻故意裝作沒有看見。范增只好走出帳門，叫項羽的堂弟項莊來祝酒，並藉

鴻門宴

漢王劉邦元年（西元前二〇六年），劉邦親赴鴻門宴，與項羽言好求和。鴻門宴上雖有美酒佳餚，卻暗藏殺機。項羽的謀士范增命項莊舞劍，欲乘機刺殺劉邦，項伯也拔劍起舞，常以身掩護。最後樊噲帶劍執盾闖入，劉邦得以乘隙脫險。

機殺掉劉邦。

項莊進去敬完酒後，便以助興爲藉口開始舞劍。舞了幾圈後，項莊故意慢慢靠近劉邦，想藉機將其刺殺。就在這時，項伯也突然抽劍起舞，並有意擋在劉邦前面，使得項莊無法接近。屋裡的氣氛愈來愈緊張，張良只好跑出帳門，把守衛在門口的樊噲叫了進去。

樊噲本是一名屠夫，身強體壯，後來做了劉邦的衛士，跟隨劉邦打仗。他聽說有人要殺劉邦，不顧士兵阻攔就衝了進去。突然闖入一個彪形大漢，項羽不禁嚇了一跳，忙問是誰。張良說是劉邦的護衛，項羽賞識樊噲是個壯士，當即賞酒賜肉。樊噲一口氣喝光了酒，又拿起生豬腿，用劍切著大口吃起來。項羽連聲稱好。樊噲趁機替劉邦辯護，指責項羽不該殺害忠心之人，其語調高昂，言辭豪壯，說得項羽無言以對。

## 落荒而逃

就這樣，氣氛緩和了許多，大家又繼續喝酒。不多時劉邦起身上廁所，張良和樊噲也跟了出來，趁機勸劉邦快回霸上。劉邦猶豫著說還沒有向主人辭行，有失禮儀。樊噲安慰他做大事的人不必拘囿於小節，劉邦這才同意，從小道逃走了。

張良回到營帳中，以劉邦已醉不能辭別謝罪，並把一雙白璧和玉斗分別送給項羽和范增。項羽收下白璧，放在席上。而范增卻氣得敲碎了玉斗，歎息項羽行事寡斷，大勢終將被他人掠去。而這場用心良苦的劍之舞，也悄然地落下了帷幕。

河南滎陽霸王城頭俯瞰黃河與鴻溝遺址。鴻溝是秦朝末年劉邦和項羽為爭奪天下割據對峙的地方，亦即楚河漢界。

## 軍營裡的悲歌
### ——公孫述的無名刺客

兵家百計中，有一個雖冒險卻極為見效的計策，那就是當對方首領過於強大，用兵如神，自知無法戰勝時，乾脆找個刺客將其一劍殺掉。此招雖有江湖遊戲的嫌疑，但因其快捷高效，古今戰爭中有很多領軍人物和謀臣策士都屢用此招。但在同一個戰爭中連續運用兩次刺殺，並且刺殺形式又極為相同的事例卻屈指可數。在光武帝的滅蜀之戰中，公孫述就親手導演了兩場如出一轍的刺殺戲。

### 王莽稱帝

西漢末年，漢王朝逐漸走向衰落。漢成帝即位後，朝政大權旁落到皇太后王政君手中。王氏有八個兄弟，除王曼早死外，另外七個都封了侯，老大王鳳更是官至大司馬。

王曼有個兒子叫王莽，他不像其他兄弟憑藉勢力驕橫傲慢，而是發憤讀書，日行簡樸，並且爲人謙恭，不僅孝順長輩，還樂於結交賢士。王鳳見王莽謙虛上進，臨死前推薦他爲黃門郎。王莽步入仕途後，更加注重與天下賢士和朝中大臣交好，不幾年便青雲直上，到三十八歲時，已升任爲大司馬。

成帝駕崩後，哀帝在位僅短短幾年便英年早逝。漢哀帝元年（西元前一年），年僅九歲的平帝即位，朝中大權由此落入王莽手中。幾年後，王莽將女兒嫁給平帝，自己成了國丈，手中掌握了更大的權柄，更加不把皇帝放在眼裡。平帝漸漸長大，對王莽獨攬大權的行爲漸露不滿，王莽便用一杯毒酒害死了平帝，並從劉家的宗室中找到一個兩歲的孩子立爲皇太子，自己則做起了代理皇帝。

一些文武官員爲了討好王莽，紛紛勸他做皇帝。王莽見時機成熟，便

「一刀平五千」是西漢末年王莽進行貨幣改革時發行的一種貨幣，面上的「一刀」兩字採用了中國戰國時期開始出現的一種古老的手工工藝──錯金，即在錢坯鑄成後，在刀環穿孔上下鐫刻陰文「一」「刀」兩字，再鑲嵌黃金而成。因此，「一刀平五千」俗稱「金錯刀」。

從太皇太后王政君手中搶來玉璽，於孺子嬰初始元年（西元八年）正式稱帝，改國號爲新。

## 光武復漢

王莽稱帝後進行了一系列制度改革，主要包括：田地歸王室所有，不得買賣、評定物價、改革幣制等。這些改革大都違背豪強地主的利益，而一些王公大臣又趁改制之機加重了對百姓的盤剝，人民生活困頓不堪，不久全國各地便紛紛爆發民變。

漢光武帝劉秀像

其中聲勢最爲浩大的要數以王匡、王鳳爲首的綠林軍，和以樊崇爲首的赤眉軍。兩軍分別擁西漢宗室子弟劉玄和劉盆子爲帝，向新朝展開強大攻勢。與此同時，西漢皇族宗室子弟劉縯、劉秀兄弟也召集了七、八千人，在舂陵鄉發動起義。不久他們加入綠林軍的隊伍，在討伐王莽的戰爭中發揮了強大的作用。

更始帝劉玄即位後，將劉縯封爲大司徒，劉秀爲偏將軍。後來，劉秀在昆陽大戰中消滅了王莽軍主力，取得了決定性的勝利，他本人也因此名聲大振。劉玄怕劉秀兄弟威脅自己的地位，便藉機殺死了劉縯。劉秀聽到哥哥的死訊後非常悲痛，但他知道自己無法對抗劉玄，只好忍辱負重，假意向劉玄謝罪。

新莽四年（西元二三年），劉玄派劉秀招撫河北諸縣。劉秀藉此機會收編了河北的軍隊，並打起恢復漢制的旗幟，開始出兵爭奪天下。

王莽死後，赤眉軍和綠林軍發生激戰，劉玄戰敗，赤眉軍便佔領了長安。不久，長安城發生糧災，劉秀趁機消滅了赤眉軍，赤眉軍的首領樊崇也歸附劉秀旗下。

建武元年（西元二五年），劉秀遷都洛陽，重建漢朝，史稱東漢。劉秀即爲光武帝。由於西漢末年的戰亂造成了武裝割據勢力眾多的局面，劉秀稱帝後便開始著手統一大業。

劉秀先是寫信收復了佔據河西的

### 得隴望蜀

光武帝重建漢朝後，收降了割據隴西的隗囂，隨即又把目光放在了巴蜀。後世便有了一個成語：得隴望蜀，藉以表現光武帝的雄心壯志。後來這個詞語的意義漸漸發生了變化，現在人們説得隴望蜀，往往是比喻某人佔有慾強，貪得無厭，而並非讚揚其胸懷大志。

部曲將印

按照東漢軍制，將軍領數部，部下設曲，稱部曲。

竇融，竇融放棄武裝割據，做了東漢的地方官。之後劉秀想以同樣的方式招撫隴西的隗囂，隗囂卻始終不肯歸順，於是劉秀拉攏隗囂的大將馬援遊說隴西將領。除隗囂外，其他人紛紛歸順劉秀，隗囂最後也重病而死，隴西於是平定。此時只剩下巴蜀的公孫述對東漢有較大的威脅。

## 新朝貳臣

公孫述和父親公孫仁原本都是漢臣，漢哀帝在位時，公孫仁在河南做都尉，公孫述則在天水郡清水縣做縣令。當時公孫述年紀尚輕，公孫仁擔心他難以獨自勝任官職，便叫門下老掾一同上任。誰料一個月後，老掾便獨自回來，說公孫述不願聽從他指教，遇事自行一套，不過也將清水縣治理得井井有條。天水郡長愛惜良才，破格提拔公孫述，令他兼管其他五個縣。這五縣在公孫述的管理下竟太平和諧，百姓安居樂業。從此公孫述名聲大噪。

王莽建立新朝後，一批職位低微的官吏紛紛跟著變更門庭，公孫述也搖身變成了新朝的官吏，並做了蜀郡的郡守。然而好景不長，新朝很快就招來了全國的反對，公孫述等失節的貳臣也受到了百姓的聲討。

綠林軍首領劉玄稱帝後，各郡縣百姓紛紛誅殺新朝官吏，揭竿響應。公孫述於是派人將大將軍宗成迎入成都，藉助宗成的力量消滅了威脅自己的將領王岑。後來公孫述怕宗成對自己不利，便召集當地豪傑，鼓動大家討伐宗成，以恢復漢朝基業。又命人假稱漢朝使者，授予自己蜀郡太守、益州牧大印。就這樣，公孫述搖身又變成了漢臣。

公孫述挑選了千餘精兵，向成都進發。因爲他在蜀地名聲很大，一路上不斷有百姓自願加入，於是隊伍很快壯大至近萬人。宗成毫無準備，倉促應戰，不但本人被公孫述部將殺死，自己的士兵也悉數被招降。公孫述佔領了成都，後又打敗了更始帝派來的軍隊，加上蜀人對公孫述歷來就有好感，於是他在蜀地漸漸佔有了一席之地。不久公孫述便自立爲王，定都成都。消息一經傳出，天下文臣武將紛紛前來投奔。

劉秀稱帝後，公孫述也按捺不住，於同年四月在成都稱帝，號「成家」。自此他率兵東征西戰，與東漢政府形成了對立之勢。

## 暗殺來歙

劉秀有一員大將叫來歙，是劉秀祖姑的兒子，曾在收降隴西的過程中發揮重要作用，頗受劉秀敬重。平定隴西後，來歙請命出兵蜀地，劉秀很高興，便派了虎牙將軍蓋延等多位大將一同伐蜀。沒過多久，來歙便帶軍進入天水郡，擊敗了公孫述的將領田眞和趙況，不久又攻克落門，天水郡屬縣長吏紛紛歸順。公孫述卻堅決不肯投降。

建武十一年（西元三五年），為了盡快征服蜀地，光武帝派名將岑彭與吳漢水陸並進，從東邊入蜀。此時來歙在北。趁岑彭長驅入蜀之際，來歙率大將軍蓋延等向河池展開攻擊，大破蜀將王元等，佔領了蜀地周邊地區，準備進入蜀地。

公孫述驚於來歙的用兵神勇，又恐蜀地政權不保，於是便安排了一名刺客夜間刺殺來歙。那名刺客在一天夜裡悄悄潛入來歙房中，將一把尖刀刺在了來歙背後。來歙被劇痛驚醒，卻早已不見了刺客的蹤影，只覺傷口不停流血。來歙知道自己被刺中要害，性命難保，於是忙派人去請蓋延，向他囑咐軍政大事。來歙交代完軍事，又向光武帝寫了一封信，信上以自己不能完成任務謝罪，並推薦了一位能臣段襄輔助光武帝治理天下。寫完信後，來歙親手拔出了匕首，含恨而去。光武帝聽到來歙身亡的消息後悲痛欲絕，決定親自帶兵征討巴蜀，為來歙報仇。

## 故技重施

這一年七月，岑彭的大軍已深入蜀地兩千多里，頃刻間便可滅亡蜀地。公孫述十分恐懼，卻又不甘就此示弱，於是舊計重演，派一名刺客前去刺殺岑彭。刺客來到岑彭營中，謊稱自己是逃亡的奴僕，投降了岑彭。岑彭未曾料想公孫述又重施舊計，便將其收留營中。當天晚上，刺客便以同樣的手段將毫無戒備的岑彭殺死了。這下徹底激怒了漢軍，漢軍於是更加殊死搏戰，不久蜀地便被吳漢的大軍包圍。光武帝仍舊表示若公孫述肯降，還可以保全其宗族。公孫述卻誓死不降，最終在與吳漢大戰中受傷身亡。

公孫述的兩個刺客雖都沒有留下姓名，卻都如所託人之願完成了任務。而公孫述雖然親手策劃了兩起成功的刺殺，最終還是逃脫不了被殺的命運。

# 衆叛「親」也離

## ——曹操刺董卓

有些人生時受萬人敬仰，逝後也流芳千古；而有些人在世時就受世人唾棄，化成灰後依然遺臭萬年。董卓就是後者的典型代表。他活著時受到天下人唾罵，死後屍體也被守衛的士兵踐踏。就連一代奸雄曹操也曾試圖刺殺董卓。董卓究竟怎樣罪大惡極，使得曹操冒死也要置之於死地呢？

董卓像

董卓（？至西元一九二年），字仲穎，隴西臨洮人。漢靈帝中平六年（西元一八九年），董卓廢掉少帝，立劉協為帝（漢獻帝），後被各諸侯討伐而遷都長安。

### 隴西豪強

董卓生活在東漢末年，是隴西地區相當有勢力的豪強地主。他生性凶殘好鬥，非但有過人的強健體魄，精通武藝，而且知文曉字，謀略也不同一般，不僅當地人畏懼他，就連附近的羌人也聞風生怯。

董卓雖然粗野殘暴，卻也樂於交友。他毫不吝惜財物，拉攏了一批勢力強悍的民族首領及當地豪傑，也漸漸擁有了不少忠心於自己的追隨者。然而僅爲地方豪強遠遠無法滿足董卓不斷膨脹的貪慾，於是他繼續暗自積蓄力量，以待東風。

桓帝時期，西羌憑藉強大勢力，不斷發動戰爭，氣勢愈演愈烈，大有入主中原之勢。長久以來的積貧積弱，使得東漢政府空有恨之心、並無滅之力，只好求助於地方豪強。地方官員出於懼怕和迎合的心理，向朝廷極力推薦董卓。這無疑爲董卓涉足政治，滿足貪慾提供了一個切合時宜的良機。

### 戰功屢屢　平步青雲

在抗擊羌族的征戰中，董卓將自己的文韜武略表現得淋漓盡致。擊潰了大部分西羌反抗勢力後，他本人也步步高陞，從最初的羽林郎提升爲軍司馬，後又因戰功顯赫一路晉陞，一直官拜并州刺史、河東太守，可謂平步青雲，戰場官場皆得意。

到了靈帝時期，居住在羌族的

漢人邊章和韓遂發動亂事，來勢兇猛，一度威脅到東漢政權。靈帝恐慌，急忙徵調一切精兵強將前往鎮壓，驍勇善戰的董卓再次被啓用，並運用機智謀略打退來犯之敵，捍衛了漢政權。漢靈帝大喜，封其爲台鄉侯，食邑千戶。

幾年後羌胡內部兵變，韓遂殺掉邊章，勾結朝廷官員捲土重來，此次更加勢不可當，到靈帝中平五年（一八八年）竟攻至陳倉，直逼長安和洛陽。靈帝又急忙拜董卓爲前將軍，與左將軍皇甫嵩共同解了陳倉之圍，大敗叛軍。董卓因此又得朝廷封賞，氣焰囂張。

經過朝廷不斷地提升和自豐羽翼，董卓的勢力急劇膨脹，擁有了一支混雜了漢人、羌人和胡人的龐大軍隊。朝廷忽然發現了他的力量，恐有朝一日董卓擁兵自重，重演羌胡之戰，於是任命其爲不掌實權的少府，希望以此來抑制董卓瘋長的權勢。然而董卓已經名利雙收，又豈肯輕易罷休？他自恃功高望重，公然拒絕交出兵權。

## 入主洛陽

中平六年（一八九年），靈帝駕崩，少帝劉辨即位。由於少帝年幼，不曉政事，朝政便由何太后臨時掌管，皇權更加衰微。宦官和外戚爲了搶先控制皇權，不惜一切手段互相殘殺，朝野大亂。而此時董卓卻靜觀其變，伺機而

河南許昌張潘鎮漢獻帝衣冠塚

漢獻帝，光和四年至魏青龍二年（一八一年至二三四年），名劉協，字伯和，漢靈帝中平六年（西元一八九年）為董卓所立，後被曹操所控，曹操死後被迫讓位於曹丕，五十四歲病死。

入。

外戚一方的代表是少帝的舅舅何進，他爲了壓制張讓等宦官的勢力，便以利益爲誘，以聖旨之名召董卓進洛陽。董卓聞訊大喜，當即召集人馬奔赴京城。誰知未及進京，就聽到何進被殺、少帝逃亡北芒的消息。於是董卓立刻前往接駕，少帝已被嚇得語無倫次，哭得涕泗相交。而陳留王劉協卻鎮靜自若，有條有理地講清楚了事情的來龍去脈。董卓見少帝無能，便起了廢掉劉辨、擁立劉協的念頭。保護少帝還都後，董卓就留在了洛陽，欲控制整個中央政權。

謀董賊孟德獻刀

曹操借了司徒王允的七星寶刀前去刺殺董卓，沒想到被識破，情急之下假裝獻刀，然後又藉機試馬，騎馬出城逃走。

爲了替自己打下堅實的軍事後盾，以降服百姓與眾官員，董卓首先製造了一系列假象。他多次讓軍隊在夜晚潛出城，再於次日白天大張旗鼓地進城，每日浩浩蕩蕩，似有大軍源源不斷而來。這一招果然蒙蔽了老百姓與朝中大臣，全城上下無不提心吊膽，沒有人敢貿然觸犯董卓。但董卓心裡明白，若想長久居高不下，必須要有強大的軍事力量，於是他開始採取實際行動來擴大軍隊陣容。

何進的將領吳匡懷疑是其弟何苗不肯合作，才爲何進帶來了殺身之禍，因此誓言殺掉何苗，爲何進報仇。董卓看準這個機會，派弟弟董敏前去接應吳匡，兩軍聯合將何苗除掉，而董卓則坐收漁翁之利，收編了何進、何苗的軍隊。緊接著他又與義子呂布部署，接控了京城防衛隊。此時董卓擁兵自重，開始明目張膽地插手朝政。

董卓眼看時機成熟，他便公然提議廢除少帝劉辨，改立劉協爲獻帝。眾官員懾於董卓的淫威，敢怒不敢言，只有尚書盧植直言不諱，認爲劉辨年齡尚小，待其年長品性自然會好，無需重新廢立。董卓歷來獨斷專行，哪容得盧植如此反駁，便要立刻將其殺掉。幸得侍中蔡邕極力勸阻，盧植才免於一死。自此對董卓的惡行，朝中無人敢有他言。

東漢・帛畫

廢除少帝後，董卓又惡言相加於太后，藉機令太后遷居永安宮，不久又找藉口殺死少帝，毒死何太后，並不顧朝臣反對，強迫獻帝將都城遷到長安，以便實行專權。從此董卓自稱相國，帶劍上朝，入朝不拜，名義上是一人之下，萬人之上，實則他已不把任何人放在眼裡，儼然自己就是君主了。

## 倒行逆施

經過廢帝、遷居，董卓的勢力愈來愈無人敢擋。他將朝中所有重要職位都安排親信擔任，全方位地控制朝廷內外。此外，董卓還利用手中的特權，大肆加封家族成員，其母和其弟都被封皇家名位，甚至連襁褓裡的孩子都被封侯賜爵。而對於與自己毫無關係的外人和老百姓，董卓則極其殘酷地進行迫害。

當初，應何進之約見剛進洛陽時，董卓就被洛陽殷實的物產吸引了，他當即便指使手下燒殺搶掠，洛陽城頓時一片狼藉。執掌政權後，董卓更加目無王法，不但自己荒淫無度，還縱容士兵強搶民女。此外他還大肆搜刮民脂民膏，甚至不惜毀掉皇家陵墓以盜取寶物。董卓性情殘暴，殺人成性，甚至在宴會上殺人取樂，命人將俘虜的舌頭和手臂砍掉以添祝酒之趣。

### 「千里草」、「十日卜」

東漢獻帝年間，民間流傳著一首歌謠：「千里草，何青青；十日卜，不得生。」「千里草」、「十日卜」合起來就是「董卓」兩個字，「何青青」和「不得生」則表達了百姓對董卓的怨恨。董卓掌政期間無惡不作，荒淫殘暴，百姓敢怒不敢言，就編出歌謠來暗咒董卓早點滅亡。這首歌謠在街頭巷尾流傳，就連孩童都非常熟知，可見董卓何等暴虐。

## 眾叛親離

董卓的惡行令所有人恨之入骨，卻又無計可施。他也深知自己與民爲敵，眾人心中皆有怨恨，於是設法鏟除一切於己不利的勢力。自然手握實權的袁紹和曹操引起了董卓的注意。

袁紹出身官宦世家，自己也位居大將軍，不能不成爲董卓專權的一大顧忌。早在廢立皇帝之時，董卓就企圖拉攏袁紹，但袁紹深惡董卓罪行，堅決不與之同流。董卓一氣之下起了殺意，袁紹只得連夜逃奔冀州避難。董卓顧慮袁紹出身世家，只好拜其爲渤海太守，不再予以深究。

董卓罪惡昭著，文武百官每日提心吊膽，自覺性命岌岌可危，卻又無計可施。司徒王允正直且才略過人，於是設宴召集群臣，商議除掉董卓的方法。宴會上有人提出董卓兵眾權威，若舉兵強攻等於自投死路，只能派人隻身前去刺殺，才能不驚動董卓，更有成功的可能。大家紛紛表示贊同，而當提到由誰前去刺殺董卓時，席上卻突然一片寂靜，眾人的臉上只剩下恐懼與推辭。

王允正暗自歎息，突然一人跳出來大罵眾官膽小無能，並自告奮勇前去除賊。王允聞聲望去，見是騎都尉曹操。曹操機智警敏，於漢靈帝光和七年（西元一八四年）鎮壓黃巾軍戰役中顯露頭角。韓遂、邊章叛亂後被起用爲典軍校尉，手握兵權。王允大喜，當即與曹操商議計謀。恰逢董卓有意討好曹操，曹操深知董卓顧慮自己掌有兵權，想藉機吃掉自己，於是將計就計，假裝歸好於董卓，並尋找機會將其除掉。

曹操的示好使得董卓漸漸信以爲真，以爲曹操有心歸順，便慢慢放鬆了警惕，甚至任曹操自由出入相府。曹操看時機成熟，便向司徒王允借來一口七星寶刀，準備行刺董卓。

這天，曹操直入相府，董卓正坐在床上與呂布談笑。呂布也是一員虎將，是董卓收的義子，並且言行忠於董卓，深得董卓信任與愛護。董卓見曹操進來，忙讓呂布挑選一匹西涼進貢的好馬送與曹操，呂布應聲走出，曹操心想時機已到，但又懼怕董卓力大，不敢貿然下手。不多會兒，董卓有意小睡，竟躺在了床上，把後背對著曹操。曹操見狀不禁暗喜，以爲天助我也，於是抽出寶刀，準備行刺。

誰知就在這千鈞一髮的時刻，董卓突然從床邊的穿衣鏡裡看到了曹操的舉動，不禁嚇了一跳，回頭喝問曹操意欲何爲。曹操被董卓突如其來的質問嚇破了膽，寶刀也差點扔到地上。但曹操不愧足智多謀，靈機一動，稱寶刀是獻給董卓的，董卓疑信參半，正好呂布選馬回來，曹操害怕董卓起殺意，便藉口看馬，乘機跑出了相府。行刺失敗，曹操不便久留，當即逃出了京城，不敢再回來。

險遭親信刺殺，奸詐狡猾的董卓此後更是加強了防範。然而，漢獻帝初平三年（一九二年）春，司徒王允巧設連環計，成功地離間了董卓與其心腹呂布的關係，最終透過呂布之手殺死了董卓。多行不義的董卓，縱然死後也世代受眾人唾棄，遺臭史冊。

「鳳儀亭呂布會貂蟬」雕像

此雕像安徽亳州三國攬勝宮。多行不義的董卓最終死在了司徒王允的美人計中。

# 小霸王之死
## ——許貢門客刺孫策

「小霸王」孫策年紀輕輕便叱吒風雲，笑傲漢末群雄，有著萬夫不當之勇。然而最終卻死在三個連姓名都不為人知的匹夫手中，年僅二十六歲就被迫拋下自己創下的大業，退出了群雄爭戰的舞台。究竟三個刺客與孫策之間有怎樣的淵源？他們又是怎樣殺掉了有萬人之勇的孫策呢？

### 王室弱，紛爭起

東漢末年，軍閥四起，外戚和宦官兩大集團爲了把持朝政大權，互相爭鬥殘殺。至漢靈帝時，朝政更加腐敗。靈帝時寵信宦官，賣官鬻爵，導致民怨沸騰，各地紛紛揭竿起義。

鉅鹿郡（今河北平鄉西南）人張角趁亂世創立太平道，與兄弟張寶、張梁藉治病救人之機，祕密傳道，發展教徒，幾年便聚集了萬餘教徒。漢靈帝光和七年（西元一八四年），太平道起事，因爲所有起事者頭上都裹著黃色頭巾，這場叛亂又被稱作「黃巾之亂」。

各地黃巾軍紛紛攻入郡縣，火燒官府、釋放囚犯、開倉放糧，氣勢席捲全國。僅十幾日，便驚動了京師，漢靈帝急忙派各地方出兵鎮壓。在鎮壓黃巾之亂的過程中，各地州郡官吏和地方豪強地主都趁機發展自己的勢力。他們擁有自己的武裝，逐漸發展爲半割據的軍閥勢力。其中梁州軍閥董卓因鎮壓黃巾軍有功，被封爲破虜將軍，勢力也發展得最爲強大。

中平六年（西元一八九年），董卓廢少帝劉辨爲農弘王，擁立陳留王劉協爲獻帝，並一手獨攬朝政，不把任何人放在眼裡。天下憤於董卓專權與暴行，紛紛起兵討伐。

孫堅像

孫堅，漢桓帝永壽元年至漢獻帝初平二年（一五五年至一九一年）字文台，吳郡富春（今浙江富陽）人，東漢末期名將，孫策、孫權之父，軍事家孫伍的後人。

### 群雄怯，孫堅起

漢獻帝初平元年（西元一九〇年），袁紹聯合十幾個州郡的兵馬討伐董卓。他們兵分三路，袁紹與河內太守王匡駐紮在河內郡（今河南武涉西南），從北面威脅洛陽；曹操和廣陵太守張超等駐紮酸棗（今河南禹縣），從東面進攻；袁紹的弟弟袁術率軍從南面包圍洛陽。

在討董聯軍的三條戰線中，以東線人馬最多，達到十萬之眾。但聯軍卻害怕董卓手下羌胡騎兵的驍勇，沒有人敢首先發起進攻。曹操號召大家一起進軍，但因爲他當時勢力尚未壯大，人微言輕，並無將領響應。曹操情急之下孤軍作戰，最終因寡不敵眾，敗走河內。東線聯軍也因此土崩瓦解。接著董卓偷入王匡軍隊後部，在渡口北岸大破王匡，王匡全軍覆沒，北線也宣告失敗。至此，只有南線的袁術還在向洛陽進軍。

孫權、孫策塑像
武漢龜山三國城孫權、孫策塑像。

袁術派手下將領孫堅率兵攻打洛陽，孫堅首戰告敗，單人匹馬從小路逃脫。隨後他收拾殘局，重振軍容，屯據陽人聚（今河南汝陽東北）。董卓派中郎將胡軫率五千人來攻，遭到孫堅迎頭痛擊。孫堅大破胡軫，並殺死了董卓的大將華雄，取得討董以來聯軍的首次勝利。

孫堅取得大勝，開始遭到軍隊中一些將領的嫉妒。袁術爲了不讓孫堅獨佔大功，竟斷絕了孫堅的糧食供應。孫堅忍無可忍，連夜疾馳去見袁術，氣憤地邊用劍劃地邊指責袁術，袁術自知理虧，才重新調發了軍糧。

幾場交戰之後，董卓感覺到孫堅具有卓越的軍事才能，他爲了避開這個勁敵，便派人向孫堅提親，企圖以此拉攏孫堅。孫堅嚴辭拒絕了董卓，還大罵董卓是國賊，要將董卓親手殺死以報天下百姓。之後，孫堅繼續進兵，與董卓展開大戰，打敗董卓麾下的強將呂布，光復了國都洛陽。

孫堅愈戰愈勇，攻勢兇猛，董卓也害怕了起來，他對部下說：「聯軍都是鼠輩，沒什麼值得害怕的，只有孫堅稱得上勁敵，可惜他追隨了袁家的小兒子。」隨後董卓留部屬把守要道，自己則遷兵去了長安。

## 孫堅死，孫策霸

董卓遷到長安後，孫堅本想率兵追擊，但聯軍內部卻發生了叛亂。袁紹、袁術兩兄弟素來不和，袁術任命孫堅爲破虜大將軍兼豫州刺史，袁紹卻趁孫堅進攻董卓未歸之時，讓周昂

「孫堅跨江擊劉表」繡像

東漢末，袁術因妒袁紹得冀州，向劉表借糧不成，遂修密書於孫堅，共商討伐劉表。孫堅為報昔日襄陽兵敗之恨，派兵乘戰船渡江，赴樊城進攻劉表。

以豫州刺史的身分，襲擊孫堅的後路陽城（今河南登封東南），以阻止孫堅建功。孫堅無奈，只好撤兵。撤退的路上，孫堅憤慨長歎道：「大家本來同舉義兵，挽救國家社稷，卻自己先亂了紀律，相互鉤心鬥角，我還能跟誰齊心奮鬥呢？」

初平三年（一九二年），司徒王允令養女貂蟬離間董卓與其義子呂布之間的關係，最後借呂布之手殺掉了董卓，國內百姓奔走相告，紛紛舉杯同慶。

董卓死後，各地割據勢力又陷入混戰。同一年，袁術派孫堅征討荊州，攻打劉表。劉表派部下黃祖在樊城、鄧縣之間迎戰。孫堅擊敗黃祖，乘勝追擊，渡過漢水，包圍襄陽。劉表閉門不戰，派黃祖乘夜出城調集兵士。黃祖帶兵歸來，孫堅又和他大戰，黃祖敗走，逃到山中，孫堅緊追不捨。黃祖令部將埋伏在山中的竹林間，孫堅經過竹林時，被其暗器射中，中箭身亡。

孫堅娶錢塘吳姓女子爲妻，生有四子一女，其長子名叫孫策。孫堅長年征戰，將家眷留在壽春（今安徽壽縣），教育兒女的責任就落在了吳氏的身上。吳氏悉心教誨，讓兒女學習明辨是非。因此，孫策兄弟均懂得禮賢下士，尊重人才。尤其是孫策，十幾歲時已廣交朋友，在當地頗有名聲。

孫堅去世那一年，孫策只有八歲。他忍住亡父之悲，將孫堅的靈柩運回，葬於曲阿縣（今江蘇丹陽縣）。料理完父親的後事，孫策來到江都（今江蘇揚州），結納豪俊之士，等待羽翼豐滿，爲父報仇。孫策爲人開朗、直率、大度，善於聽取部屬的意見，很快就得到了一大批士人和百姓的擁戴。

## 投袁術，走江東

孫策希望自己的勢力能夠更壯大一些，便到壽春去找袁術，希望他能把父親的舊部還給他。袁術見他談吐有度，舉止不凡，知道他有過人之處。但要馬上將舊部還給他，自己又心有不甘。於是他對孫策說：「我已經任命你的舅父吳景爲丹陽太守、你的堂兄孫賁爲都尉，丹陽是精兵聚集的地方，你可以去投奔他們，召集勇兵。」

孫策便接了自己的母親，帶著自己結交的才士，到了丹陽曲阿，投靠舅父去了。不久，孫策就召集到勇兵數百人。但不幸遭到涇縣大帥祖郎的襲擊，差一點丟了性命。孫策只好又去見袁術，袁術這才勉強將孫堅舊部一千多人交還孫策統領。

孫策像

孫策，漢靈帝熹平四年至漢獻帝建安五年（一七五年至二〇〇年），字伯符，吳郡富春（今浙江富陽）人。三國東吳孫權之兄長。

自此孫策漸露英雄風采，逐漸引起各地將領的注意。不久，漢朝廷太傅馬日磾持節安撫關東，在壽春以禮徵召孫策，並表奏朝廷任命孫策爲懷義校尉。袁術和他的大將也十分愛慕孫策的風采。袁術見孫策少年英雄，常歎：「如果我也能有一個孫策這樣的兒子，即便是死也沒有遺憾了！」

當時江蘇一帶有一股以嚴白虎爲主的勢力，大概有萬餘人，處處屯聚。袁術派孫策幫助吳景消滅嚴白虎，並許諾可以分給孫策部隊和領地。孫策急於積聚勢力爲父報仇，便帶兵攻破了嚴白虎等人。但袁術卻出爾反爾，不肯兌現諾言。孫策漸漸感到不滿，有心自立門戶。

當時朝廷派劉繇做揚州刺史，所治之地就是壽春。但因壽春被袁術佔據，劉繇一直無法到任，便到吳景處投靠。吳景接納了劉繇，但不久劉繇卻發兵將吳景逼走。吳景鬥不過劉繇，便向孫策說明此事，讓他出主意。孫策藉機向袁術借兵去幫舅父打劉繇，袁術就撥了三千人馬給他。孫策向南進兵，因聲名顯赫，一路上不斷有人前來投奔，隊伍愈來愈強大。孫策渡江後，打敗了劉繇，進駐揚州。

一開始，揚州百姓聽到孫策兵到，都膽戰心驚，紛紛躲避，官員們也都丟棄城池，混在百姓之中躲逃。後來，人們漸漸發現，孫策大軍所到之處，軍士們嚴守將令，從不擄掠百姓，財物婦女秋毫無犯。百姓漸漸接納了孫策軍隊，並表示十分歡迎，爭著用酒肉犒勞部隊。

孫策賞賜將士，並發佈告示，表示劉繇的鄉人和部下，如果願意來投降，不追究以前爲敵的事情；願意從

「太史慈酣鬥小霸王」繡像

東漢末，揚州刺史劉繇部下太史慈與袁術部將孫策交戰於神亭嶺。

軍的，免除全家賦稅傜役；不願從軍的也絕對不勉強。告示發出後，前來歸附的人風集雲湧，不久就招得了兩萬多士兵，徵集了一千多馬匹。袁術得知孫策大勝，上表奏請孫策爲殄寇將軍。孫策威震江東，世人稱之爲「小霸王」。

## 殺黃祖，斬許貢

漢獻帝建安二年（西元一九七年），孫策終於建立起了屬於自己的武裝力量和根據地，得到了其他軍閥和朝廷的認可。第二年（西元一九八年），東漢朝廷封孫策爲吳侯，拜討逆將軍。第三年（西元一九九年），孫策率軍大敗宿敵黃祖，爲父親報了仇。然而就在孫策報了殺父之仇，準備大展一番宏圖的時候，卻發生了一件意想不到的事情。

許貢是東漢朝廷任命的吳郡太守。因爲吳郡當時被嚴白虎等眾多叛軍佔據，許貢無法到任，曾一度依附劉繇，後雖返回吳郡，但始終沒有力量統一郡內。

孫策奉袁術之命掠江東，先滅劉繇，後平吳郡，將朝廷所置太守逐一降服，許貢看在眼裡，十分不滿。他向獻帝送了一封密信，信上指責孫策背叛朝廷，擁兵自重，並說放任孫策勢必將危害大漢政權，並建議皇帝召孫策進京，以遏制孫策不斷增長的勢力。

許貢與朝廷之間多次書信來往，終於有一次被孫策無意中截獲。孫策看完信後十分生氣，便去找許貢對質，許貢卻依然固執己見，說孫策是叛國的逆賊，孫策一氣之下便令人絞殺了許貢。

## 一時疏，終身恨

許貢生前招攬了許多食客，平時善加款待。許貢死後，有三位門客不忘故主，千方百計想殺掉孫策爲許貢報仇。但他們都聽說小霸王的威名，知道孫策勇猛過人，加上身邊有重兵護衛，三個人一時不知怎樣去行刺。後來三人經過打探後得知，孫策十分喜歡出門打獵，並且每次都不帶重兵，只有幾個侍衛陪同，防備心不強。三人決定埋伏在孫策打獵的途中，出其不意，將其殺死。

建安五年（西元二〇〇年），孫策輕騎出門打獵，他騎了一匹精良寶馬，很快就把隨從的士兵落在了後面。孫策走到半路中，突然從草叢中躍出三個人來，孫策問道：「你們是什麼人？」一人答道：「我們是剛剛入伍的士兵，奉命出來巡查。」孫策說道：「士兵我全都認識，但從來沒有見過你們三個，你們一定有什麼陰謀。」說完便抽出箭來，朝一人射去，不偏不倚，正射中那人胸口，一箭就將他射死了。另外兩個人趁孫策無暇顧及，彎弓搭箭，向孫策射來，孫策來不及躲閃，被射中面頰，大叫一聲倒在了地上。這時後面的侍從趕上前來，殺死兩名刺客，將孫策抬了回去。

孫策傷勢嚴重，他自知不能久活於世，便請來謀士張昭等人，把弟弟託付給他們。接著，又叫來弟弟孫權，給他佩上印綬，說道：「率領江東數萬之眾出兵打仗，也許你不如我；但是舉賢任能，讓各位賢才盡其所能，保衛江東，我又不如你。希望你能好好保重。」孫策交代完後事，當天夜裡就去世了，死時僅有二十六歲。

孫權失去兄長，悲痛難當，他含淚將哥哥厚葬入土。他謹記孫策的教誨，選賢任能，勢力範圍迅速擴大，不久便建立了東吳政權。孫權稱帝後，追謚孫策為「長沙桓王」。

### 關於孫策之死

孫策當日被許貢的刺客射中面頰，受了傷，此後關於孫策的死，史上一直有兩種不同的記載。一種是：傷只是擦破皮肉，傷在臉上，經過調養已經沒有大礙。但是孫策之前是一個出了名的美男子，他在鏡子中看見自己的樣子，覺得毀了容，氣憤而死。另一種說法是：孫策中的是毒箭，經過治療已經沒有大礙，但是體內有餘毒，不能動怒。一次孫策走到街上，看見道士于吉在大肆散布學說，聽的人們非常崇拜。孫策歷來不迷信，見此情景非常氣憤，將于吉殺死了，但因憤怒過度，自己也毒發身亡。

東漢．陶船

這件陶船船首有碇，用於船隻的停泊。船後有舵，舵桿通過舵室固定在尾部。它不同於近代的舵，還保留著由梢演變而來的跡象，但比梢短，比一般河船的舵則長些。舵是中國古代造船技術上的重要發明，這是現知最早之例。陶船上塑有六個人物，分立各處作操作狀。如按陶塑人物身高比例推算，真船可長達十四至十五公尺，載量約有「五百斛以上」。此外甲板上還佈置有六組矛和盾，顯示這是一艘有武裝保護的內河航船的模型。

# 恨比毒深

## ——吉平刺曹操

一碗本是醫治頭痛的湯藥，卻被放入了精心研製的劇毒……一起悉心策劃的刺殺行動正在進行：服藥之人是一代奸雄曹操，下毒之人乃神醫吉平。生性多疑的曹操會乖乖喝下毒藥嗎？吉平又為何冒死行刺？這場生死博弈誰又會是最後的贏家？

### 亂世奸雄

東漢末年，朝廷積貧積弱，無力統治天下。而地方割據勢力甚是強大，他們爲了爭奪地盤不斷地發動戰爭，吞併分裂之爭輪番上演，百姓處於水深火熱之中，長久不得安寧。就在這紛擾混亂的年代，曹操憑藉自己的英勇與謀略逐漸壯大起來。

曹操出身官宦世家，自小聰明過人，文武雙全，做事常憑智謀武力而不問禮儀。二十歲時曹操開始在洛陽做官，法紀嚴明。黃巾之亂爆發後，曹操被拜爲騎都尉，帶兵鎮壓亂軍，一舉大破黃巾軍，初戰告捷後便一發不可收拾，在後來抗擊西涼軍和討伐董卓的戰爭中都發揮了重要的作用，其優秀的軍事才能獲得充分的彰顯。

經過數次戰爭之後，曹操積蓄了強大的軍事力量，他的野心也愈加明顯。西元一九六年，曹操擁兵自重無人能敵，挾持漢獻帝遷都到自己的根據地許昌，從此號令諸侯，並以此爲政治優勢，開始力戰群雄，企圖統一北方。

吉平像

吉平，字平，生年不詳，洛陽人，東漢太醫。欲毒殺曹操未果而遇害。

### 定計謀曹

曹操的專權行爲，引起漢獻帝和一些大臣的不滿。建安四年（一九九年），漢獻帝任命國舅董承爲車騎將軍，並用鮮血寫了一封詔書，交代其謀誅曹操，然後將詔書祕密地藏在衣帶之中，賜給董承。這就是歷史上有名的「衣帶詔」。

董承收到皇帝的詔書後，便與幾

董承像

董承，卒於漢獻帝建安十九年（？至二〇〇年），東漢車騎將軍，漢獻帝之舅，因圖謀誅殺曹操被發現，遭曹操處斬。

位朝臣日夜商議此事，卻苦於無計可施。而曹操卻更加無視皇帝與眾朝臣，行為傲慢驕橫。董承看在眼裡，急在心上，憤慨焦慮集於一身，便一病不起了。

聽說國舅病倒，漢獻帝命太醫吉平來給國舅看病。吉平乃洛陽人，是當時的神醫。他見董承總是長吁短歎、心事重重的樣子，卻又不便多問。直到有一天，董承睡夢中無意大喊「殺掉曹賊」，驚醒後見吉平正望著自己，知道洩露了祕密，面露懼色。吉平安慰他說曹操乃亂臣賊子，人人得而誅之。他不會去告密，而且有辦法殺死曹操。董承大喜，讓吉平看了皇帝的詔書，然後便問吉平如何行事。吉平說曹操有頭痛的毛病，每次發病總是叫他去醫治。曹操再頭痛時，只要在藥中放上毒藥，曹操就必死無疑了。

## 小人告密計畫敗

兩人密謀許久，以為天衣無縫了，吉平便回朝中準備。董承也覺得病好了很多，於是回到後堂，卻看見自己的家奴慶童和侍妾在堂室內偷情，一氣之下將慶童暴打一頓關了起來。

多日來董承不斷請朝臣來家中商議殺曹之計，慶童不免看在眼裡；董承與吉平二人密謀下毒的一番對話，也恰巧被經過窗下的慶童聽去。慶童本無告密之心，此刻遭董承一頓毒打，心生仇恨，便趁夜撬開門，跑到相府將所見所聞悉數報告曹操。曹操

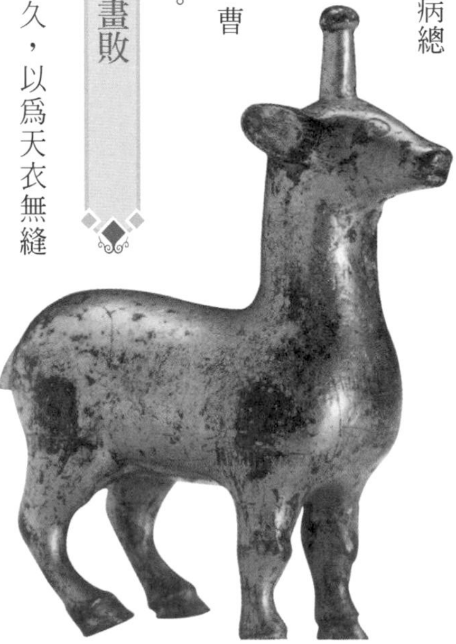

東漢．鎏金銅鹿

鹿舉首、豎耳、挺胸、捲尾，作靜立之姿，神態安然悠閒。通體鎏金。

### 善用心計的曹操

曹操從小就善用心計。他小時終日在外遊蕩，不務正業。叔父多次提醒其父親嚴加管教，曹操對他很反感。一次遇到叔父後他故意倒地不起，假裝中風。叔父連忙告知其父，父親趕來看曹操，曹操卻說自己沒病，是叔父不喜歡自己所以惡意中傷。父親聽後果然不再相信叔父的話。

吉太醫下毒遭刑圖

東漢末，曹操聞知董承與名醫吉平合謀毒殺自己，遂詐病就醫召吉平，趁機擒拿吉平，並嚴刑拷打。

把慶童藏在府中，開始計劃如何對付董承和吉平。

第二天，曹操假裝頭痛，叫吉平來診病。吉平不知有詐，暗喜機會來臨，於是藏好毒藥來到相府。曹操故意裝作頭痛難忍，命吉平煎藥。藥熬好後，吉平偷偷將毒藥放入，遞給曹操，告訴他趁熱服用。曹操知道有毒，故意遲遲不喝。他說君主服藥時賢臣總會先喝一口，堅持要吉平先嘗。吉平這才知道計謀已敗露，但此時已經沒有退路，於是他舉起藥碗想把毒藥強灌入曹操口中，不料曹操力大，一把將吉平推倒在地上，一旁的衛士見狀連忙將其按住。曹操質問主謀是誰，吉平不說，曹操十分惱怒，令手下嚴刑拷打。直打得皮開肉綻，吉平也咬緊牙關，不吭一聲。曹操無奈，只好先把吉平關了起來。

## 拷問群臣

第二天，曹操宴請大臣，董承稱病沒有赴宴。曹操當著眾朝臣面再次拷打吉平，有幾位曾參與謀誅曹操的大臣見此情景，嚇得魂不附體，均稱絕無密謀殺害丞相之事。吉平被打得血肉模糊，依然面不改色，只破口大罵曹操是奸賊。曹操審問無果，又怕打死吉平失去對證，只能將傷痕纍纍的吉平帶走繼續關押。

次日，曹操帶著千餘人馬到董承府中探病，將奄奄一息的吉平帶到董承面前再一次拷問。董承驚得不知所措，錯愕地望著遍體鱗傷的吉平。吉平深知曹操爲人狠毒，勢必要除掉所有參與密謀的人，自己終將難逃厄運，於是用盡最後的力氣，一頭撞死在石階上，臨死前依然大罵曹操，憤懣不絕。

### 曹操高陵

曹操高陵，又稱魏高陵，是東漢末年魏王曹操（其子曹丕稱帝後追諡「武帝」）的陵墓。原本陵墓所在位置一直是個謎團，直到二〇〇九年十二月二十七日，河南省文物局宣佈，曹操高陵得到考古確認，其地址位於中國河南省安陽縣安豐鄉西高穴村一帶。二〇一〇年二月四日，高陵被增補爲河南省第五批文物保護單位。但曹操墓的發掘，備受造假的指責，迄今仍爭論不休。

伏壽像

伏壽，漢獻帝劉協的皇后。漢桓帝延熹二年（西元一五九年）被立為皇后，漢獻帝建安十九年（西元二一四年）因不滿曹操誅殺董承，與父親伏完密謀殺曹操，事情敗露後被禁閉冷宮，最後自縊。

# 君主的替死鬼——郭循刺費

一代能臣費禕，一生致力於朝政，關注天下蒼生，受萬人愛戴與景仰。然而，到了晚年，卻在一場酒席上，毫不知情地做了君主的替死鬼。就這樣，在生命的最後一刻，費禕陰錯陽差地盡忠於王室，為自己一生忠誠報國的事業畫上了完美的句點。

## 三國鼎立

東漢末年，地方豪強勢力迅速增強，涼州士族豪強董卓以誅宦官爲名，進入洛陽，廢掉了少帝劉辨，擁立劉協爲漢獻帝，從此獨攬朝政。另一士族袁紹起兵征討董卓，各地豪強紛紛起兵響應，並在討董戰爭中不斷擴大自己的割據範圍。董卓死後，各地割據勢力相互爭奪，一時間全國又陷入內戰混亂之中。

其中袁紹據有冀、青、幽、并四州，成爲北方最大軍閥。曹操開始時只有兗州，後來收編了黃巾軍三十萬人，勢力漸強。他又將洛陽的獻帝迎至許昌，挾天子以令諸侯，在政治上取得了得天獨厚的優勢。漢獻帝建安十九年（西元二〇〇年），袁紹與曹操在官渡展開決戰，曹操大敗袁紹，自此在北方無人可敵。

建安十三年（西元二〇八年），曹操又率軍南下，佔據了荊州，與在長江中下游的孫權對壘。此時在流亡中的皇室後代劉備也起兵，想要光復漢室，於是他率領荊州的殘餘勢力與江東的孫權會合，形成孫劉聯合抗曹的形勢。不久，劉備派軍師諸葛亮前去說服孫權出兵，孫權和曹操在赤壁展開大戰，結果曹操戰敗，不得不退回北方，劉備藉這個機會佔據了荊州，後來又入主成都。由此，曹操、劉備、孫權三大勢力成鼎足之勢。

曹操自封爲魏公，遷都到鄴地，後來又稱魏王。漢延康元年（西元二二〇年），曹操去世，他的兒子曹丕廢除了漢獻帝自立爲帝，國號魏。

諸葛亮雕像

第二年，劉備也在成都稱帝，國號漢，又稱蜀或蜀漢。魏太和三年（吳大帝黃龍元年，西元二二九年），吳王孫權在建業稱帝，國號吳。從此，三國分立時代正式開始。

三分天下之後，三國爲了爭奪領地，頻頻發起戰爭。各自在軍事和外交上用盡了手段，可謂明爭暗鬥，形勢激烈。

## 姜維入蜀

姜維是天水郡冀縣（今甘肅省甘谷市東）人，出身豪門世家。他的父親姜冏是天水郡的功曹，羌族叛亂時，姜冏受命隨天水郡太守前去平叛軍，戰爭中他爲了保護太守而戰死。

姜維幼年喪父，和母親一同居住，他胸懷大志，經常結交豪傑，並暗地養了許多肯爲自己賣命的將士。成年以後，姜維因父親的功勞被封爲中郎官，參天水郡軍事。本來姜維以爲自己就會這樣，在曹魏的政權下做一個太守之類的官職，安穩地等待晉陞的機會。但在蜀漢建興六年（二二八年）時，魏蜀之間的一場戰爭，改變了姜維的命運。

姜伯約歸降孔明

這一年，諸葛亮率軍出兵祁山，準備進攻魏國。當時，天水郡的太守馬遵正帶領姜維等屬下官員，跟隨雍州刺史郭淮在外巡視。半路聽說蜀漢大軍已經到達祁山，膽小的馬遵就不敢再回天水郡的郡治冀縣，而是跑到了上邽城（今甘肅省天水市）躲避起來。姜維雖跟隨馬遵一同到了上邽城，但他始終惦記家中老小，就和幾個郡吏返回了冀縣。

冀縣的老百姓失去首領，此時正惶惶不安，看到姜維回來主持公事，都非常高興，紛紛推舉姜維去見已經兵臨城下的諸葛亮，以保冀縣平安。姜維來到諸葛亮營中，與他深談一番。諸葛亮見姜維出口成章，見解不凡，十分欣賞他的風度和才能。

不久，蜀漢軍的前鋒馬謖被魏將張郃打敗，失了街亭，諸葛亮揮淚斬馬謖，率軍退回漢中，並由此感慨人才是三國之爭中最有力的決勝因素。於是，諸葛亮決定將姜維帶回蜀漢營中。

回到漢中後，一向重英雄、惜人

費禕像

費禕，卒於蜀延熙十六年（？至二五三年）字文偉，荊州江夏郡（今河南信陽）人，三國蜀大臣，被諸葛亮讚為「社稷之才」。

才的諸葛亮對姜維格外賞識，不久就升他爲奉義將軍，封當陽亭侯。這時的姜維不過二十七歲，他心裡十分清楚，如果自己留在魏國，以曹魏的人才陞遷制度，他這個遠離朝廷的邊地郡吏，就算終其一生，也很難像在蜀漢營中這樣拜將封侯。於是姜維非常感激諸葛亮的知遇之恩，決定死心塌地追隨諸葛亮，報效蜀漢。

## 西平擒郭循

諸葛亮超越常規地提拔姜維，自然引起了其他一些將士的嫉妒。建興十二年（二三四年），諸葛亮死在五丈原，姜維失去了靠山，遭受眾將排斥。諸葛亮之後的蜀漢重臣蔣琬和費禕等，都是其出兵祁山戰略的反對者，自然也不會重用諸葛亮的戰略繼承者姜維。以致姜維每想大舉興兵北伐，都被各將領間接阻撓，每次統領的兵馬都不超過萬人。

雖然姜維的處境愈來愈不利，但他還是延續諸葛亮的戰略想法繼續進兵，奮勇抗敵。延熙十五年（二五二年），姜維帶兵進攻西平。因兵將不敵魏軍之眾，即使姜維拚死作戰，還是沒有將西平攻下，但姜維在這場戰爭中擒獲了對方的一名將領——郭循。

郭循當時在魏國做中郎將，也是一位有心機、有智謀的能士。被擒後，郭循表現出歸附蜀漢之意，蜀漢歷來重視人才，自然十分歡迎郭循的歸附，當即便封郭循爲官，留在營中共舉大事。郭循在處理軍中大事時表現得盡心盡力，致力部署戰略，因而漸漸受到重用，不久便官居左將軍。

但是，郭循雖然身居蜀漢營中，但心裡一直在記掛著魏國。爲了避免蜀漢的殺戮，他假意歸順，暗地裡卻一直在尋找殺掉漢帝劉禪的機會。爲了達到這個目的，郭循一直表現得非常熱衷於蜀漢的大業，並盡力將自己的軍事才能全部發揮出來，使得自己愈來愈受矚目。終於，劉禪漸漸注意到了這個來自曹魏的能臣郭循，經常將他請入朝中，共同商議軍事。郭循心中暗喜，以爲時機來臨，於是便在身上暗藏一把匕首，準備一有機會就殺掉劉禪。然而劉禪爲人謹慎，郭循始終沒有機會下手。

時間一點一點過去，眼看刺殺劉

### 費禕墓

費禕死後，後主劉禪感念他對漢室所建的功勳，賜贈其謚號「城鄉敬侯」，以國葬之禮，將其安葬在漢壽城西門外社稷壇的南邊，墓碑上鐫刻：「漢尚書令費公敬侯之墓」。經過長年的風雨侵蝕，石碑上的字跡漸漸斑駁。

清光緒三十三年（一九〇七年），在此任職的縣令吳光耀又重立了一塊石碑，其十一歲的長女吳正敬題詞「蜀漢大將軍錄尚書事成鄉敬侯費禕之墓」，碑文字跡浸潤童女的娟秀，一派聰慧之氣，是不可多得的石刻珍品。

現在的費禕墓僅存土半堆，高約三公尺，上面仍立著這兩塊石碑，旁邊另立一塊，上面刻著「文武官員至此下馬」。直到今天，當地的老百姓依然親切地稱他爲「費大將軍」，可見人們對費禕的敬愛與懷念。

禪無望，郭循又不甘一直這樣爲敵邦獻計進策，就將目標轉移到了蜀漢重臣費禕的身上。

## 郭循刺費禕

費禕本是江夏人，字文偉，少年喪父，跟隨族父費伯仁生活。費伯仁的姑姑是益州牧劉璋的母親，劉璋遣使迎接費伯仁，費伯仁便帶著費禕遊學入蜀。後來劉備平定蜀中，費禕便留在益州，做了劉禪的門客。

蜀昭烈帝章武元年（西元二二一年），劉備立劉禪爲太子，費禕跟著陞遷爲庶子。劉禪繼位後，拜費禕爲黃門侍郎。費禕智謀過人，諸葛亮出兵時，經常請他來做參軍。劉禪也常將朝中政事交給費禕處理。費禕異常聰慧，且有過目不忘的才能，總能將政事處理得井井有條，並以最快的速度奏報劉禪。劉禪對費禕非常信任，並且愛護有加。朝中大臣也十分敬佩費禕，對其非常擁護。

費禕的才能與地位引起了郭循的注意，郭循認爲，如果能除掉這一大將，蜀漢可謂失去了中流砥柱，一定大受影響，並且費禕此時已年老體弱，平日又無所防備，較容易得手。

蜀延熙十六年（西元二五三年）春天，蜀漢舉行歲首大會，眾臣都來參加。席間費禕在眾臣相敬之下喝了很多酒，不多時便酣然欲醉。郭循趁機湊到費禕身旁，一邊裝作無事自飲，一邊偷偷觀察費禕的舉動。他見費禕醉眼矇朧，絲毫沒有防範，其他大臣也都在相互敬酒，沒有注意到自己，便抽出事先藏在身上的匕首，刺入了費禕的胸口。在場的士兵慌忙上前，將郭循殺死，但費禕不治而亡。

郭循死後，魏國十分感動於郭循的愛國壯舉，追諡郭循爲長樂鄉侯，並將他的孩子也都封了侯爵。

## 急兄仇，夢斷魂
### ——范疆、張達刺張飛

有段著名的相聲《八扇屏》中有這樣一段描述：「後漢三國有一位莽撞人，為救得趙雲在長阪坡前一聲吼，嚇退曹軍百萬人。此人姓張名飛字翼德，萬古流芳莽撞人。」張飛英雄蓋世，武功了得，於百萬軍中取上將首級如探囊取物，最後卻在渾然不知中身首異處，至今仍為世人所遺憾。

### 孫劉失和

建安十三年（西元二〇八年），赤壁之戰爆發。在這場以少勝多的著名戰役中，孫權和劉備組成聯軍，在周瑜的指揮下，於長江赤壁一帶大破曹操。此次爲劉備、孫權初次聯手，兩人取得如此輝煌的戰績十分欣喜，便達成共識，繼續聯盟抗曹，以遏制曹操勢力的發展。孫權爲了鞏固聯盟，更不惜將荊州借給劉備。這樣一來，劉備占荊州，孫權據江東，曹操戰敗後退回北方據守，三權鼎立局勢正式形成。

建安十六年（西元二一一年），曹操出兵攻打漢中，益州牧劉璋怕曹操威脅到自己，就請劉備入蜀共同抗曹。劉備便率領數萬兵馬向益州出發了。到達益州後，劉備表面上幫助劉璋克敵，暗中卻使用計謀將劉璋的兵力收歸己用。不久，劉璋發現了此事，盛怒之下便和劉備在益州舉兵交戰。開始時劉備軍隊接連取勝，一路向成都逼近。到達雒城後，劉璋頑強抵抗，雒城久攻不

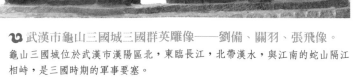

武漢市龜山三國城三國群英雕像——劉備、關羽、張飛像。
龜山三國城位於武漢市漢陽區北，東臨長江，北帶漢水，與江南的蛇山隔江相峙，是三國時期的軍事要塞。

下，劉備的謀士龐統也在攻城時戰死。迫於無奈，劉備只好命諸葛亮帶兵來增援。諸葛亮再三權衡，留下文武雙全的關羽鎮守荊州，自己帶著張飛、趙雲等趕往成都援助劉備。劉備得到支援，很快就拿下了益州。之後，劉備乘勝追擊，又從曹操手中奪下了漢中。

**張飛**

張飛，卒於蜀昭烈帝章武元年（？至二二一年），字益德（又做翼德），涿郡涿縣人（今河北省涿州市）。擅長用一丈八蛇矛，五虎上將之一，被封爲右將軍、車騎將軍。

《三國演義》中有詩讚曰：

安喜曾聞鞭督郵，黃巾掃盡佐炎劉。
虎牢關上聲先震，長阪橋邊水逆流。
義釋嚴顏安蜀境，智欺張郃定中州。
伐吳未克身先死，秋草長遺閬地愁。

劉備東有荊州，西有益州，北有漢中，勢力瞬間大增。孫權害怕自己受到威脅，便要求劉備將荊州歸還於他。劉備當然不肯，便應付孫權，說等自己攻下涼州，穩固了形勢，再將荊州還給孫權。孫權聽後，知道劉備不會將荊州輕易還給自己，於是備足兵馬，伺機奪回荊州。從此，孫劉聯盟破裂。

## 丟城失弟

劉備每攻下一處城地，都會有人回荊州報捷。眼看前線捷報連連，好戰的關羽坐不住了，也想到戰場上馳騁殺敵。但他想到諸葛亮臨走時千叮萬囑要他守好荊州，便將一部分人留下駐守，自己帶了另一部分人馬攻打襄樊去了。

孫權密切關注荊州的形勢，發現這個絕好機會，十分驚喜，連忙命大將呂蒙出兵荊州。呂蒙勇猛過人，且善用計謀。他先令人到荊州打探情況，聽說雖然州中無帥，但關羽走前做了嚴密的部署，所以荊州防守周密，不能強攻。呂蒙考慮關羽用兵輕率，容易輕敵，思索幾日，便生出一計。他對外假稱生病回去休養，派年輕的陸遜接替自己，關羽信以爲眞，而且對初出茅廬的陸遜不以爲意，便放鬆了警惕，陸續把防守荊州的人馬調撥到樊城。呂蒙得知計謀成功，便把戰船僞裝成商船模樣，騙過烽火台上的防守士兵，出其不意地佔領了荊州。荊州百姓見大軍到來，十分惶恐，以爲性命不保。但呂蒙卻對百姓非常和善，秋毫無犯。

關羽得知荊州失守，非常震驚，萬分後悔沒有聽從諸葛亮的囑託。他想如今唯有奪回荊州，殺了呂蒙才能將功補過，於是帶領大部隊即刻趕回荊州。士兵們連日趕路，人困馬乏，再加上聽說呂蒙善待他們的家眷，更是無心戀戰，鬥志瓦解，許多將士半路逃跑。關羽軍隊在士氣低落的情況下節節敗退，最後退到麥城，三面都被呂蒙包圍。孫權多次派使臣勸說關羽投降，都被關羽罵了回去。呂蒙知道關羽不會乖乖束手就擒，一定會想辦法突圍，就將計就計在麥城北門故意留了個破綻。關羽無奈之下孤注一擲，帶兵從北門突圍，不料剛出北門，就被呂蒙事先埋伏好的士兵用絆馬索活捉了。孫權愛惜人才，允諾關羽，若投降可以給他加官晉爵，關羽不爲所動，寧死不降。孫權見關羽強硬，又怕爲日後埋下禍患，只好忍痛殺了關羽。

## 怒打范張

張飛聽說關羽敗走麥城枉死的消息後，遲遲不肯相信，連忙派人前去查證。不久探子來報，證實消息屬實，張飛猶如五雷轟頂，於是整日飲酒，醉了便以淚洗面，眾人百般勸解都不起作用。

正當張飛悲痛萬分時，劉備傳來命令，讓張飛帶兵到江州與其會師，共同討伐孫權，爲關羽報仇。張飛正有滿腔仇恨無處發洩，便立刻叫來下屬張達和范疆，命他們在三天內趕製白麾白旗，全軍祭奠關羽，披麻戴孝出發。兩人接到命令後立刻著手準備，但由於軍中士兵眾多，不管如何計算三天之內都無法備齊裝束。

第二天，張達、范疆如實向張飛報告了情況，希望寬限幾日。張飛本就衝動魯莽，此刻更是被仇恨沖昏了

急兄仇張飛遇害

頭腦，他聽到二人的回話，當即破口大罵道：「我要報仇，恨不得明日便到逆賊的面前！你們竟敢違抗我的命令！」說完便將張范二人綁在樹上，狠狠抽了五十鞭子。抽完覺得猶仍不解恨，又用手指著他們大罵道：「如果不按時做完白麾白旗，耽誤了發兵，看我不殺了你們！」

張達、范疆二人被打得皮開肉綻，回到帳中連連叫苦。他們追隨張飛多年，十分清楚張飛的個性，這次若不能按時完成任務必定會被張飛處斬。二人想來想去，不知如何是好。張達一狠心，提議道：「張飛為人凶狠，言出必行，與其在此坐以待斃，不如我們先動手將他殺掉。」范疆說道：「事到如今也只有這樣才能活命，但是張飛勇猛無比，我們恐怕無法輕易接近他。」張達說：「一切就靠天意了，如果你我二人命不該絕，就讓他今晚再喝個大醉吧。」

## 張飛託夢

有這樣一個傳說，一千多年前長江邊上有一個以打魚為生的老人，夜裡夢見一個滿身是血的將軍自稱是張飛。他對老人說自己被奸人張達與范疆所害，現在頭就漂於江水中，祈求老人將他的頭顱撈起，不然頭就漂到東吳去了。老人並不當真，認為只是一個夢而已。第二天一如往常早起去江裡打魚，誰知果然將張飛的頭顱打了上來。老人便將張飛的頭顱埋葬於雲陽對岸的鳳凰山麓，並邀集當地百姓修葺了張飛廟。所以後世才有了張飛「身葬閬中，頭葬雲陽」的說法。

## 貪杯喪命

張飛嗜酒如命，曾因此誤過不少事。有一次，住徐州牧的劉備準備率兵討伐袁術，張飛自告奮勇守徐州，劉備說：「你恐怕守不得此城，一來你酒後剛強，鞭撻士卒；二來做事輕率，不聽人勸。我不放心。」張飛再三保證絕不喝酒，也不鞭打士兵，且凡事徵求大家意見。劉備見他堅持，又細細叮囑一番，才同意他守徐州。劉備走後不久，張飛就耐不住性子了，竟設宴邀請眾官暢飲，並強要屬下曹豹喝酒。謀士陳登忙來勸阻，此時早已大醉的張飛哪裡肯聽，竟派人鞭打不肯喝酒的曹豹。曹豹一氣之下叛變了張飛，聯合呂布奪取了徐州。徐州失守，劉備異常憤怒，他念及兄弟情，才沒有治張飛的罪。

當晚，張飛果真喝得酩酊大醉，不省人事。范張二人從守衛口中探到消息，便回帳中簡單收拾了行李，制訂了詳細的逃跑路線。夜深人靜的時候，兩人趁守衛打盹，偷偷潛入張飛帳中，張飛此時正在床上酣睡，他們躡手躡腳，唯恐將其驚醒。當慢慢摸

張苞像

張苞，三國時人，張飛長子，早夭。在《三國演義》一書中，張苞被虛構為蜀國的武將，先主征討東吳，其父張飛為部將范疆、張達所殺。先主命為護衛將軍。諸葛亮北伐時為虎翼將軍，後落澗而受傷病死，其有一子張遵。

到張飛床邊時，兩人藉著月光朝張飛臉上張望，哪知張飛竟怒目圓睜瞪著他們。二人以為陰謀敗露，嚇得跪地求饒，連連磕頭。可等了許久，也沒有聽見張飛的怒罵，只聽到如雷的鼾聲。二人心生疑惑，又靜靜地觀察了一會，確定張飛真的醉死過去，便摸出匕首，割下了張飛的頭顱，然後按照事先的計劃，一路逃走，投奔孫權去了。

## 兄隨弟去

第二天早上，張飛的手下到帳中報告軍情，卻看到張飛死在了自己的床上，軍中頓時亂作一團。過了半晌，眾將軍才稍稍鎮靜下來，決定先將張飛的遺體安葬，然後由張紹駐守部隊，張苞則快馬加鞭趕往成都，向劉備報信。劉備連連失去兩個手足之親，痛心疾首，發誓要手刃仇人，為義弟報仇。

孫權在殺死關羽之後，擔心重啓劉吳之戰，就有意與蜀重修舊好。當張達、范疆帶著張飛的頭顱前來投誠時，孫權便藉此時機，命人帶上張飛的頭顱，火速押解二人前往蜀國，以表示自己站在劉備一方。張達和范疆當初只是求生心切，才慌不擇路殺死了張飛，卻不曾料到自己的下場會比張飛慘上數倍，竟活活被張苞萬剮凌遲而死。

孫權的特意討好卻未能改變劉備的初衷。然而劉備執意伐吳，也使蜀國元氣大傷，最終他本人也在討吳戰爭中戰死，追隨兩個義弟而去。

## 關羽身後事

孫權將關羽首級送給曹操，曹操以諸侯之禮將其安葬於洛陽，通常認爲即關林，不過現代有觀點認爲關庄村關羽墓才是埋葬關羽頭顱之處，關林只是萬曆年間建的祀祠場所。同時孫權則將關羽身軀以諸侯禮安葬於當陽，即關陵，也稱當陽大王冢。蜀漢政權則在成都爲關羽建衣冠冢，即是成都關羽墓，以招魂祭祀。而關羽故鄉山西運城解州後來則建立了關帝廟，是爲解州關帝廟，被認爲是關羽魂魄歸返之處。因此民間也稱關羽「頭枕洛陽，身臥當陽，魂歸山西」。

四川閬中張飛廟

張飛廟，又名張桓侯廟，位於長江南岸飛鳳山麓，與雲陽縣城隔江相望，是為紀念三國時期蜀漢名將張飛而修建，始建於蜀漢末期。

# 傀儡皇帝的反抗

## ——元子攸刺爾朱榮

北魏王朝，永安三年（五三〇年）九月二十五日，洛陽城光明殿，孝莊帝正襟危坐，不規則的呼吸中帶有一股酒香。突然，一夥宮廷侍衛手持兵器從孝莊帝身後殺出，衝向正站在殿下的宰相爾朱榮……。自古以來，皇帝都具有無上的權威，正所謂「君叫臣死，臣不得不死」。那執掌生殺大權的孝莊帝為何還要行刺？這背後又有怎樣的隱情呢？

### 亂世梟雄

爾朱榮，字天寶，北魏北秀容（今山西忻縣）人。爾朱榮從小就聰明伶俐，喜歡讀兵法，長大以後對用兵之道更是瞭然於胸。他很喜歡射獵，每次圍獵都叫手下排列成軍隊的陣法行進，有如行軍打仗一般。爾朱榮野心勃勃，一心想成就一番霸業。

孝明帝正光年間，胡太后先後兩次專權，敗壞朝綱，佞佛建廟，引起民怨。正光四年（五二三年），六鎮爆發民變，爾朱榮跟隨將軍李崇抵抗柔然可汗阿那瓌的軍隊。八月，爾朱榮因成功鎮壓秀容人乞伏莫於和萬於乞眞，獲封爲直閣將軍、平北將軍。之後，北魏朝廷又授予他車騎將軍、六州討虜大都督職務。

在南征北戰的過程中，爾朱榮的軍事力量逐漸增強，他本人也成爲北魏不可或缺的一名武將。手握重兵的爾朱榮很快就有了謀朝篡位的想法，但苦於沒有機會，因此他一直不敢輕舉妄動。

北魏陶武士俑

此俑頭戴護耳頭盔，身穿有護頸的明光鎧，下著護腿甲裙，右手握拳，左手按長盾，全身甲冑包裹嚴密。這種鎧甲在南北朝的後期開始普及，直到隋唐時期，仍為軍隊將官的主要裝備。

### 舉兵洛陽

武泰元年（三二八年）二月，爾朱榮收到一封孝明帝的密詔。密詔中

北魏太子校射浮雕

孝明帝命爾朱榮率兵進入洛陽，想要借助爾朱榮的兵力，逼胡太后交出政權。早有反叛之心的爾朱榮認爲機不可失，立即起兵向洛陽挺進。就在爾朱榮的軍隊浩浩蕩蕩奔赴洛陽城的時候，胡太后對孝明帝的動作有所察覺，決定搶先一步下手。因此在爾朱榮收到密詔的幾天後，胡太后毒殺了孝明帝。接著胡太后又下令讓三歲的臨洮王世子元釗登基稱帝。

面對變故，爾朱榮一時感到措手不及，但又覺得不能放過這次介入北魏中央政權的契機。經過數日縝密的思考，爾朱榮決定繼續進兵洛陽。爾朱榮一面派人撰寫討伐胡太后的檄文，爲自己發兵尋找政治藉口；另一方面尋覓擁立爲帝的人選。爾朱榮高超的軍事才能在這次舉兵進攻洛陽的過程中發揮得淋漓盡致。

## 禍起河陰

在考慮過眾多的皇室宗親後，爾朱榮將目標鎖定在長樂王元子攸身上。原因主要有兩個：第一，長樂王元子攸是彭城王元勰的兒子，與孝明帝血緣最近，加上元子攸已經二十一歲了，擁立這樣一位皇帝更容易使人歸附；第二，元子攸與洛陽東北門戶河橋守將鄭季明交往甚密，可以輕而易舉進入洛陽城內。人選已定，爾朱榮馬上派遣從侄爾朱天光去密見元子攸，並立元子攸爲帝。四月十一日，元子攸登基，史稱孝莊帝。

孝莊帝任命爾朱榮爲持節、都督中外諸軍事、大將軍、尚書、領軍將軍、太原王。北魏朝廷大臣聽說元子攸稱帝，紛紛趕來投奔。一切皆是按照爾朱榮的計劃發展，鄭季明果然大開城門，放爾朱榮的部隊進入洛陽城。

### 高歡起兵

高歡，魏太和二十年至西魏大統十三年（四九六年至五四七年），字賀六渾，原本是北魏權臣爾朱榮的手下，因鎮壓葛榮起義有功被封爲晉州（今山西臨汾）刺史。爾朱榮死後，高歡僞造了一封爾榮兆出賣將士的詔書，煽動士兵造反，遂於梁中大通三年（西元五三一年）起兵反叛，並在隨後的戰役中打敗爾朱氏的勢力，逼迫爾朱兆上吊自殺，掌握了北魏的政權。

爾朱榮進城的第一件事就是派軍士把胡太后和三歲的小皇帝扔入黃河淹死。除掉胡太后和元釗僅僅是爾朱榮大開殺戒的序曲，進城後的第二天，即四月十三日，爾朱榮謊稱祭天，將朝臣聚集在行宮西北河陰。爾朱榮先是把朝臣痛罵一頓，然後趁其不備命士兵大開殺戒，史稱「河陰之變」。這次屠殺了二千多人，包括孝莊帝的兩個親兄弟無上王元劭、始平王元子正。北魏的官員幾乎在這次屠殺中全部死亡，這讓孝莊帝心生不滿，暗中萌生了剷除爾朱榮的念頭。

不久之後，爾朱榮前往光明殿，就河陰之變一事謝罪。孝莊帝曲意逢迎，發誓說絕不會對爾朱榮懷有異心，這讓爾朱榮非常高興，以至於酒醉光明殿。盯著爛醉如泥的爾朱榮，孝莊帝動了趁機殺人的念頭。但由於周圍都是爾朱榮的手下，孝莊帝只好派人將他送往中常侍省休息。

## 篡權心切

爾朱榮狂妄至極，篡權奪位的野心昭然若揭。在河陰屠殺朝臣時，爾朱榮就曾高呼：「誰能寫禪讓文書就免他一死。」如果說逼迫大臣撰寫禪文是爾朱榮明目張膽的反叛，那麼鑄金人像就是他篡權野心達到極致的表現。北魏風俗，帝位難以定奪就要鑄金人像占卜，鑄造成功便可即位。剛剛品嚐到勝利滋味的爾朱榮迫不及待地鑄金人像，妄圖立即登基稱帝。然而先後四次鑄金人像，均以失敗告終，這讓爾朱榮心煩不已。

爾朱榮認爲自己稱帝的時機還沒有到，於是決定效仿曹操遷都，達到「挾天子以令諸侯」的目的。經過河陰之變，朝廷上沒有人敢違背爾朱榮的意思，只有都官尚書元諶拚死力爭。在元諶的據理力爭和弟弟爾朱世隆的勸諫下，爾朱榮對遷都一事只好作罷。

後來，爾朱榮決定把女兒爾朱英娥嫁給孝莊帝做皇后，孝莊帝當然不願意，因爲爾朱英娥是肅宗的側妃。黃門侍郎祖瑩便用重耳與秦懷嬴結成秦晉之好的典故，說服孝莊帝以國家社稷爲重。無奈，孝莊帝只好答應。這種有苦說不出的感覺讓孝莊帝大爲惱火，對爾朱榮的不滿愈積愈多。

## 洛陽易主

河陰之變發生後，北海王元顥恐牽連殺身之禍，當機立斷率部下逃往梁國。不久，元顥就向梁武帝蕭衍借兵七千攻打洛陽，意圖搶奪帝位。負責護送北海王元顥回國的將領是梁國大將陳慶之。五月十七日，陳慶之率領的七千白袍軍攻克了梁國城（指西漢梁國都城）；五月二十二日，梁軍打敗滎陽的七萬守軍。很快地，洛陽的東大門——虎牢，被陳慶之的鐵騎踹開。

北魏騎馬武士俑

北魏時期的騎馬武士俑是研究北朝早期騎兵編製和裝備的重要依據。史料記載，十六國、北朝時期的騎兵人、馬皆著鎧甲，史稱「甲騎具裝」。鮮卑族就是依靠重騎兵而蕩平中原建立北魏王朝。

虎牢失守的消息傳到洛陽，孝莊帝坐不住了，於五月二十三日向北逃亡至河內郡（河南省沁陽市）城北。兩天後，元顥不費吹灰之力就坐上了洛陽城的龍椅，改年號爲「建武」。

元顥進軍洛陽的時候，爾朱榮正在外面平定叛亂，根本無暇顧及洛陽，讓元顥有機可乘。外亂很快就被鎮壓，爾朱榮這時全力趕往洛陽。元顥登基的第二天，上黨王元天穆就攻破了元顥視爲後盾的睢陽（河南省商丘睢陽）。六月二十二日，爾朱榮的部隊殺入河內郡城，登基不足一個月的皇帝元顥被殺死。閏六月二十日，孝莊帝重回洛陽。

經過這次變故，爾朱榮的氣焰更爲囂張，不僅當面頂撞孝莊帝，還大張旗鼓地結黨營私。皇后爾朱英娥經常也說：「是爾朱氏讓元子攸當的皇帝，我父親本可以自己稱帝的，現在做也不晚」之類的話。爾朱世隆也常常抱怨：「兄長就是不肯自己稱王，不然我也能做個親王了。」這些話孝莊帝聽在耳裡，記在心上，他知道除掉爾朱榮已經刻不容緩。

## 血濺宮闈

不久後，孝莊帝等到了刺殺爾朱榮的機會。當時，皇后即將產子，爾朱榮便以此為由進京朝見，孝莊帝明白爾朱榮實際上是在尋找時機逼自己禪讓。如果皇后生下皇子，爾朱榮一定會命令孝莊帝讓出皇位；如果生的是女兒，爾朱榮則會擁立孝莊帝的侄子，同時也是爾朱榮小女婿的陳留王元寬。孝莊帝決定先下手為強。

九月十八日，孝莊帝得知爾朱榮和元天穆將要入宮朝見，於是在光明殿東側埋伏好殺手，等待刺殺時機。然而，爾朱榮這時突然記起有重要的事情還沒處理，便和元天穆匆匆起身告辭。等殺手正要從東門進入光明殿的時候，爾朱榮二人已經到了中庭，孝莊帝撲了個空。

局勢讓孝莊帝陷入被動，這次刺殺行動參與其中的人員不少，加上整個宮廷遍佈爾朱榮的眼線，行動失敗就等於打草驚蛇，甚至會給自己帶來殺身之禍。孝莊帝此時只能寄希望於和爾朱榮能夠再次碰面。但是狡猾的爾朱榮聽到風聲後，在小女婿陳留王元寬府裡佯裝生病，閉門不出。

一週之後，孝莊帝覺得刺殺之事不能再拖了，於是準備引蛇出洞。他與心腹大臣制訂了一個周密的刺殺計劃，謊稱皇后已產下皇子，引爾朱榮進宮，伺機動手。爾朱榮一開始聽到皇子誕生的消息還抱有懷疑，但見到陸陸續續來自己府上道喜的官員，就消除了疑慮，滿心歡喜地前往光明殿，向孝莊帝道喜。等到了殿中央，爾朱榮還沒來得及開口詢問皇子的情況，光祿少卿魯安、嘗食典御李侃晞等人就從東序門拿著刀朝爾朱榮衝了過來。爾朱榮先是一愣，隨即直奔孝莊帝的寶座，想挾持皇帝。孝莊帝則順勢用預先準備好的刀刺傷了爾朱榮。魯安等人趁機奔上前去一陣

亂砍，要了爾朱榮的命。從爾朱榮的懷中孝莊帝得到了一份名單，上面記錄了爾朱榮想除掉及留下的人名。莊帝看完一陣猶有餘悸：「如果讓爾朱榮活過今天，恐怕以後就沒有辦法制伏他了。」

爾朱榮死後，其侄子爾朱兆率軍殺入洛陽，縊死了孝莊帝，並立元恭爲節閔帝，至此一百多年的北魏王朝走向沒落。

### 一代名將陳慶之

南北朝是歷史上有名的動亂時期，名將輩出，陳慶之也是其中之一。北魏內亂，陳慶之護送北海王元顥回洛陽城，手下只有七千人，卻要對抗魏國百萬之眾。面對懸殊的兵力，陳慶之沉著應對。在與魏兵交戰的過程中，陳慶之率軍攻陷了三十幾座城池，消滅魏兵十幾萬人，擊退三十幾萬的兵力。陳慶之憑藉出色的軍事才能，成功地幫助元顥攻入洛陽稱帝。

河南洛陽漢魏故城遺址永寧寺塔基復原新貌。

洛陽是北魏的都城，永寧寺是當時洛陽城內規模最大的佛教寺院。

# 禍從「福」出
## ——武元衡被刺案

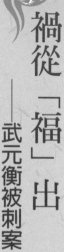

對於一代英才來講，最能實現其抱負的，莫過於朝廷將最棘手的問題交與其處理，這不僅證明著皇室對自己的信任，更使自己的一腔壯志得以發揮。但唐代丞相武元衡，剛剛經歷這樣一件有福之事，頃刻間卻給自己招來了殺身之禍，這位才能橫溢的英傑，還沒來得及實現自己的抱負，便含恨九泉。

### 安史之亂

唐朝建國後，實行的是藩鎮制度，藩鎮節度使是地方上的最高軍政長官，擁有「父死子繼、自辟僚屬、財政自治、掌控軍隊」等多種特權。各個藩鎮之間爲了各自的利益，經常爆發戰爭，直接導致中央政權的弱化和地方勢力的不斷擴大。

藩鎮割據自古就有，設置的初衷是爲抵禦外敵。唐玄宗李隆基執政後，開始大規模設置節度使，使其集軍權、政權、財權於一身，還可以自己任命副手和幕僚。這樣一來，節度使很容易培植親信和自己的勢力，勢力一旦膨脹，就有可能導致節度使最終不服從管束，對抗中央。

唐玄宗時，軍事上採用募兵制。爲抵禦周邊少數民族的侵擾，朝廷陸續在西北、東北一帶設立了朔方、河東、范陽等九個藩鎮，由節度使募兵把守。其招募來的軍人受地方軍閥的收買籠絡，和將領形成一種特殊的盤根錯節、牢不可分的關係。故節度使握有兵權，權力愈來愈大，以致其既有土地和人民，又有軍隊和財政。

安祿山曾是帶兵作戰的大將軍，因戰敗被判處死刑，唐玄宗惜他有才能，便赦免其罪，並委以重任，先後讓他擔任平盧、范陽和河東節度使。安祿山身兼三鎮節度使，很快掌握了大量兵權，控制了北方大部分地區。他看到內地兵力空虛，於是起了叛變之心。他暗中招兵買馬，積蓄力量。

唐玄宗天寶十四年（西元七五五年）十一月，安祿山聯合叛將，在范陽起兵叛唐，由此爆發了「安史之亂」。由於中原多年沒有戰事，軍備廢弛，河北各郡縣唐軍望風瓦解，叛軍瞬間長驅南下，很快便威脅長安。唐玄宗只好帶著楊貴妃逃往蜀地，並命大將郭子儀等鎮壓叛軍。這場叛亂來勢洶湧，直到唐代宗廣德元年（西元七六三年），才在郭子儀和李光弼的艱苦征戰下被平定。唐朝軍隊力量也因此被極度削弱。

## 削藩能臣

唐王朝吸取安史之亂的教訓，爲了抵禦和牽制如安祿山這樣的邊防節度使叛亂，竟把藩鎮制度擴展到內地。於是，在今河南、江蘇、湖北這樣的內陸地區，也出現了節度使、防禦使等大大小小的鎮割據勢力。他們逐漸坐大，不服中央管制。

寵幸番將

出自明刊本《帝鑒圖說》。唐玄宗在勤政樓設宴，文物百官到場。唐玄宗特命人在御座東樓掛頂金雞帳，為安祿山的座位，以顯示對安祿山的寵愛。但唐玄宗沒想到此時的安祿山卻在暗地密謀造反。

唐德宗李适執政後試圖削藩，但措施失當，反而引起節度使起兵叛亂，自己也兩次逃亡避難。後來朝廷勉強平定了叛亂，但再也無力控制藩鎮勢力。憲宗繼位後始終堅持強硬的態度，第二年便拿藩鎮開刀，他採取的辦法是直接動武力討伐。憲宗之所以能夠不妥協地對待藩鎮割據勢力，堅持採用強硬態度，全部得力於丞相武元衡。

武元衡出身於世家望族，從小沐浴在詩書墨香之中，博覽群書，長於詩文。德宗建中四年（七八三年）進士及第後，擔任監察御史，接任華原縣令，從此走上仕途。武元衡雖是一位極爲溫雅沉靜的書生，但對於時勢政治卻頗有一番獨到的見解。有一次，唐德宗讓武元衡在自己的大殿中商議國策，到了天色很晚才放他回家，德宗看著武元衡遠去的背影，對身邊的人說：「元衡是一個很具有宰相才能的人。」後來憲宗即位，立即任命武元衡爲宰相。

唐憲宗元和元年（西元八〇六年），在武元衡的強烈建議下，憲宗派大將高崇文平定了四川節度使副使劉辟的叛亂，這一勝利對藩鎮產生了極大的震懾作用，節度使人人自危，紛紛要求脫離地方入朝爲官。

## 力戰群藩

迫於朝廷的威懾和其他節度使紛紛申請入朝的形勢，鎮海（今浙

### 大度的武元衡

平定西蜀藩鎭的叛亂之後，憲宗曾派武元衡到西川去做節度使。蜀地有詩酒花韻、召伎宴飲的官場氣息，武元衡十分不喜歡這種浮華的風氣。在一次筵席上，武元衡面對觥籌交錯、歌舞昇平的場景，不禁歎道：「滿堂誰是知音者？」西川從事楊嗣喝得酩酊大醉，聽到武元衡的詩，強逼武元衡喝酒，武元衡推辭不喝，楊嗣竟將酒澆在武元衡的身上，還帶著醉意說：「武大人，我來用酒給你洗澡。哈哈哈哈……」在場的人都愣住了，不知如何是好。武元衡卻一動不動，任楊嗣澆酒，等他澆完了，才起身淡淡一笑，換了一身衣服，繼續參加酒會。

江）節度使李錡不得不請求入朝。憲宗雖然知道他並非出於眞心，但還是答應了他的請求，並官拜右僕射。武元衡提醒皇上提防此人，必要時採取強制手段。果然，李錡命人來報告，說自己在臨行前突然病倒，暫時無法進京。武元衡認爲，李錡這樣做是在戲弄朝廷，爲了中央的權威他必須按時入朝。憲宗贊同武元衡的意見，下詔命令李錡即刻入朝。

李錡看到聖旨後，知道自己拖延之計無法得逞，又不甘心眞的向朝廷俯首稱臣，便乾脆起兵反叛。武元衡強烈建議憲宗舉兵鎭壓，僅過兩個月便將盤踞在浙西的李錡勢力消滅了。

這樣，在武元衡的輔助下，憲宗連續除掉了幾個割據勢力，江南經濟得以迅速發展。於是，憲宗決心進一步削藩，得到武元衡和御史中丞裴度的贊成。

元和九年（西元八一四年），淮西節度使吳少陽去世，其子吳元濟請求繼任。當時的淮西節度使長期不服從中央管理，每隔幾年便發起一次叛亂，憲宗早已不堪忍受，便藉機拒絕了吳元濟的要求。吳元濟十分惱火，縱容士兵四處燒殺搶掠，公然與朝廷對立。

憲宗緊急召集群臣，武元衡認爲吳元濟臨界運河交通，佔據了重要的地理位置，一旦對運河進行切斷，就會威脅朝廷漕運，因此必須要盡快除掉這個心腹大患。但當時藩鎭軍閥相互勾結，成德節度使王承宗派人來向憲宗請求赦免吳元濟，許多朝中大臣也怕事態擴大，紛紛勸憲宗不要輕易出兵。但武元衡堅持鼓勵憲宗發兵。於是憲宗令嚴綬率兵討伐。但嚴綬私心很重，爲了保存實力，並不盡心作戰，一年之後削藩戰爭仍毫無進展。

吳元濟則一邊抵抗官軍，一邊向另外兩個節度使李師道和王承宗求救。王李二人本不與吳元濟交好，但唇亡齒寒的道理讓他們決定與吳元濟統一戰線。

## 武元衡遇刺

李師道和王承宗，雖然答應了救助吳元濟，但是迫於朝廷的壓力，表面上還是做出一副支持朝廷的樣子。李師道裝模作樣地派出二千士兵奔赴壽春（今安徽壽縣），聲稱幫助官軍，實際上暗地援助吳元濟。他還召募數百名地痞無賴，攻入朝廷在河陰的運轉院，燒燬大量糧食和財物，將唐軍的後勤支持破壞殆盡。同時他派人潛入京城，刺殺武元衡和熟悉淮西戰況的裴度，他認為只要這兩個人死了，就不會再有人有能力輔助憲宗鎮壓藩鎮了。

這天早上，天還沒有亮，一對侍衛打著燈籠，簇擁著武元衡出了丞相府前去上朝。剛走出靖安坊東門，突然黑暗之中有人喊了一聲：「滅燭！」侍衛手中的燈籠霎時滅掉了，周圍頓時陷入漆黑之中。黑暗之中突然飛出很多箭矢，眾人慌作一團，武元衡正在驚愕之間，突然從樹上跳下幾個人，舉起燈籠看了看他，提劍就刺，武元衡被當場刺死，幾個刺客割下他的頭顱，揚長而去。與此同時，御史中丞裴度也遭到了突然襲擊，部下王義拚死保護，被刺客砍去一隻手臂。裴度因跌入溝中得以保住性命。

京城中傳開丞相被刺的消息，百姓哀痛萬分。憲宗聞訊悲從中來，派兵在京城長安和東都洛陽展開大搜捕。不久李師道的一名士兵將其告發，李師道黨羽數千人被捕，五名刺客落網，全部被斬首示眾。

元和十二年（西元八一七年），憲宗應裴度請求，派他到淮西鎮壓吳元濟，吳元濟大敗，只好束手就擒，持續三年的淮西叛亂宣告結束。吳元濟死後，李師道內部衝突加劇，其都知兵馬使劉悟殺掉李師道，並主動交出藩地，歸順大唐。

延英忘倦

出自明刊本《帝鑒圖說》。元和八年（西元八一三年）七月，唐憲宗與裴度、李絳、武元衡在延英殿討論治國之道，直到天黑。當天天氣悶熱，憲宗衣服濕透，宰相裴度、李絳勸憲宗休息。元和三相中，以武元衡的性格最為倔強剛烈，是朝廷裡最為強硬的主戰派。

# 壯志未酬身先死

## ——施全刺殺秦檜

「青山有幸埋忠骨，白鐵無辜鑄佞臣」。杭州西子湖畔，秦檜的塑像一跪千年，接受著道德的譴責和歷史的審判。遊人至此，莫不咬牙切齒，扼腕長歎。切齒，是憤恨，恨奸臣當道，忠良冤屈；長歎，是惋惜，惜外侮未滅，壯志難酬。

### 不復有王庭

靖康之難，北宋歸於滅亡。徽宗、欽宗二帝被金人擄走之後，倖免於難的徽宗第九子——康王趙構在一班大臣的擁護之下，於宋靖康二年（宋高宗趙構元年，一一二七年）在應天府（今河南商丘南）即位，建立南宋，是爲宋高宗。隨著時局動盪，南宋偏安一隅，成爲與西夏、金朝和大理並存的政權。

金朝滅了北宋之後，統一了包括黃河流域在內的廣大北方地區。待高宗即位的第二年，金國又繼續大舉南侵。南宋派出岳飛、韓世忠、宗澤、劉光世、張浚等眾多將領揮師抗金北伐，在黃河兩岸擊潰金國與僞齊軍的聯軍，大獲全勝。朝廷上下舉國歡慶。

其實宋高宗在位初期年輕力壯，是有意抗金的。收復失地，重整河山一直是他最大的心願。所以，初期高宗一直重用主戰派李綱、宗澤等大臣將領，南宋也曾多次大敗金兵，

令政權局面較爲穩定。宋建炎四年（一一三〇年），金軍將領金兀朮率大軍南下，宋將韓世忠率八千精兵，利用黃天蕩的有利地勢力挫十萬金兵。金兀朮歷經千辛萬苦，才狼狽北返，從此金人不敢輕言渡江。

南宋政權最終建都臨安，漸趨安穩。但是隨著高宗即位時間愈來愈長，權力慾極度膨脹。他害怕軍隊捷報頻傳最終要迎二帝回朝，那時自己的帝位便不能保全，因此抗擊金朝的決心愈來愈小。宋紹興八年（一一三八年），高宗任命秦檜爲相，開始向金推行求和政策，以保全自己的地位。自從秦檜把攬政權之後，朝廷上下以秦檜爲首的議和派和以李綱、岳飛等爲首的主戰派的衝突愈演愈烈，南宋在內外困頓之下，政局風雨飄搖。

## 唯有岳家軍

岳飛，字鵬舉，南宋中興四將（岳飛、韓世忠、張俊、劉光世）之一，爲著名的抗金名將。岳飛出生於北宋相州湯陰的一戶佃農家裡。青年時代，正遇上金對宋發動大規模的掠奪戰爭，眼見國人受到凌辱壓迫，岳飛深諳民族之恨，年紀輕輕就投身軍隊。當時正趕上宋高宗初期主張收復失地，啓用了大批主戰將領，岳飛就是其中之一。自從轟轟烈烈的抗金戰爭發起之時，岳飛就一直站在了抗金鬥爭的最前線。

岳家軍是南宋初年岳飛領導的抗金軍隊，部隊紀律嚴明，訓練有素，號稱「凍死不拆屋，餓死不擄掠」。在抗擊金軍的過程中，岳家軍作戰英勇，捷報頻傳。金軍當時流傳一句口號，說是「撼山易，撼岳家軍難」，可見岳家軍的威猛。

抗金戰爭初期階段，面對宋廷議和的苗頭，岳飛數次上書抗爭未果。宋紹興九年（一一三九年），岳飛在鄂州聽說宋金和議將達成，又立即上書表示反對，並直言相國秦檜出謀劃策、用心不良的投降活動。岳飛極力反對議和使秦檜懷恨在心。

秦檜，字會之，江寧人，父親曾經當過靜江府古縣令。秦檜早年曾做過鄉村教師，鬱鬱不得志。但後來於徽宗政和五年（一一一五年）登第，開始在仕途上扶搖直上。北宋末年，

**中興四將**

「中興四將」指的是劉光世、韓世忠、張俊及岳飛四人，由於他們的奮勇善戰，南宋王朝得以苟且偷安於一時，故稱之為「中興」。

岳飛廟的岳飛像

岳飛，宋崇寧二年至紹興十三年（一一〇三年至一一四二年），字鵬舉，今安陽市湯陰縣。十六歲從軍，三十二歲擢節度使，累官至太尉、宣撫使、樞密副使。堅持抗金，曾四次舉兵北伐。遭投降派秦檜、高宗殺害時年僅三十九歲。

秦檜任御史中丞，靖康之變後與宋徽宗、欽宗一起被金人俘獲。金太宗把秦檜送給弟弟撻懶任用。從此，秦檜亦步亦趨地追隨著撻懶，逐漸成爲他的親信。建炎四年（一一三〇年），撻懶帶兵進攻淮北重鎮山陽，命秦檜同行，秦檜終於南歸。

秦檜賣身投靠金國的面目在南宋並未徹底暴露，南歸後，秦檜任禮部尚書，紹興八年（一一三八年）拜爲宰相。第二年（一一三九年），秦檜不顧朝中岳飛、李綱等大臣將領的反對，簽訂了第一個宋金和約。高宗裝病不上朝，由秦檜代行皇帝職權，與金朝使者簽下合約。從此，秦檜在朝廷中的地位提高了，宋金戰和問題開始由他左右，朝中的許多重大舉措也都由秦檜一手遮天。

## 將軍百戰勇

紹興十年（一一四〇年），金朝撕毀和約，再次以金兀朮爲統帥，兵分四路大舉進犯，岳飛奉命坐鎮郾城，指揮抗金。岳飛率領岳家軍數萬人，自湖北出發，很快便進入河南中部，連敗金軍，佔領軍事重鎮潁昌府、淮寧府，並乘勝收復了鄭州、西京河南府等地。岳飛還派人渡過黃河，聯合河東、河北義軍，在後方痛擊金軍，收復了許多失地。

金兀朮見岳家軍兵力分散，又得知岳飛只帶有少量軍隊駐守郾城，於是親率精銳騎兵一‧五萬人，於七月初八，直插郾城，企圖一舉消滅岳家軍的指揮中心。戰鬥進行的十分激烈，雖然金兀朮出動重甲騎兵配合作戰。但岳家軍派出以岳飛之子岳雲爲首的步兵，手持麻扎刀、大斧，上砍敵兵，下砍馬足，殺傷大量金兵，使金國重騎兵不能發揮所長，金軍大敗。十日，金兵再犯郾城，岳飛城北再敗金兵，殺死金將阿李朵孛堇。金兀朮集兵十二萬屯於臨穎。十三日，岳家軍以三百騎兵擊潰金兵兩千多人，岳家軍將領楊再興戰死沙場。十四日，張憲率岳家軍再戰，將金兵逐出臨穎縣界。同日，岳家軍又大破進犯穎昌的金軍主力。郾城之戰，岳家軍大獲全勝。

郾城之戰，宋軍以寡敵眾，予金軍以沉重打擊。宋軍如果能乘勝追擊，收復故土不是沒有可能。但是，此時的高宗滿腹心思在自己的皇位上，根本無心應戰。萬千志士的浴血奮戰換來的郾城之戰的勝果，最終只化爲了宋金議和桌上的一個籌碼。

## 奸臣陷忠良

郾城大捷之後，就在抗金戰爭取得輝煌勝利的時刻，朝廷連下十二道金牌，急令岳飛班師回朝。岳飛明知這是秦檜等權臣的伎倆，但爲了保存抗金實力，不得不忍痛班師。岳飛憤慨地說：「十年之功，廢於一旦，所得州郡，一朝全休。社稷江山，難以中興，乾坤世界，無由再復！」岳飛的抗金事業至此被迫中斷。

金兀朮又整軍回到開封，不費吹灰之力，重新佔領了中原地區。岳飛一回到臨安，立即陷入秦檜佈置的天羅地網。紹興十一年（一一四一年），岳飛被誣告謀反，關入大理寺。監察御史萬俟親自刑審、拷打逼供。與此同時，宋金正加緊第二次和議。在和談會議上，金軍把殺岳飛作爲議和條件，正中秦檜下懷。但是秦檜找不到任何岳飛反叛朝廷的證據，韓世忠當面質問秦檜，秦檜支吾道：「其事體莫須有（可能有這件事）。」韓世忠當場駁斥：「『莫須有』三字何以服天下？」

紹興十二年（一一四二年）農曆除夕夜，高宗下令賜岳飛死於大理寺內，時年三十九歲。岳飛部將張憲、兒子岳雲亦被腰斬於市門。岳飛在

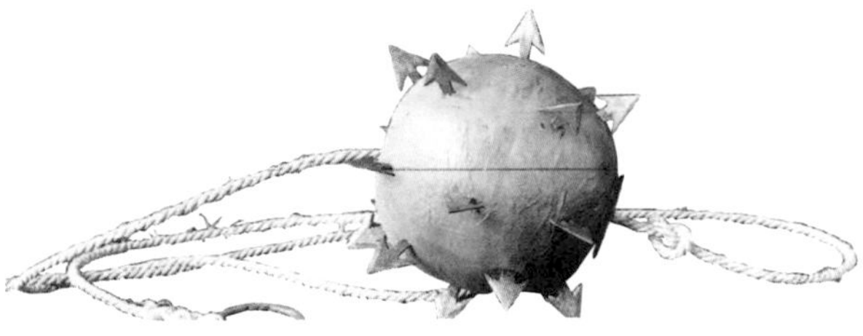

蒺藜火球（模型）

火球以鐵蒺藜為核心，外敷火藥，周身安插倒須釘，拋至目標，燒殺敵人。

## 秦檜遺囑

二〇〇六年，中國考古界發掘了一處宋代古墓，出土了包括秦檜親筆遺囑在內的一批重要文物。遺囑書寫在一塊長達二．二公尺、寬約五十公分的綢緞上，這也是其能保存至今的主要原因。據說，初步鑒定秦檜該份遺囑作於高宗紹興十四年（一一四五年），即其死前（一一五五年）十年，岳飛含冤被殺後三年。

秦檜在遺囑中，對岳飛的戰功給予很高評價，認爲岳飛的善戰爲其議和提供相當大的便利空間，以打促談效果很好。但岳飛有功名心，性格也比較孤僻，與人不好相處，容易招疑招忌，好多次甚至與皇帝言語不合而翻臉走人，與皇帝結了深怨。岳飛數次揚言要抗金到底，迎二帝還朝，終使高宗懷恨在心，招致殺身之禍。同僚們在岳飛被殺後不敢質問皇帝，都來質問秦檜，秦檜不敢也不便說出皇帝的意思，只好說「莫須有」含糊應對。

然而眞相到底如何，世人就不得而知了。

「莫須有」的罪名下含冤而死。臨死前，他在供狀上寫下「天日昭昭，天日昭昭」八個大字。就這樣，宋高宗以向金國納貢稱臣爲代價，換回了東南半壁江山的統治權。

### 壯士刺奸臣

話說秦檜用「莫須有」的罪名迫害岳飛，和金朝簽訂合約之後，製造的冤案引起了國人的極大憤慨。這其中就有位壯士，名喚施全。

施全，東平人士，岳家軍將領，是岳飛的結義兄弟。施全曾與吉青等攔路搶劫，岳飛比武歸來後收爲兄弟，雖然武藝不高，但非常忠勇。岳飛被害後，施全非常憤恨。他想，汴京失守後，高宗南渡，若不是岳飛父子和岳家軍的英勇善戰，南宋焉有今日？不料岳侯最終卻在戰場被十二道金牌召回，被奸臣秦檜構陷，含冤死在風波亭。施全立誓殺賊，爲岳帥報仇雪恨。

餓鶻車（模型）
此車為宋代戰爭時用以破壞城防工事的餓鶻車。

岳飛廟的五奸臣跪像

河南開封朱仙鎮岳飛廟，萬俟、張俊、秦檜、秦檜妻子王氏及羅汝楫五奸臣鑄鐵赤身跪像。

紹興二十六年（一一五六年）正月的某一天，秦檜退朝後坐著轎子回相府。在途經望仙橋附近之時，埋伏在橋腳邊的施全，手拿馬刀猛地撲上前來，對準轎子一刀砍去，「卡嚓」一聲砍斷了一根橋欄。施全見沒砍著秦檜二次舉刀再砍，但秦檜身邊的衛兵早已撲了上來。最後，施全寡不敵眾，束手就擒。坐在轎內的秦檜雖然沒有受傷，但早已被嚇得魂飛魄散。

回到住處，秦檜馬上升堂審問。當施全被押上堂時，秦檜喝道：「你是什麼人？誰指派你來行刺的？只要你如實招供，我饒你不死。」施全在準備行刺的那一刻就已經做好了捨生取義的準備，因此面對秦檜毫不畏懼，厲聲罵道：「奸賊，你欺君賣國，禍國殃民，又害死岳元帥，你這個奸臣，人人得而誅之。我行不更名，坐不改姓，本叫施全，是殿前司的軍人，我殺你是爲了替岳將軍報仇，替天下人除害。今日未得手，要殺要剮隨你便。但你不要忘了，你終歸會有報應的一天。」秦檜聽罷氣得渾身發抖，命衛士把施全打入了死牢，第二天就在眾安橋市曹刑場把施全剮殺了。施全就義的這一天，圍觀在眾安橋的人都被施全的義舉深深感動。

施全刺殺秦檜的事跡，一直在國人中流傳。後來爲了紀念這位獻身的勇士，人們在他就義處——眾安橋附近建立了一座將軍廟，以表彰他的忠勇。

# 惡貫滿盈終有報

## ——鄭虎臣刺殺賈似道

古語云「自古忠臣多佞死，歷代奸邪俱得逞」。然而翻開歷史這本大書，我們發現事實並不全是如此。那些大奸大惡，雖得意一時，但最終卻因招致天怒人怨，被刺被殺、被剿被誅、甚至死無其所的大有人在，賈似道就是其中之一。

### 浪蕩子平步青雲

賈似道，字師憲，浙江台州人，宋嘉定六年（一二一三年）出生於江西萬安縣。父親賈涉曾經在江西萬安縣做過縣丞，母親胡氏是賈涉去萬安縣赴任前在錢塘購買的小妾。賈涉從萬安縣離任時，因原配夫人醋意大發而從中作梗，只得把胡氏遺棄了。從此，賈似道便跟隨著父親賈涉過日子。因爲年幼時就與生母離分，再加上父親一味嬌寵，賈似道從小就沒有人能夠管教。

宋嘉定十六年（一二二三年）賈似道剛滿十歲，賈涉就病死了，家道漸漸中落。賈似道更如脫韁的野馬，終日在外面遊蕩，吃、喝、嫖、賭無一不精，在社會上混了幾年之後，賈似道漸漸就把家業敗光了。後來，賈似道在臨敗光家業之前依靠朝廷的恩蔭在嘉興謀得了一個管理倉庫的職位，生活才有了一些好轉。

賈似道的姐姐賈氏在南宋理宗時被選入宮中，因爲貌美如花，很受皇上的寵愛，入宮不久，賈氏就被封爲了貴妃。賈似道也因此憑藉著皇親國戚的身分，一路扶搖直上，由一個小小的司倉小官被陸續提拔爲籍田令、太常丞、軍器監、大宗正丞等京官之職。官運亨通的賈似道並沒有一絲收斂，憑著理宗對賈貴妃的寵愛，他依舊行爲放蕩，有恃無恐的亂來。

就這樣，在朝政腐敗、國運衰微的南宋末年，一個品行敗壞、不學無術的浪蕩公子，迅速爬到了右丞相兼樞密使的職位。在賈似道權傾朝野的

單角銅羊

四川成都青羊宮單角銅羊。傳說是南宋賈似道家中熏衣的銅爐，清代大學士張鵬翮特地從北京市場上購來贈予青羊宮。

最後十幾年，直接導致了南宋王朝的滅亡。

## 投機臣欺上瞞下

賈似道生活的年代，正是元軍大舉南侵、南宋政權風雨飄搖的時候。靖康之難後，臨安的南宋政權偏安一隅，朝中上下只顧享樂，不求收復江山。而這時從北方草原悄然興起的蒙古人卻一鼓作氣，殺得金朝毫無還手之力。而早就對金朝稱臣納貢的南宋朝廷面對金朝的節節潰敗，又做起收復故土的美夢。於是，南宋聯合蒙古人一舉滅了金朝。豈不知蒙古人收拾好西邊之後，便把目光投向了南宋的如畫江山。

蒙古軍隊攻打宋軍圖

蒙古軍隊利用浮橋橫渡長江，攻打宋軍。

開慶元年（一二五九年）二月，蒙古軍會師圍困合州，七月，蒙古軍主帥蒙哥派忽必烈分兵圍困鄂州、襄陽一帶。宋廷形勢危急，樞密院一天內就接了三道告急文書，朝廷大驚，分派賈似道爲樞密使兼京湖宣撫大使，向漢陽進發，以救鄂州之圍。賈似道不敢推辭，只得領命。無奈之下，賈似道帶領親信廖瑩中、趙分如、夏貴、孫虎臣等人，精選了二十萬羽林軍，直奔漢陽。到了漢陽時，賈似道聞悉鄂州即將被蒙古軍隊攻破，十分恐慌。於是，他和手下人商議，寫了封信，派心腹送到蒙古營中，求蒙古軍隊退師，說南宋情願稱臣納幣，卻遭到拒絕。賈似道正在進退兩難之際，蒙古軍隊主帥蒙哥突然暴斃在合州釣魚山下。忽必烈無心戀戰，順勢答應了議和請求。在與賈似道的使者商量好議和細節後，忽必烈退兵返回蒙古，奔喪即位。

賈似道聽說蒙古軍有事北歸，鄂州圍解，於是上書朝廷，說蒙古懼己威名跑了，議和的事卻瞞了下來。後來，蒙古派人來商量納貢的事，賈似道爲了掩人耳目，竟然將使者軟禁起來。而賈似道「得勝回朝」，受到嘉獎。四月，賈似道又被封爲衛國公，一時權傾朝野。

## 平章事黃粱夢醒

南宋政權在贏得了謊報的「鄂州大捷」之後，朝中上下很快又重新過起了歌舞昇平的日子，全然忘了國難在即。景定五年（一二六四年），理宗終因縱慾過度而病死。年少繼位的度宗軟弱無能，處處依靠賈似道。此時的賈似道在朝中地位已是無人能及。一切朝中公文都是由專人送到家中簽署，而他則終日遊山玩水，嬉笑度日。當時人們有詩句形容這種情景，就是「朝中無宰相，湖上有平章（指賈似道）」。

正當賈似道權傾朝野、胡作非爲之時，蒙古軍再次南犯。忽必烈既得汗位，穩定內部之後，一路南下，包圍襄陽，第二年圍困樊城。幾個月後，樊城、鄂州、襄陽相繼失陷。賈似道心知再也不能瞞天過海，只得上奏朝廷。繼位的恭宗下詔，命賈似道爲都督，監督諸路軍馬。

第二年，賈似道率家眷親信大張旗鼓向戰場方向進發。但是，賈似道等人貪生怕死、全無鬥志，一路潰敗，狼狽不堪。朝中右丞相陳宜中，平時是個諂媚之徒，此時見賈似道大敗，以爲賈已死在軍中，遂上書彈劾賈似道，言辭激烈。一時間，上書彈劾賈似道奸邪誤國等罪名的人蜂擁而至。

恭宗沒奈何，只得下詔曝其罪行。最後，念在他是三朝元老，貶他爲高州團練使，派人監押到循州安置，抄了他在臨安和台州的老家，餘黨也被徹查殆盡。

## 木棉庵命喪黃泉

當時宋朝法律規定，凡是大臣安置遠州，必須要有個監押官，名義上是護送，實際上是看守，和押送犯人同是一個道理。因爲循州路途遙遠，一路辛苦，很多人都不願去。但就在這時，有個人卻主動請纓前往，他就是鄭虎臣。

鄭虎臣，字廷翰，又字景兆。南宋嘉定十二年（一二一九年）生於福建，曾任會稽縣尉。其父鄭隆宋理宗時任越州同知，遭賈似道陷害，流放至死。鄭虎臣被充軍邊疆，後來遇赦放歸。鄭虎臣一直對賈似道懷恨在心，只是苦於報仇無門，不料今日終於等來機會。

賈似道並不知道鄭虎臣是鄭隆之子，更何況他一生害人無數，區區鄭

木棉庵

木棉庵在福建龍海市九龍嶺下，因建於木棉村口故名。庵外榕蔭下豎立一長方形石碑，高三公尺，寬一公尺許，上刻「宋鄭虎臣誅賈似道於此」十個大字，由明代平倭名將俞大猷所立，後剩半截。

隆他早已忘到九霄雲外。臨行之時，他對鄭虎臣一味奉承，獻上金銀珠寶作爲禮物，只求得路上照應，被鄭虎臣一概拒絕。

次日，鄭虎臣和賈似道上路，賈似道隨身攜帶了十餘車金銀珠寶，隨行僕人近百人。不過上路後不久，鄭虎臣就以路遠累贅爲名，遣散賈似道的僕人，又將金銀珠寶一路向寺院佈施。走了半個月，賈似道就只剩下兩個兒子陪在身旁。鄭虎臣在賈似道的車子上插上一桿旗子，上面寫著「奉旨監押安置循州誤國奸臣賈似道」十五個大字，賈似道羞愧難當，一路上竟然拿袖子遮著臉走路。鄭虎臣之所以這樣做，意思是教賈似道受辱不過，自尋死路。誰知，雖然羞辱不堪，賈似道即使苦不堪言，依舊忍耐。

長路迢迢，有一天，眾人來到一個庵院，鄭虎臣說要歇歇腳，就先進到庵內梳洗吃飯。賈似道抬頭一看庵中匾額上寫著「木棉庵」三字，大吃一驚。原來，前兩年，賈似道喪母，招來一些僧人做法事，散後，一個僧人在一個缽盂中給賈似道留下兩句詩，「得好休時便好休，開花結子在綿州。」當時，賈似道並沒有在意，依舊自行其道，橫行朝中。今天遇到此地，賈似道隱隱感到自己命喪的時候到了。

進到庵院，賈似道連忙招呼兩個兒子，誰知二子早已被鄭虎臣囚禁到了其他的屋子。賈似道知道鄭虎臣將要有所行動，自己命將不保，於是，將身邊早就藏下的冰片拿出來，和水吞下。冰片是劇毒之物，剛一下肚，賈似道頓覺肚痛難忍。鄭虎臣得知他服毒，罵道：「老賊，你一生惡貫滿盈，害人不淺，如今想要自我了斷，哪有那麼容易。」說著，鄭虎臣提起大槌，對著賈似道一頓亂打，賈似道終於一命歸西。

鄭虎臣看著已經喪命的賈似道，恨恨地說：「今天我終於國仇家恨一起報了，以後就是死了也沒有任何遺憾了。」說完，草草將賈似道埋在木棉庵旁，接著上報太守，說是賈似道突然暴斃。太守明知是鄭虎臣做了手腳，但卻不敢盤問，只得等鄭虎臣離開後，備下棺木，將賈似道重新掩埋。至此，惡貫滿盈的賈似道終於在亂世中化作塵埃。

### 蟋蟀宰相

南宋是鬥蟋蟀的發展時期，上至宰輔，下至平民，蔚然成風。賈似道雖然於政不通，卻很擅長逗蟋蟀，人稱「賈蟲」、「蟋蟀宰相」。南宋末年，宮廷內被賈似道蒙蔽的當朝皇帝宋理宗和滿朝文武官員鼓樂相聞，玩蟋蟀成風。賈似道還聲稱從鬥蟋蟀之法中「悟」出「治國之道」，將鬥蟋蟀與治國相提並論。後更專門著有《促織經》流傳於世。

# 最具聲勢的刺殺
## ——王著計除阿合馬

縱觀史上的刺殺事件，無論背後參與謀劃的人有多少，行刺之人往往只有一個。因為只有這樣，才能避免橫生枝節，保證刺殺的成功。然而，有這樣一場刺殺，當場參與行刺的人竟然達到了八十多個，可謂聲勢浩大，聞所未聞。這就是元朝歷史上赫赫有名「阿合馬遇刺案」。

### 平步青雲

元朝初期，由於連年征戰，耗費了大量人力財力，以致民生凋敝。偏偏此時，又遇到多年不遇的蝗蟲旱災，爲安撫民心，元世祖忽必烈不得不打開國庫賑災，這使得原本就捉襟見肘的財政更是雪上加霜。爲了應付日益窘迫的財政狀況，忽必烈急需一位善於經營的人爲自己打理這一切，於是他選中了阿合馬。

阿合馬原是花剌子模人，自幼在翁吉剌惕部阿赫赤那顏家爲奴。後來，阿赫赤那顏將女兒嫁給忽必烈，阿合馬作爲陪嫁奴隸來到京城大都，進入了當時還是藩王的忽必烈的王府，做了一名灑掃庭院的僕人。不過，阿合馬爲人聰明機敏、巧言善辯，特別是對經營管理，自有一番見解門道，因此深得忽必烈的歡心。

中統三年（一二六二年），忽必烈下令，任命阿合馬爲中書左右部，兼諸路都轉運使，專門負責處理財政賦稅方面的問題。就這樣，一個小小的陪嫁奴隸，一步登天，因緣際會地踏上了蒙古王朝的政治舞台。

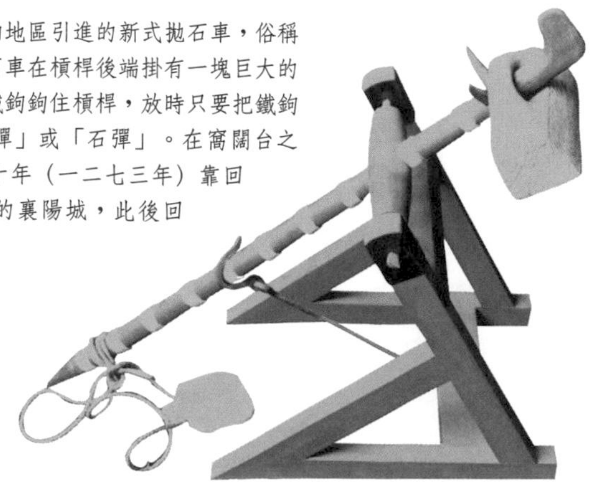

襄陽砲（模型）

這是蒙古大軍從阿拉伯地區引進的新式抛石車，俗稱「回回砲」。這種抛石車在槓桿後端掛有一塊巨大的鐵塊或石塊，平時用鐵鉤鉤住槓桿，放時只要把鐵鉤扯開，就能抛出「鐵彈」或「石彈」。在窩闊台之後，忽必烈曾於至元十年（一二七三年）靠回回砲攻下了數年不克的襄陽城，此後回回砲又稱「襄陽砲」。

## 天怒人怨

上任之初，阿合馬細心地考察了當時的財政問題，發現除了龐大的軍需，蒙古貴族的奢侈生活也是耗費驚人，而忽必烈則只想著如何令國庫豐盈，解決目前的危機。於是，針對這些情況，阿合馬採取了一系列斂財措施：增加賦稅、買官賣官、壟斷銀鐵、濫發錢幣。也就是說，只要能從百姓身上搜刮錢財，無所不作。

就這樣，在阿合馬的橫徵暴斂之下，短短數年時間，國家的財政收入大大增加。隨著民脂民膏源源不斷地流入國庫，阿合馬的官位也是日益高昇，至元七年（一二七〇年），元朝設立尚書省，阿合馬被立為平章政事，位極人臣。隨著官位愈做愈高，阿合馬的貪婪之心也日益高漲。為了能夠長期保持大權在握，他廣植黨羽，任人唯親，竟然認了四十多個乾兒子，並安排他們全部就任要職。

元世祖忽必烈蠟像

現存於中國國家博物館中國蠟像館。元世祖忽必烈，成吉思汗十年至元朝至元三十一年（一二一五年至一二九四年），元太祖成吉思汗孫，監國拖雷第四子，元朝的創建者。景定元年（一二六〇年）即汗位於開平；至元八年（一二七一年）稱帝，建國號為大元；至元十六年（一二七九年）滅南宋，統一中國；至元三十一年（一二九四年）病逝。

與此同時，百姓的生活卻是雪上加霜，衣食住行、站臥坐立，統統都要納稅，甚至連死人也要交喪葬稅，可謂是前無古人，後無來者。為此，百姓們只要提起阿合馬，無不恨之入骨。朝中許多官員也是心懷不滿，屢次上書彈劾阿合馬。可是，元世祖忽必烈卻一直對阿合馬信任有加，那些彈劾他的大臣或被殺、或被免。一時間，朝野上下，無人再敢招惹他。

## 壯士除害

阿合馬的行徑招致天怒人怨，可

### 元朝的紙幣

鈔，或稱交鈔，是在中國元朝時期由元政府發行並且廣泛流通的紙幣。

從元世祖忽必烈開始，元朝發行過一系列紙幣，統稱爲鈔，包括「中統鈔」、「至元鈔」、「至正鈔」等，這些均以當時的年號（中統、至元、至正）來命名，其中幣值最穩定的是中統鈔，而流通時間最長的是至元鈔。元末元順帝至正年間發行的至正鈔，則因發行過量等原因導致嚴重的通貨膨脹。

元朝紙幣的發行量和發行地域均大大超過前代。元政府先後在首都大都和各行省設置了負責管理紙幣印造、發行、兌換、檢驗僞鈔、回收等機構，其中中央的印鈔機構稱印造局，負責印造交鈔庫和定鈔庫等。

位於波斯的伊兒汗國海合都在一二九四年曾試著倣傚元朝發行印有漢字的鈔，試圖擺脱財政危機。不過，此舉受到了伊兒汗國社會各階層的激烈反對和普遍抵制，不到兩個月即告徹底失敗。而海合都本人也隨即被殺。

是在皇帝的祖護下，卻沒有正當的法律來懲治他，這不禁引起了一位義士的憤怒。這位義士名叫王著，是益都（今屬山東）的千戶。

王著爲人輕財重義、疾惡如仇，對於阿合馬的暴行，他早就義憤塡膺，恨不能除之而後快。他明白，僅憑上書請願是除不掉阿合馬的，於是他決定走另外一條路——行刺。爲此，王著特意找人鑄了一柄銅錘，帶在身邊，伺機暗殺阿合馬。然而阿合馬知道自己樹敵眾多，因此無論到哪裡都帶著大批侍衛隨從，因此很長一段時間，王著都沒有任何機會接近阿合馬。

就在這時，王著結識了一位民間俠士——高和尚。高和尚爲人豪爽豁達，對阿合馬之流的貪官污吏也是恨之入骨。王著和他一見如故，十分投契，於是二人便一起密謀，尋找機會刺殺阿合馬。

至元九年（一二七二年）某一天，宮中的一位朋友爲王著帶來消息，皇帝要和太子去上都出巡，由阿合馬留守京城。王著直覺，機會來了。他立即找到高和尚，告知這件事。於是，他們會同幾個朋友，謀劃了具體的刺殺計劃，準備派人假冒太子，率衛隊闖入禁宮，殺死阿合馬。

原來，太子眞金一直對阿合馬擅權心存不滿，幾次三番想除掉他，無奈有皇帝在前面阻攔，未能如願。不過，阿合馬也知道太子的心思，因此對太子一直心存畏懼。他甚至敢當面反駁忽必烈，卻不敢說太子的不是。如今，以太子爲藉口行刺，可以說是最好的辦法了。

## 錘擊斃命

果然，三月初，元世祖忽必烈率

太子眞金離開了京城大都，去上都巡察，臨行前將京城的守衛工作及一切政務交與阿合馬。不過忽必烈並不知道，這個在他眼裡「明天道、察地理、盡人事」的宰相，早已引起公憤，以至「天下之人無不思食其肉」。因此，他前腳剛離開大都，一場聲勢浩大的刺殺行動便開始了。

三月十七日夜裡，王著、高和尚以及假太子一行八十餘名勇士在夜色的掩護下進入大都城。爲了確保萬無一失，王著先命兩個僧人想辦法混進宮城，探聽詳情。可是，這兩個僧人剛到宮城門口，就被侍衛親軍高觽瞧出了破綻。隨著高觽一聲令下，眾侍衛一擁而上，兩個僧人束手就擒。

好幾個時辰過去了，還沒有收到兩個僧人的消息，王著知道情況不妙，立即決定採取另一個措施。他假擬了一道聖旨，派人送到樞密副使張易的手中，命他帶領禁衛軍於二更時分到東宮聽候命令。張易沒有任何懷疑就答應了。隨後，王著又派人進宮通知阿合馬，說太子眞金有急事回朝，命阿合馬率諸大臣出城迎駕。但阿合馬生性多疑，他不明白太子爲什麼突然回來，因此便命大臣脫歡察兒先去迎駕，自己率眾臣隨後就到。

脫歡察兒隨來人走出十餘里，果然見到了浩浩蕩蕩的太子衛隊。於是，他立即命人回去稟報阿合馬，自己則迎上前去。可到了近前，脫歡察兒發現這些人自己一個也不認識，就在他納悶之際，腦袋已經搬了家。隨後，王著命令人馬繼續前行，於

金銀交換紙幣插圖

明代（十四世紀）版《馬可波羅遊記》書中插圖：元世祖忽必烈監督用金銀交換紙幣的情形。

二更左右到達了東宮門外。此時，阿合馬已得到脫歡察兒的回報，以爲眞是太子來了，早已率領文武官員等候在東宮外了，而張易的禁衛軍也已佈置停當。

看到假太子一行，阿合馬急忙率領文武官員迎了上去。這時，他發現太子好像哪些地方不對，可還沒等他看個清楚，只聽太子大喝一聲：「阿合馬，見到本宮還不跪下？」阿合馬心裡一害怕，立即跪倒在地。這時，躲在太子身後的王著立即搶身上前，從懷裡抽出銅錘，朝著阿合馬的腦袋狠狠地砸了下去！這位堂堂大元宰相，就這麼不明不白地送了命。

至元通行寶鈔

## 名垂青史

面對這突如其來的變故，文武百官嚇得大驚失色，他們不明白太子爲何深夜回宮？又爲何殺了丞相！一時間，整個東宮一片寂靜，只聽到一陣陣沉重的喘息聲。這時，高觽發現情況有點不對勁，聯想那兩個被抓的僧人，他立即斷定，這一定是一場有預謀的刺殺事件。於是，高觽立即調遣侍衛親軍衝出皇宮，將王著等人團團圍住。霎時間，亂箭齊發，宮門前亂作一團，哭喊聲、搏鬥聲交織在一起，震撼了整個禁宮。

此時，高和尚等人見阿合馬已死，此行的目的已經達到，便呼喊一聲，向四處逃去。出人意料的是，王著並沒有逃走，他知道，刺殺丞相非同小可，隨行同來的八十餘人，如果落入朝廷手裡，全都是滅門之罪。爲了避免牽連更多的無辜者，王著揮錘

### 身後正名

王著死後，他捨身除害的壯舉受到了大都百姓的敬仰和懷念。人們紛紛寫詩頌詞，稱讚這位俠肝義膽的壯士。元代著名詩人侯克中就曾寫下〈挽義士王千户〉一詩：「袖裡有椎除大惡，筆頭無力寫奇功。九原若見諸前輩，應愧斯人死至公」，來讚揚王著的義舉。

王著，這位捨生取義的義士英雄，以一副俠肝義膽的形象永遠地留在了中國的史冊裡，爲後人所仰慕與尊重。

擊退了幾個衝上來的侍衛親軍，高聲喊道：「我是益都王著，阿合馬是我殺的，與他人無干！」說罷，扔掉銅錘，束手就擒。

阿合馬畢竟是當朝重臣，他這一死，朝廷豈能善罷甘休。第二天一大早，在樞密院、御史台的監察下，留守大都的禁衛軍便開始在全城進行了大搜捕。同時，御史中丞也先帖木兒派出信使，將此事飛報給駐在察罕腦兒行宮的忽必烈及皇太子眞金。忽必烈聽到這個消息，大爲氣憤，急忙派樞密副使孛羅等人趕回大都，負責追查此事，並下令務必嚴懲刺客。不久，高和尚及其他眾人全部被俘。

三月二十二日，王著、高和尚等人被押赴刑場。面對劊子手的屠刀，王著高聲喊道：「王著爲天下除害，今天雖死，他日必有人爲我書寫此事！」說罷引頸就戮。

王著死後，隨著對案件的進一步調查，阿合馬的罪行也隨之浮出水面。聽到孛羅等人的回稟，忽必烈勃然大怒，連聲說道：「這奸賊眞是該殺！王著做得太對了！」隨後，忽必烈下令將阿合馬開棺戮屍。當日，數萬人聚集到通玄門外，觀看此景。上至文武百官，下到士人百姓，無不拍手稱快。接著，忽必烈又頒下諭旨，將阿合馬的子侄誅殺殆盡，家產全部充公。至此，阿合馬的黨羽全數被清除，王著也得到了平反昭雪。這一元代歷史上轟轟烈烈的刺殺事件，終於以正義的勝利宣告結束。

元．五體文夜巡銅牌

# 最蹩腳的刺客
## ——張差梃擊朱常洛

「趙客縵胡纓，吳鉤霜雪明……。」自古以來，刺客就和利器緊緊相連。專諸的魚腸、朱亥的鐵錘、張良的利錐，一柄柄利器和它們的主人一起，譜寫出一段段不朽的傳奇。然而，在前仆後繼的刺客隊伍中，卻有這麼一個人，只手持一根木棒，便迷迷糊糊地闖入了刺殺者的行列，發生一段讓人忍俊不禁，卻又無可奈何的「奇案」。

### 瘋漢持梃闖東宮

萬曆四十三年（一六一五年）五月初四，黃昏時分，東華門內的慈慶宮中一片寂靜。偌大的慈慶宮，只在第二道門處有兩個老太監側立兩旁，守著一派紅磚綠瓦，昏昏欲睡。此時的慈慶宮內，太子朱常洛一個人正無聊地發呆。他順手拿起一本書，翻了翻又放了下來。一直以來，朱常洛很少有心情或是集中精力做任何一件事，原因只有一個：他是個不得勢、不得寵的太子。

朱常洛的生母王貴妃只不過是一位偶然被臨幸的宮女，只因爲生下皇子才榮升爲貴妃。正是如此，從一開始，朱常洛的父親也就是萬曆皇帝打心眼裡不喜歡這個孩子，他中意的是寵妃鄭貴妃的兒子福王朱常洵。但礙於長子繼承的傳位制度，萬曆只得立了朱常洛爲太子，但暗地裡卻一直想著如何找個機會廢掉他。

萬曆四十一年（一六一三年）年底，皇太子妃郭氏病故，葬禮卻一拖再拖，究其原因就是因爲萬曆皇帝不想按照皇太子妃的規格爲郭氏發喪。從中也可以看出，這個皇太子在皇帝心目中的地位。正是由於這種緣故，東宮的守衛非常鬆懈，侍衛僅寥寥數人，整個慈慶官一片冷清。

想起前塵往事，朱常洛不禁仰面長歎。可就在此時，忽然聽得外面一陣喧嘩，幾個太監匆匆跑進來，圍在他的周圍，護住了他。

原來，就在朱常洛剛剛發呆之時，一個陌生男子，手持木棍，闖進了慈慶宮。他連闖兩道大門，打傷一個老太監，一直奔到了前殿簷下，才被聞訊趕來的內侍擒獲。隨後，兇犯被押送到東華門的守門指揮朱雄處。

巡城御史劉廷元立即對兇犯進行

了初審，案犯供稱：他本名張差，薊州井兒峪人。可是，審問時，劉廷元發現此人，看起來有些癲狂，只是說些不著邊際的話，但言語中卻又透露出一絲狡詐。劉廷元無奈，只好將此事上奏萬曆皇帝。萬曆皇帝立即下旨，令刑部郎中胡士相、岳駿聲審理此案。然而審訊結果卻是：張差因被人燒了柴草，要來京城申冤，卻因受氣癲狂，拿著一根木棍當做冤狀，四處亂跑，這才誤闖慈慶宮。

明光宗

明光宗朱常洛，萬曆十年至四十八年（一五八二年至一六二〇年），年號泰昌，明神宗朱翊鈞長子。萬曆二十九年（一六〇一年）立為皇太子；萬曆四十八年（一六二〇年）八月即位，九月因病後服紅丸而死，俗稱「一月天子」。

## 牢主探獄得眞相

然而，朱常洛畢竟是太子，慈慶宮雖然守衛不嚴，但也不是說誰進誰就能進去的，更何況是一個癲狂之人？爲此，眾大臣議論紛紛，這背後一定有隱情。五月十一日，梃擊案發生後的第七天，輪到刑部主事王之提牢了。王之早就對這件事有所懷疑，他決心趁這次機會查個水落石出。

當日，王之到牢中送飯菜，他見張差年輕力壯，樣子絕不像瘋癲之人。於是，王之哄誘他說：「實招有飯，不招當餓死！」張差望了望桌邊的飯菜，低頭不語，過了一會兒，他答道：「我不敢說。」王之忙命隨從人員退去。張差這才道出其中的緣由。

原來前些天，張差的舅舅馬三道、外祖父李守才帶回來一個不知名的老太監，讓張差替他辦件事，許諾事成之後給張差幾畝地種。隨後，張差跟著那個太監來到京城。到京城後，張差被領進一座大宅院，在那裡又見到另外一個太監，那個太監告訴他：「一會兒帶你去一個地方，在那兒，無論你見到誰，只管揮棍打過去，尤其是見到穿黃袍的人，更要照打不誤！如果有什麼差池，我們一定會救你！而事成之後更是重重有賞。」對於太監的這番話，張差並不是很明白，但「照打不誤」四個字他可是聽懂了。隨後，那太監給了張差一根木棍，帶他來到慈慶宮，於是便出現了開頭那一幕。

聽了這番話，王之大吃一驚。他意識到，這是一場有預謀的刺殺！於

明神宗畫像

明神宗朱翊鈞，嘉靖四十二年至萬曆四十七年（一五六三年至一六二〇年），年號萬曆。是明朝在位時間最長的皇帝。

是，王之立即上報萬曆皇帝：「太子之勢，危如累卵，請萬歲明察！」

可是，萬曆皇帝並不這麼想。因爲他知道，太監不可能有這麼大的膽子，再追查下去，最後揪出的幕後黑手一定是他們的主子，至於是誰，都不好說。多一事不如少一事，反正這個太子他也不稀罕。於是，這件事就被萬曆皇帝壓了下去。

## 你方唱罷我登場

然而，王之提審張差的事情早已傳得沸沸揚揚，朝野上下，人們議論紛紛，懷疑的矛頭統統指向鄭貴妃和她的兄弟鄭國泰。鄭貴妃，都督同知鄭承憲之女，生得貌美如花，且機智聰敏，善於逢迎，深得萬曆皇帝寵愛。她費盡心思想除掉朱常洛，立自己的兒子福王爲太子。在此之前，圍繞著太子，就發生過不少陷害、排擠甚至陰謀刺殺的事件，其幕後主使幾乎都逃不開鄭貴妃。

但猜測只不過是猜測，沒有眞憑實據，誰也沒有辦法。不久，胡士相等人又再次提審張差。這一次，還沒等訊問開始，張差就招供說去他家的那個太監名叫龐保，而大宅子裡那個則叫劉成。

胡士相等人聞言不禁暗暗心驚，因爲龐保、劉成都是鄭貴妃翊坤宮中的有權太監，幕後主使是誰，明眼人一眼就看出來了。隨後，胡士相等人將此情況稟報給萬曆皇帝，朝中大臣也紛紛上書，言語中全都涉及到外戚。既然牽涉到鄭貴妃，萬曆皇帝自然不願意再將事態進一步擴大。無奈，大臣們步步緊逼，要求嚴懲幕後之人。這樣一來，鄭貴妃害怕，日日在萬曆皇帝面前啼哭，要他想辦法平息這件事。萬曆皇帝對鄭貴妃說：「如今事情鬧到這個樣子，朕出面反倒會壞事。現在，只有太子能救你母子的性命。」

聽了萬曆皇帝的話，鄭貴妃雖然不願，但也知道這是唯一的辦法，於是見到朱常洛便哭哭啼啼，說是受人誣陷，請太子爲自己做主，還自己清白。朱常洛見這件事又牽扯到鄭貴妃，本來就有些心驚，現在聽到她的哭訴，便懇請萬曆皇帝召集群臣，當面判明是非曲直，迅速了結此案。

## 鏡花水月一場空

五月二十八日，萬曆皇帝傳下諭旨，在慈寧宮召見文武百官。只見萬曆皇帝身穿白袍，面西而坐，太子朱常洛身著青袍，侍立於皇帝右側。皇孫、皇孫女四人一字排開，列於左邊階下。見眾臣都已到齊，萬曆皇帝拉著太子的手說：「前些日子有一瘋漢張差闖入東宮，驚嚇了太子，弄得朕也寢食難安。可是，就在此案審理期間，外廷卻傳出許多閒話，都疑我有他意。難道爾等不知？太子素來仁孝，朕豈有不愛之理？況且朕皇孫都已長大成人，朕高興還來不及，又怎有他意？如今，只為一個瘋癲奸徒，擾了我父子安寧！現命將其凌遲，主使之人龐保、劉成一併處死，其餘人等不再波及，免得傷了天和，驚動聖母靈位。」說完，萬曆皇帝看看朱常洛：「太子還有什麼話講？都與眾臣說來吧。」

朱常洛聽了，只好順著皇帝的意思說道：「此瘋癲之人，決了便罷，不必株連他人。」說完，他停了一下，接著說道：「我父子何等恩愛，汝等不要妄談了！」聽了這話，萬曆皇帝馬上接口道：「爾等聽到了，誰再進言，就是離間我父子了！」隨後頒下旨意，將張差三人立即處死。

文武百官之所以追查此案，原是為了太子的安危，既然太子不予追究，他們便也不再堅持了。萬曆皇帝回宮後不久，又頒下一道旨意，宣布將張差立即處死，龐保、劉成二人則交回三法司，審明之後再行定罪。就這樣，第二天，只有張差一人被押赴刑場，龐保二人則押在刑部，繼續接受審理。

誰知，堂審上，龐保二人見張差已死，立即改了口供，矢口否認與張差有任何關係。最終只處死了張差一人，不過，萬曆皇帝終怕此事公開，便下了一道密旨，將二人處死了。至此，梃擊一案的最後線索也被掐斷，再也無從查起了。

慶陵

慶陵是明朝第十四位皇帝光宗朱常洛與皇后郭氏、王氏、劉氏的合葬陵寢。

# 清末奇案
## ——張文祥刺殺馬新貽

當男女之情遭遇到兄弟之義，屬誰勝出？當義氣和前程產生衝突，你又會選擇哪個？一將功成萬骨枯，可又有誰知道，在這千萬白骨之中，有多少是來自他的至愛親朋？二〇〇八年的年度大戲《投名狀》就為我們講述了這樣一個混雜著親情、義氣、女人、背叛的故事，而電影的取材則來自「清末四大奇案」之一的「刺馬案」。

### 戰場初見

清咸豐元年（一八五一年），廣東金田，隨著洪秀全等人的振臂高呼，中國近代史上規模最大的民變就此展開，千千萬萬的青年前仆後繼投入到這次起事的洪流中，張文祥就是其中一個。

張文祥，河南汝陽人（一說安徽合肥），出身農家，從小習武。十八歲時加入太平軍，是侍王李世賢的部下。經過多年南征北戰，張文祥立下了不少戰功，深得李世賢的賞識，被提升爲左營主將。然而，此時的太平天國，內部早已分崩離析，在清軍的圍追堵截之下節節敗退。

同治三年（一八六四年），天京陷落，天王洪秀全自殺，太平天國終於消滅。此時，張文祥正隨李世賢從湖州進入江西，並一路轉戰到了福建，隊伍已經所剩無幾。不久後，李世賢在內訌中被殺。本來，張文祥等都是因爲李世賢的威望而一路相隨，如今李世賢已死，張文祥與結拜兄弟曹二虎、石錦標商議後，決定帶著自己的隊伍轉回安徽，投靠捻軍將領張宗禹。當時，從蒙城到渦陽都是張宗禹的勢力範圍，他對張文祥三人的到來十分歡迎，立即給予重用，任命三人爲將軍，仍舊統領舊部。

在捻軍中，張文祥等人除日常打仗練兵之外，又做起了私鹽生意，以維持生活和軍隊的開支。然而，做這種生意難免要與官府發生衝突。有一次，在販鹽的途中，張文祥的隊伍遭遇了合肥官府軍。面對能征慣戰的捻軍，官兵根本不是對手，大敗而歸，團練馬新貽也被活捉。

這次戰役，在張文祥南征北戰的幾十年中，幾乎不值一提，而馬新貽這個小小的團練，在張文祥所俘獲的

清軍圍攻太平軍戰爭圖
清廷製作的戰爭圖，清軍圍攻被水淹的太平軍陣地。

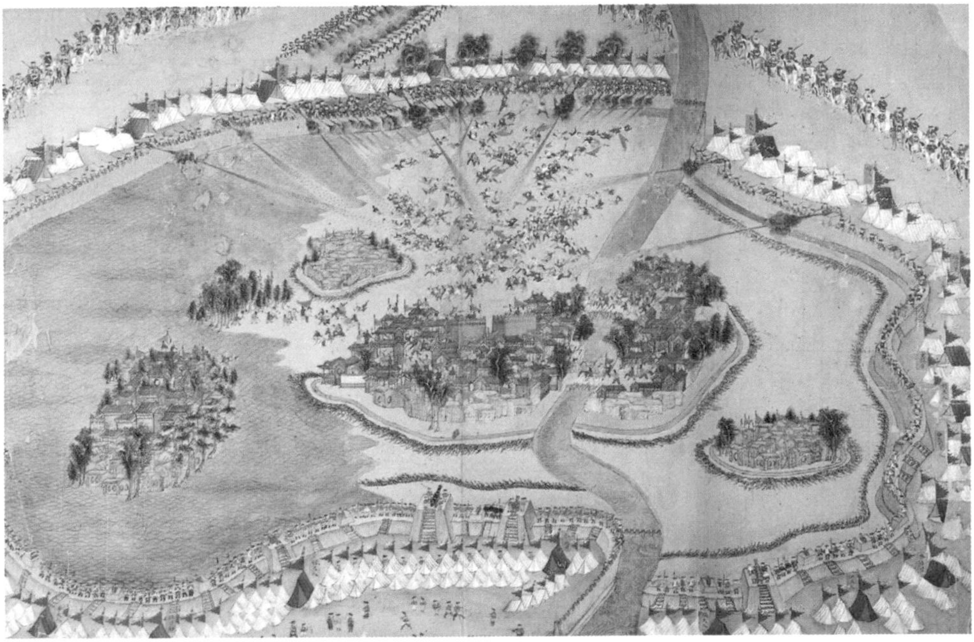

敵軍首領中也是微不足道。但是，就是這次不值一提的戰役，就是這個微不足道的俘虜，卻改寫了很多人的命運。

## 歃血為盟

馬新貽，山東菏澤人，道光進士，祖上幾代都在朝為官。咸豐三年（一八五三年），馬新貽任合肥知縣，因鎮壓太平軍有功被擢升為廬州知府。但在隨後的戰役中接連慘敗，被革職留用。革職期間被委任團練帶兵打仗，不料卻在第一仗中就兵敗被俘。

按照慣例，張文祥等要對馬新貽進行堂審。

張文祥隨意審問了馬新貽幾句，便沉默不語。馬新貽趁機說：「久聞將軍驍勇善戰，我是仰慕已久，今天見面真是三生有幸。有些心裡話不吐不快，希望將軍不要見怪。儘管將軍坐鎮一方，和朝廷對抗中也屢有獲勝，但洪秀全已死，你們要想與朝廷長期對抗，恐怕有些困難。想我朝中多有愛才之人，像將軍這樣的人，我們是思之若渴。如果將軍不嫌棄，我願意作為中間人，為你和朝廷牽線搭橋，這樣將軍的才能才有長久的發揮之處。不知將軍意下如何？」

張文祥一聽，正中下懷。這可是個千載難逢的好機會，如果眞的能與朝廷和解，不僅可以免去殺頭之罪，還能繼續謀劃自己的前程。可他轉念又想，如果馬新貽只是當場敷衍，到最後再以招安爲名實爲剿滅自己，豈不是賠了夫人又折兵？

### 捻軍

捻軍，指的是太平天國時期活躍於北方地區的一股反清武裝勢力，源於捻子（一稱捻黨）。「捻」爲淮北方言，意思是「一股，一夥」。捻子，最早出現於康熙年間，主要活動在安徽、河南一帶，首領爲張洛行、張宗禹、賴文光等人，與太平軍互有聯絡，行蹤飄忽不定，難以捉摸，縱橫馳騁於安徽、河南、山東、江蘇、湖北、陝西、山西、直隸八省十餘年。爲對付捻軍，清廷傾盡全力，動用湘軍、淮軍及數省兵力對之圍追堵截。捻軍被迫分爲東、西二捻，後西捻爲李鴻章所平定，東捻則被曾國藩所滅。

就在張文祥百轉千回之時，馬新貽早已猜透他的心思，爲了表明自己的誠意，他假意誠懇地說：「將軍如果信不過我，我願與將軍結爲兄弟，今後同甘共苦，生死與共。不知將軍意下如何？」張文祥一聽大喜過望，心裡的一塊石頭終於落了地。

就這樣，各懷鬼胎之下，馬新貽與張文祥、曹二虎、石錦標歃血爲盟，結成了生死兄弟。馬新貽居長，張文祥次之，以下是石錦標和曹二虎。

## 色字當頭

馬新貽回到合肥後，立即上報巡撫唐松，說自己巧遇捻軍首領張文祥，經過一番深談，張文祥表示願意率部來降。自然，對於自己被俘一事，他隻字未提。

當時，因爲害怕捻軍成爲太平天國之亂的延續，清廷對於捻軍採取的是剿撫並用的政策，因此，唐松聞聽這個消息大喜，立即簽發招安文書，派馬新貽親自交給張文祥。此後，張文祥率部正式投降，編製在馬新貽部下待命。第二年，馬新貽因招安有功，被擢升爲安徽布政使，開始平步青雲。

此時，由於投降的捻軍和太平軍愈來愈多，清政府害怕養虎爲患，便將這些降兵進行了改編，拆散後編入其他部隊。張文祥三人仍舊被留在馬新貽身邊，但只領了個下級軍官的虛職。

馬新貽與張文祥三人的結義本就是各取所需，因此，隨著時日一久，幾個人之間的差異也漸漸顯露出來。曹、石二人性情遲鈍，不善察言觀色；張文祥卻有自己的一番打算。他早已看出馬新貽對他們並無結義之情，但寄人籬下，也只能小心行事。隨著日子漸漸安穩，曹二虎便把家眷都接來衙門同住。曹二虎的妻子王氏，生得花容月貌。從鄉下來到安徽後，王氏算是開了眼界，身邊來往很多都是達官貴人、王子公孫，她對曹二虎便產生了不滿，常藉著莫須有的緣由，和曹二虎吵得翻天覆地。這番「驚天動地」的過日子法，自然成爲衙門上下的話頭，也因此引起馬新貽的注意。當馬新貽第一次見到王氏時，就動了愛慕之心，而王氏對於這個「大哥」，也是一見傾心，因此，不用多費周折，兩人便攪在了一起。

光緒二十六年（一八九六年），馬新貽已升任兩江總督，與王氏依舊暗中私通。然而，早已看不下去的張文祥找到曹二虎，將馬新貽和王氏的事和盤托出，曹二虎當場大怒，張文祥給他陳說其中的利害關係，告訴他千萬不可輕舉妄動，不然會引來殺身之禍。隨後，在張文祥的勸說下，曹二虎伺機將妻子送回了老家。

## 「兄弟」相殘

就在王氏被送走後不久，馬新貽找到曹二虎，親自交給他一封文書，派他到壽春鎮總兵徐心良那裡去領軍火。張文祥知道曹二虎此去一定凶多吉少，便找到石錦標，一同趕往壽春去保護曹二虎。

曹二虎送走妻子後，自以爲事情就算暫時告一段落了，因此對於這件差事絲毫沒有疑慮，揣上文書便上路了。抵達壽春後，曹二虎將文書交給徐心良，徐心良熱情款待了曹二虎。曹二虎絲毫沒有戒心，酒足飯飽之後便回驛館休息了。

**曾國藩像**

曾國藩，嘉慶十六年至同治十一年（一八一一年至一八七二年），湖南湘鄉人。晚清重臣，清末興辦洋務事業的首創者。同治十一年（一八七二年）三月在南京病卒。贈太傅，謚文正。傳說中，曾國藩是刺馬案幕後的主使，是為了湘軍在兩江的權勢，清政府也心知肚明，但為了穩住江山，只好把此案草草了結。

慈禧太后像

慈禧太后，道光十五年至光緒三十四年（一八三五年至一九〇八年），又稱「西太后」、「老佛爺」，滿洲鑲藍旗人。清咸豐帝之妃，同治、光緒兩朝實際最高統治者。刺馬案發生後，慈禧為了掩蓋其中涉及到的不光彩內幕，親自為此案定下基調，於是，就有了後世的種種猜忌。

第二天一大早，曹二虎還沒有起床，徐心良便帶著一隊兵丁衝了進來，二話不說就給曹二虎來了個五花大綁。隨後，徐心良宣布：「曹二虎騙取軍火，私通捻軍，就地正法。」曹二虎就這麼糊里糊塗地做了刀下鬼。

當張文祥和石錦標趕到時，曹二虎已經被就地掩埋了。石錦標懼怕馬新貽的勢力，趕往山西，投奔了山西總督李慶祥。張文祥則浪跡天涯，伺機為曹二虎報仇雪恨。

馬新貽除掉曹二虎後，並沒有如釋重負的感覺，因為張文祥也失蹤了。馬新貽瞭解張文祥的為人。他血氣方剛，最講義氣，兄弟不明不白的身首異地，張文祥一定不會就此罷休。於是，馬新貽一邊加緊防範，一邊派發文書，懸賞緝拿張文祥。

這一天，馬新貽在校場閱兵完畢，返回衙門。途中，突然竄出一個老者攔路喊冤。馬新貽命轎子停下來，聽取告狀人陳述冤情。當所有人的注意力都集中在攔路喊冤的人的身上時，在圍觀的人群中，突然衝出一個手拿匕首的中年漢子。只見他一把抓住馬新貽，舉起匕首狠狠地刺入了馬新貽的胸口，頃刻間血流如注，圍觀的百姓見狀嚇得四散奔逃。而那名中年漢子一點逃走的意思都沒有。只見他擦了一下鋼刃上的血跡，高聲喊道：「我是張文祥，一人做事一人當，馬新貽是我殺的。跟其他人無關，你們不要胡亂抓人。」說完，扔下鋼刃，束手就擒。

## 流言四起

兩江總督於光天化日之下被刺身亡，在朝野引起巨大轟動。慈禧太后聽聞，也異常震驚，立即發下諭旨，要求務必盡快結案。

本以爲刺客已被擒拿，結案是瞬息的事，可是奇怪的事情卻發生了。張文祥並不陳說殺害馬新貽的具體理由，只是說像馬新貽這樣貪贓枉法、無惡不作之人，就是該殺。再問，也是三緘其口。在此期間，不斷有朝廷要員參與到案件審理中，但是歷時幾月，審訊大臣給朝廷的奏摺中總是說案犯閃爍其詞，讓人不得要領，直至調補兩江總督的曾國藩的到來。在曾國藩到來之前，曾經得到慈禧太后的密見。慈禧只說了一句「馬新貽是個好官」。實際上，這已經爲刺馬案的審理定下了基調。

曾國藩到南京不久，按著慈禧的基調，將案子草草了結。官方定論是因爲張文祥本是捻軍、太平軍的餘孽，投誠不過是求生之計；馬新貽任浙江巡撫時曾經鎮壓過南田島海盜，張文祥受海盜頭子龍啓雲的請求，答應替他報仇；而張與馬新貽還有私仇，因張妻羅氏在寧波被人勾引逃走，馬新貽去寧波巡察時張向他呈控，馬拒絕受理；後來張到湖州開小押店，又因馬出示禁止而本利俱虧。張文祥因此對馬新貽懷恨在心遂起殺機云云。

同治十年（一八七一年）四月四日，曾國藩奉旨將張文祥凌遲處死，並摘心致祭。轟動一時的刺馬案隨著張文祥的人頭落地，終於宣告結束。

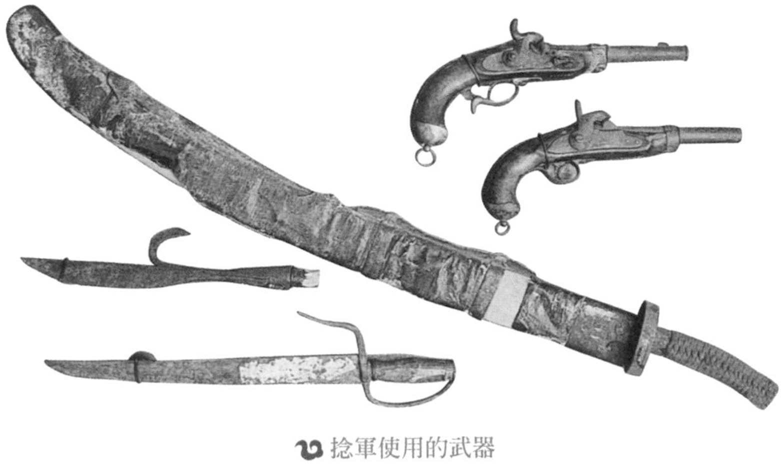

捻軍使用的武器

# 斬首剜心，千古獨讓徐錫麟

## ——巡撫恩銘遇刺案

刺殺，在早期革命者的故事中並不鮮見。當一股反抗的力量還未成為洪流，想要對抗完整的國家機器，採用個人方式是在所難免的。這樣的方式，雖不能對政權產生毀滅性的打擊，但也能使對方心神皆驚，永無寧日。徐錫麟這位革命早期的烈士，他的故事，沒有傳奇，無關風月，卻是一股正氣，一種大義凜然。

### 買官潛伏

賣官鬻爵，在清代，尤其是晚清，並不是什麼祕密或政治醜聞，而是一個公開的事實。將官位明碼標價，賣者與買者，各取所需。賣官者得錢，買官者得權，當然權最終都會變成錢，手段便是搜刮百姓的血汗錢。

在這些買官者中，除了沽名釣譽、利慾熏心之徒，還有不少革命志士。他們買官的目的是潛伏在清廷的各個角落，伺機而動。徐錫麟便在這其中。

徐錫麟出生於江浙，徐父是位商人，希望徐錫麟能夠學而優則仕。但徐錫麟對腐朽的朝廷深爲不滿，認爲非革命無以救中國。在一次參觀日本大阪博覽會的機會中，徐錫麟結識了反清革命志士陶成章，便由此加入了光復會。此次捐錢買官的計劃便由陶成章提出。

而徐錫麟此番入朝爲官的目標則是安徽巡撫恩銘。選擇恩銘不是必然只是偶然。五萬銀元只捐得道台這個虛職，收入微薄，收了錢幫徐錫麟活動的表叔——山西巡撫俞廉三有些過意不去，便寫信給自己多年前的門生，盛讚徐錫麟的才能，希望能委以重任。而這位接到信的門生即是恩銘。

### 吸收會員

由於俞廉三的再三舉薦，徐錫麟在恩銘創辦的巡警學堂裡當上了警察會辦，後又被委以陸軍學校監督一職。他平日裡督導學生，暗地裡聯絡會黨，伺機起義。

巡警學堂對徐錫麟來說是個極佳的環境，學生們總是最容易接受新思想的群體，易於吸收學生。徐錫麟常與個別學生暢談國家興亡與匹夫責任，暗地裡吸收了一批光復會員。而每位學生配備的槍支又爲日後的起義帶來了極有利的條件。

恩銘對徐錫麟深信不疑，這期間也曾有人提醒過他，徐錫麟的賬目來往不明，恐怕是革命黨，但恩銘總是一笑置之。恩銘認爲，徐錫麟是自己的恩師大力推薦之人，沒有道理會是一個革命黨。況且，他自認爲太瞭解青年人了，空有一腔熱血，滿腹牢騷，敢做大事的卻沒幾個，因此恩銘對徐錫麟的作爲不以爲意。

秋瑾塑像

## 聯合秋瑾

革命黨人的目標不僅僅是一條清政府官員的命。他們有更遠大的目標，那就是從清政府手中奪過政權。殺掉一個朝廷要員，只不過想藉以打響這場起義的槍聲。

說到這，就不得不說到一位女子，人稱鑒湖女俠的秋瑾。「秋風秋雨愁煞人」，秋瑾一生也在憂國憂民之中度過。她有膽有識，夠魄力。這位第一個爲中國革命獻出生命的女人，她的勇氣，她的犧牲，確實令人可歌可泣！

早在光緒三十二年（一九〇六年）的冬天，秋瑾和徐錫麟等一批革命志士，便在上海集會，商議在浙皖兩地起義之事。當時的分工便是秋瑾負責浙江，徐錫麟負責安徽一帶，兩股勢力會合後向南京進發。

光緒三十三年（一九〇七年）二月，時任同盟會浙江主盟人的秋瑾，聯絡浙江、上海軍隊和會黨，成立光復軍。徐錫麟被推爲首領，秋瑾任協領。不久，二人協議訂立了「浙皖同時起義」的盟約，時間就定在七月六日。

徐錫麟認爲時間過爲倉促，準備不及，想延後兩日，怎奈意想不到的事情發生了。

## 計畫洩漏

在這個關鍵時刻，事情偏偏就發生了變故。徐錫麟派去上海買炸藥的葉仰高被抓了，刑訊之下，便把知道的全招了。審訊的兩江總督端方喜出望外，依著葉仰高供出的人名、地名，發文各省緝捕革命黨人。讓端方沒有料到的是，革命黨人往來的函件用的都是化名。

一時間風聲鶴唳。

恩銘拿到電文，深感事情重大，一刻也不敢鬆懈，隨即交代警察會辦徐錫麟「務須嚴訪密拿」。

徐錫麟拿著電文一看，「光漢子」三個字赫然映到眼前，內心大驚，這不正是自己的化名嗎？徐錫麟心裡明白，革命之事已經洩露，起義之事若再拖延，革命黨人恐有傾巢覆滅之危。

恩銘不時督促徐錫麟對革命黨人嚴加查訪，徐錫麟只得穩住自己內心的不安，表面上假裝執行查辦之事，好讓恩銘不起疑心，暗地裡卻趕緊與其他會黨聯絡，加快了起事的步伐。

恰在此時，恩銘想在八號那日參加自己幕友母親的八十大壽，原定於七月八號的巡警學堂兵生班的畢業日提前了兩日。

就這樣，原本想推遲的時間又被提前了。歷史便定格在了七月六日。

## 安慶起義

光緒三十三年（一九〇七年）七月六日，安徽巡警學堂兵生班畢業典禮。學堂內，操場邊，擺滿了鋪著大紅布的桌子，後面是一排排的太師椅。一群官員身著官服，相繼入內，一時省內滿漢官員齊集一堂。

當日的徐錫麟一身戎裝，腰懸軍刀，莊重威嚴地對著學生們做最後的訓話，他用家鄉方言慷慨陳詞自己的革命志向。此刻他的目光一如往昔，堅毅而又冷靜。誰都無法看出他內心難以抑制的澎湃與期望，他正等待著槍聲響起的那一刻，想著自己的革命理想即將實現！

九時許，檢閱完學生操練，恩銘到禮堂坐定，兩側分坐著番司和臬司等官員。徐錫麟立於台階上，台階下官生班、兵生班正在列隊，堂前兩側站立著馬宗漢、陳伯平，此二人正是徐錫麟安排過來的助手。

列隊完畢，學員行禮，恩銘欲起身回禮。徐錫麟手執警生名冊向前，單膝微曲，洪亮的聲音在禮堂內響起：「回大帥，今日有革命黨起事！」

這正是徐錫麟和陳伯平起事的暗號。聽此暗號，陳伯平迅速掏出炸彈，向恩銘猛力一扔。

恩銘張大了嘴，正想問徐錫麟如何得知起事之事。

然而炸彈落地，未爆。

恩銘驚魂未定，在座的官員無不大驚失色，徐錫麟上前一步說：「大帥不必擔心，這個革命黨，終當會爲大帥拿到！」

徐錫麟說著便彎腰，從靴筒裡拔出兩把手槍。恩銘還想傻傻地問徐會辦拿槍作什麼，子彈已經打到了他的身上。

不知是不是那顆未爆的炸彈擾亂了軍心，徐錫麟開槍時顯得有些慌亂，向著恩銘連發七槍，恩銘竟未喪命，只是腰部和腿部受了傷。

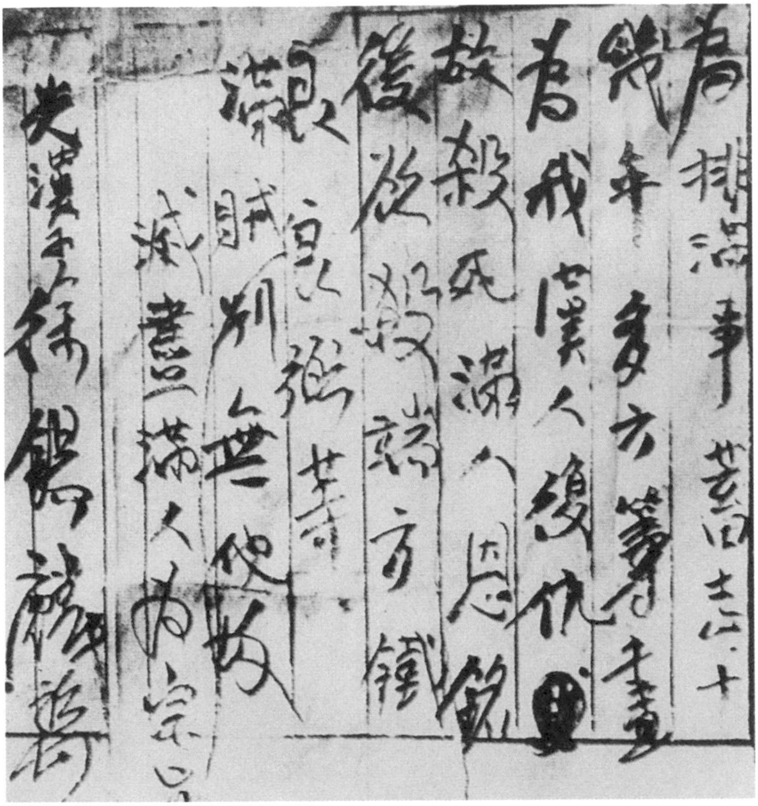

徐錫麟的「供詞」

光緒三十三年（一九〇七年），反抗清朝的徐錫麟和秋瑾策劃浙皖兩省起義，同年七月六日，徐錫麟槍殺恩銘，並率學生攻佔軍械所，失敗後被俘。此圖為徐錫麟被俘後所寫的供詞，表達了反清的決心。

槍聲已經打響，堂內大亂，滿堂官員無不驚慌失措，如喪家之犬般四處逃竄。徐錫麟振臂一揮：「撫台已被刺殺！快從我革命！」

但徐錫麟原先的計劃早已被打亂。在原先的計劃裡，一顆子彈解決恩銘後，徐錫麟便左右開弓解決番司和臬司。立在堂前兩側的馬宗漢、陳伯平則負責解決坐於兩側的官員。但在慌亂之下，徐錫麟將槍內剩下的子彈都打在了前來以身護主的文巡捕陸永頤身上。趕來的武巡捕趁徐錫麟避在一旁裝子彈之際，背走了受傷的恩銘。這一背，恩銘倒當了武巡捕的人肉盾牌，此時陳伯平朝著恩銘便是一槍，這致命的一槍從恩銘的尾閭直入腹內。恩銘此時已不能動彈，一群人把他塞入轎內，兩腿還掛在外面。恩銘被迅速送入醫院，但受傷太重，已無回天之力。

混亂的槍聲後，巡警學堂內死的死、逃的逃。徐錫麟帶領著跟隨起義的學生，奔往撫署。但撫署早就聽聞巡警學堂出了大事，加緊了防備。徐錫麟得知，便只好折往位於西門的軍械所奪取彈藥。

徐錫麟率領眾人到達軍械所時，跟隨的只剩下了十餘人。更要命的是，原本約好的軍械所總辦，並未按約定前來，武庫根本無法打開。沒有大砲，便無法打開緊鎖的城門，外面的援軍就無法進城。徐錫麟知道此刻他們是孤軍奮戰，敵強我弱，對他們來說已無勝算。但是死對於徐錫麟又有何懼，他要堅持到子彈用盡，自己殺身成仁的那一刻。

清兵四處追捕，並開始懸賞緝拿，賞金從開始的三千加到七千，最後又稱活捉徐錫麟者懸賞萬金。此時，逐漸趕來的清兵包圍了徐錫麟一眾，徐錫麟率領眾人搶佔了堅固的建築物，與清兵展開了激戰。激戰四小時後，子彈已全部用光，徐錫麟便用石頭與清兵做最後的搏鬥，終寡不敵眾。陳伯平戰死，徐錫麟和馬宗漢還有跟隨起義的學生被俘。

歷史上有名的「安慶起義」，從發動到失敗，歷時七個小時。

## 坦然受審

會審緊接著就開始了。官員還未從白天的慘烈景象中恢復過來，都強壓著內心的驚恐。而徐錫麟則神情自若，被押了進來。

臬司毓朗強令徐錫麟跪下，徐錫麟寧死不跪，索性席地而坐。

徐錫麟對著會審的官員們大談自己的革命理想，他指著毓朗大聲喝道：「你不必得意，若再走慢一步，即被立斃！」內心正惶恐的毓朗震驚不已，幾欲倒地。

番司馮煦驚恐地問道：「撫台是你的恩師，你怎麼能如此沒有心肝？」

徐錫麟道：「撫台是待我不薄，可這都是私惠，我殺他為的是天下公憤。我且問你，恩銘死了沒有？」

馮煦正欲回答，毓朗搶先道：「撫台只是受了些輕傷，已經治癒，明日便要親自審問你。」

徐錫麟低頭不語，不禁有些氣餒，他一時有些沮喪：付出了這麼大的代價，計劃竟沒有成功，恩銘還活著。

毓朗恨恨地說：「你知罪了嗎？明天就要挖了你的心，掏了你的肝。」徐錫麟聽此，頓時狂笑不已，大聲說道：「我知道了，原來恩銘已死！我願足矣！即使粉身碎骨也在所不惜，區區一個心肝算什麼！」

說著便在供詞上揮筆寫道：「……我蓄志排滿，已十餘年，今日始達目的。本擬殺恩銘後，再殺端方、鐵良、良弼，爲漢人復仇。乃殺恩銘後，即被拿獲，實難滿意。我自知即死，因將我宗旨大要，親書數語，使天下後世，皆知我名，不勝榮幸之至……」最後他懇請不要枉殺起事的學生，稱他們都是被他誘逼而來的。

## 慷慨就義

清廷一刻也不想讓徐錫麟多活於世上，當夜（一說次日清晨）便決定將他處死。

臨刑前，按規矩要先拍攝小影。一張拍完，徐錫麟要求重拍，他要給後人留下一張笑臉，讓後人知道，此時的他爲革命獻身是何等的榮耀。

此刻的徐錫麟面對即將到來的死亡，異常坦然，這樣的結局，自他開始革命之日起便早已料到了。「功名富貴，非所快意，今日得此，死且不悔矣！」死對徐錫麟並不意味著終結，而是革命精神的永生。

撫署東轅門外，徐錫麟結束了他三十四歲年輕的生命。

有人說徐錫麟被押至刑場的路上一直大喊著「推翻虜廷，光復華夏！」路上行人見此悲壯場景，無不感慨落淚，他們隨著囚車緩慢前進。刑場上，徐錫麟依舊不肯下跪，稱死也要挺直著腰板。劊子手們強壓不得，惱羞成怒，手起刀落，頓時鮮血染紅了刑場，徐錫麟英勇就義。

徐錫麟死後，清廷官員們爲了宣洩內心的恐懼和憤恨，指示劊子手用大鐵錘砸爛了徐錫麟的睪丸，然後，剖開徐錫麟的胸膛，挖出徐錫麟的心，祭祀恩銘，他們還炒了徐錫麟的肝當下酒的小菜。

七月十五日，紹興的秋瑾從容就義於軒亭口，時年三十二歲；八月二十二日，與徐錫麟共同起事的馬宗漢也被斬首，時年二十四歲。

這幾位革命志士雖然未能親眼目睹新社會的到來，卻用自己的熱血和慘烈，喚醒了更多麻木的中國人，加速了革命黎明的到來。

徐錫麟雕塑

位於浙江紹興東浦徐錫麟故居前。

# 喋血京城留英名
## ——吳樾血濺五大臣

「爆血同拚殲賊臣，男兒愛國已忘身。」這兩句詩，說的是清末的一件重案——出洋五大臣被炸案。這場暗殺，在那個暗殺盛行的時代，仍尤為轟動。

清廷包好一個血肉模糊的人頭，拍好照片，四處傳發。北京桐城會館的一個小女孩兒認出來，這是吳公子。小女孩兒口中的吳公子就是吳樾，這場暗殺的主人公；但暗殺卻是為了揭穿一場政治騙局。

### 一場政治騙局

光緒三十一年（一九〇五年），清政府的統治已是搖搖欲墜，各地反清運動蓬勃展開。此時，清廷內部的立憲派主張採用君主立憲制來挽救這場危機。爲了挽救自己岌岌可危的政權，慈禧被迫同意採納立憲派的建議，於是便有了清五大臣出洋考察立憲一事。

此事得到了國內立憲派張謇和海外保皇派梁啓超等人的大力支持，但革命黨人卻認爲這是一場換湯不換藥的政治騙局，甚至是在有意拖延時間，對革命進行反撲。有這種想法的人中就包括吳樾。

吳樾早年十分欣賞梁啓超的維新派思想，考入保定師範學堂後，更是對康有爲的立憲主張推崇有加，盼望能早日實現君主立憲。但隨著革命形勢的迅速發展，加上《革命軍》等革命書籍的影響，吳樾思想發生了很大的轉變，認爲只有透過革命手段才能救中國。

在這之後，他對清廷立憲一事極爲憤慨，認爲清廷這是在愚弄百姓，其眞正目的是奴役漢人，來鞏固滿清皇族的萬世基業。

吳樾認爲必須採取行動來揭穿這場政治陰謀。恰在此時，他得知清廷五大臣：鎭國公載澤、戶部侍郎戴鴻慈、兵部侍郎徐世昌、湖南巡撫端方、商部右丞紹英將出洋考察，便決定刺殺這五人。

於是便有了後來清出洋五大臣被炸這一轟動全國的大案。但因吳樾策劃此事極爲保密，清廷多方偵查，並未找到同夥，最後不得不認爲這是他的個人行爲。其實此次暗殺事件與一個祕密團體有著極爲密切的聯繫，這個團體就是北方暗殺團。

## 北方暗殺團

光緒三十一年（一九〇五年）前後，對於如何推翻清廷的統治，革命黨人中有一部分主張以武裝暴動的方式，而另一部分則主張採用個人暗殺的方式。主張採用暗殺方式的革命黨人組織了「軍國民教育會」，廣泛地吸納願爲革命獻身的革命志士，綱領便是鼓吹、起義、暗殺相結合，企圖透過暗殺兩三個重要滿漢官員來爲進一步的軍事行動聲援，並在會內祕密組織了暗殺團。

吳樾像

吳樾，光緒四年至光緒三十一年（一八七八年至一九〇五年），安徽桐城人。光緒三十一年（一九〇五年）九月二十四日，清廷派出鎮國公載澤等五大臣出國考察憲政，為實行「預備立憲」作準備。在正陽門車站，革命黨人吳樾懷揣炸彈刺殺五大臣，因出意外未遂，吳樾當場壯烈犧牲。

光緒三十年（一九〇四年），萬福華先後刺殺過清廷戶部侍郎鐵良和原廣西巡撫王之春，雖均未成功，但此事甚爲轟動。此時的吳樾已接受革命思想，他深受萬福華鼓舞，便萌發了刺殺鐵良的想法。爲了刺殺鐵良，吳樾典當了自己的衣物家什，湊錢買了一把日本手槍，打算自己獨立行動。

此時，對吳樾影響至深的一個人出現了，他便是趙聲。趙聲主張以武裝暴動推翻清朝統治，並早已潛入了清軍內部。他此次藉考察的名義來到保定，與吳樾相見恨晚。吳樾表示，暗殺容易，起義艱難，暗殺不過受頃刻之痛苦，此後還能享樂餘生；但起義則是任重而道遠，一日不完成革命之事，便一日不能鬆懈。自己願先做簡單的，把難的事情留給趙聲。

趙聲爲吳樾勇於犧牲自我的精神感動，便保舉吳樾進入「中國少年強學會」。趙聲離開保定後，寫詩稱讚吳樾的大無畏精神：「一腔熱血千行淚，慷慨淋漓爲我言。大好頭顱拚一擲，太空追隨攫民魂。」

之後趙聲途經北京時便把吳樾介紹給了楊篤生。楊篤生因牽涉到萬福華刺殺王之春案，逃至北京，後又來到保定，與吳樾等人會面。在楊篤生的主持下，吳樾歃血加入「軍國民教育會」，成立了保定支部，並擔任支部長。自加入暗殺團後，吳樾苦練爆破、刺殺等各項技能，決心以鄒容、陳天華爲榜樣，必要時以身殉國來喚醒民眾。

## 刺殺鐵良

加入暗殺團後，吳樾接觸到了一

鐵良像

清廷兵部侍郎鐵良，字寶臣，清朝貴族。初為直隸總督榮祿幕僚，後任户部、兵部侍郎。曾是北方暗殺團的刺殺對象，後因其戒備森嚴而無法下手。

個新鮮玩意兒，此物便是楊篤生帶來的自製炸彈。

楊篤生笑稱吳樾的那把日本小手槍連狗都打不死，更別說是一個戒備森嚴之人了，便向暗殺團的成員們展示了自己的武器：一個圓罐樣的東西，口有三寸大小，看起來頗似罐頭。吳樾詫異地問這是什麼東西，楊篤生得意地告訴大家，這是他自製的炸彈，威力比手槍要強上百倍。

第二天，楊篤生、吳樾等人相約城外實驗土炸彈。一行人行至城外數里的一個山谷內，此山谷頗爲僻靜，樹林繁密。楊篤生在一塊岩石之下挖了一個洞，將炸彈埋於洞內。埋好後，楊篤生用一根柳枝條點上火去引爆炸彈，並吩咐吳樾等人在隱蔽之地藏好。炸彈引爆，只聽一聲巨響，頓時濃煙四起。待濃煙消後，幾人走近一看，剛壓在上面的岩石，已被炸得粉碎。炸彈果然威猛異常。

有了如此厲害的武器，暗殺團的成員都信心大增，吳樾便向楊篤生申請了刺殺鐵良的任務。江寧將軍、陸軍部尚書鐵良，手握兵權，是清廷的得力鷹犬。此前萬福華等人三次刺殺他未獲成功，這些失敗深深地觸動了吳樾，堅定了他刺殺鐵良的決心。

未料吳樾的三次刺殺，卻也都沒有結果。第一次，吳樾等人跟蹤鐵良南下，刺殺未成；第二次，鐵良視察保定高等學堂，吳樾準備出擊，但因鐵良未赴演講，未能得手；第三次，吳樾等人來到北京，準備伺機而動，卻一直沒有機會。未能尋到機會，吳樾便滯留在北京，住在桐城會館內。正是在北京逗留期間，吳樾聽聞了五大臣出洋考察之事。

## 血濺五大臣

吳樾得知此事後，便果斷決定改刺殺鐵良爲刺殺五大臣。吳樾將這一想法告訴楊篤生，二人便商議分頭行事。楊篤生一番活動後，進入載澤幕僚內任職，作爲內應，吳樾則負責暗殺行動。但楊篤生卻爲此十分擔心，畢竟自製的炸彈十分不安全，引爆炸彈的人也極有可能因此送命，他不忍心吳樾這麼做。但吳樾卻十分堅持，他認爲此事已迫在眉睫，他要用刺殺行動來揭穿清政府的這場政治騙局。

炸彈的威力，吳樾早已領略過，他深知此次暗殺幾無生還的可能。一切準備妥當後，吳樾寫下數封遺書，無不痛斥清廷政治陰謀，表明自己爲革命必死的決心。其中一封是寫給他的未婚妻，他希望未婚妻能夠在他死後繼承自己的革命志向。誰知他的未婚妻在得知他殉國後，立刻自刎殉夫了。此二人，一個爲了國難，殺身成仁，一個爲了愛情，生死相隨，是何等地令人悲愴！

光緒三十一年（一九〇五年）七月二十六日清晨，北京正陽門火車站內，場面盛大。紅頂官帽排滿了站台，這些官員正是前來歡送出洋五大臣的，這些紅頂官帽身後則佈滿了朝廷的軍警與衙役。

吳樾早早地來到車站，等待機會混進車內。見五大臣上了車，他便走上了站台。但一身學堂操練服的吳樾自然被衙役當成閒雜人等攔了下來，懷揣著炸彈現在卻連火車都靠近不得，這該如何是好。回頭望見五大臣進進出出爲數眾多的僕人，吳樾靈機一動，匆忙走出車站，買來了一身僕役服換上。

於是吳樾提著衣包混在僕役中上了火車，他低著頭急急地想闖入五大臣所在包廂內。眼看就要入內，卻被通道內的官兵攔下了。

「幹什麼的？」

「澤公爺府的。」

關鍵時刻，一口安徽味兒的官話出賣了他。京內的僕人怎會連官話都說不好？警覺的衛兵便七扭八扭，想把吳樾拖下車。情急之下，吳樾掏出炸彈，想往車廂內扔。偏偏此時，火車因接軌震動，吳樾還未來得及扔出手，炸彈就自爆了。

轟然巨響之後，血肉、鐵片四處飛濺，吳樾腸流、肢斷，面目全非，當場犧牲。身邊的衛兵、衙役全被炸死，唯獨車廂內的五大臣因距離較遠，只是個別幾人受到輕傷。但巨大的震動、混著血腥的嗆鼻的炸藥味，早已嚇得五大臣趴倒在地、魂飛魄散。

消息傳出，全國震驚。吳樾用行動實現了自己的諾言，大大激勵了革命黨人。

光緒三十一年（一九〇五年）十二月，清政府出國考察憲政的「五大臣」及隨員在羅馬合影。

## 引刀成一快，莫負少年頭
### ——汪精衛謀刺攝政王

歷史的車輪行進到了二十世紀，刺客汪精衛手中無劍亦無刀，他使用了更具毀滅性的武器——炸彈，意圖與清代的攝政王載灃來個同歸於盡，灰飛煙滅。

刺殺並未成功，人卻身陷囹圄，「引刀成一快，莫負少年頭」。這般殺身成仁的壯舉，後來卻淹沒在了「賣國賊」的唾罵聲中。

### 同盟會的信用危機

清宣統二年（一九一〇年），同盟會的革命活動已進行得如火如荼。風雨飄搖中，早已成爲傀儡的光緒帝在滿腹怨恨中撒手人寰。僅隔一天，叱吒風雲近半個世紀的慈禧太后也踏上了黃泉路。此時，登上皇位的是年僅三歲的溥儀，實際的掌權者則是他的父親——攝政王載灃。

權力的更迭並沒有挽救清廷滅亡的命運，但清廷仍不放棄最後的希望，做垂死的掙扎。然而正是在清廷瘋狂的鎮壓下，同盟會的革命起義遭受到了前所未有的重創，多次起義死傷無數。

此時，被孫中山稱爲左右臂膀的同盟會會員汪精衛，面對這種情形，心急如焚。偏在此刻，與同盟會意見相左的保皇派代表梁啓超發話了，「徒騙人於死，己則安享高樓華屋，不過『遠距離革命家』而已」，引起輿論一片嘩然，無不對革命黨人口誅筆伐。

屋漏偏逢連夜雨，同盟會內部也出現了分歧，章炳麟因《民報》經費

二十世紀二〇年代時的汪精衛

汪精衛，光緒九年至民國三十三年（一八八三年至一九四四年），原名汪兆銘，字季新，號精衛。宣統二年（一九一〇年）因參加刺殺載灃被捕。辛亥革命後受袁世凱收買，擁袁竊國。後投奔孫中山。民國十六年（一九二七年）發動「七一五」反革命政變。「九一八」事變後，主張對日妥協；民國二十八年（一九三九年）公開投降日本，民國二十九年（一九四〇年）在南京成立偽國民政府，任主席。

清朝肅親王善耆在王府中留影

善耆，同治五年至民國十年（一八六六年至一九二二年），愛新覺羅氏，字艾堂，號偶遂亭主人，滿洲鑲白旗人，清朝第十代肅親王，晚清貴族重臣。

問題與孫中山產生了矛盾。在汪精衛看來，孫中山就是他的引路人，正是由於孫中山，他才能在日本很快走上了革命道路，並在同盟會得到重用。

於是，汪精衛決心要用自己的行動為革命正名，他看中了最流行的方式——暗殺。但是刺殺的目標並不是從一開始就鎖定載灃的，其間經歷了幾次波折才定案。

## 初次行刺

刺殺得有兩個準備：一是人，二是武器。人好解決，汪精衛的一番慷慨講演，不僅邀得了兩位志同道合的好友黃復生和喻培倫，也引來了日後自己的終身伴侶陳璧君。此外，他還與黎仲實、曾醒、方君瑛等人組成了一個暗殺團體。

在裝備方面，汪精衛鎖定了炸彈，刀劍的效率太低，不如炸彈乾脆利落，一聲轟響之後絕無後話，而且黃復生和俞培倫正是製造炸彈的好手。但是製造好炸彈需要地方反覆試驗，在日本並不方便，於是汪精衛等人便轉移至了香港。

在香港進行多種炸彈實驗時，汪精衛忽然聽聞清廷高官端方將由京漢路南下，一行人便匆忙趕往漢口。

端方就這樣毫不知情地成為汪精衛的第一個刺殺目標。一向深受清廷重用的端方，對革命黨人的鎮壓從來也是不遺餘力。得知消息後的汪精衛等人在漢口守候，準備在車站實施暗

攝政王載灃的兩個弟弟，清朝貝勒載濤與載洵。

殺，但終因錯過，無功而返。

初試無果並沒有打消汪精衛的暗殺想法。他又返回香港準備購買炸彈，同在香港的黃興極力勸阻他，要他放棄這種冒險的做法，不願失去得力助手的孫中山也不贊同他的刺殺方式，但汪精衛卻態度堅決，認爲只有採取過激的行爲，才能使「灰心者復歸於熱，懷疑者復歸於信」，決心爲暗殺而獻身。

## 巧帶炸彈

宣統二年（一九一〇年）初，汪精衛決定北上行刺，他要「謀於清廷根本之地，爲非常之舉，以振奮天下之人心」，黃復生、俞培倫，還有陳璧君三人跟隨前往。

北京畢竟是皇城所在之地，車站的盤查極爲嚴苛，如何把製好的炸彈運進城成了一個難題。恰在此時，同盟會的一位美女會員發揮了重要作用。

這位美女會員叫鄭毓秀，她把炸彈塞到了行李箱，便找來了這位法國外交官幫著拎行李。可憐這位法國外交官還驚喜地以爲自己受到了美女的青睞，得意揚揚地就幫著大家把炸彈運進了北京城。

來到北京城後，汪精衛等人便在和平門外開了一家守眞照相館作爲掩護，之所以選擇照相館，是因爲照相館內會時不時飄出一些化學味道，可以掩蓋製造炸彈時出現的異味。

## 一場救命的政治秀

在北京住了十餘日後，汪精衛終於等來了第二次暗殺的機會。汪精衛打聽到攝政王載灃的兩個弟弟載洵和載濤將從歐洲訪問返京，到時會乘火車到達北京前門站。

打聽到具體的日子後，汪精衛便和黃復生還有陳璧君雇了輛騾車來到了前門站。三人還做好了分工，陳璧君負責在車上接應，汪、黃二人則負責扔炸彈。

誰知清廷爲了改善形象，在此時做了場政治秀，掀起了廉政運動。載洵和載濤二人並未安排特別保護，混在普通旅客中一起出來了。這可難壞了汪、黃兩人，兩人實在無法分辨出這一頂頂紅官帽下，到底哪兩個才是載洵和載濤，且人員密度太大，終不能爲了這兩人而傷及無辜。汪精衛一行三人只得拎著炸彈無功地返回住處。

又一次的刺殺未果，汪精衛決定索性幹一場最大的，殺掉清廷的實際最高統治者——攝政王載灃，給清廷以重創。此時的目標才最終鎖定了載灃。

## 又一次暴露的暗殺計劃

北京城自光緒三十一年（一九〇五年）吳樾在正陽門車站血濺出洋考察五大臣後，所有的清廷官僚都加強了防範。載灃更是有王府護衛、禁衛軍、步軍統領衙門及京師警察廳的層層保護，每日上朝之路，由路過的兩個區的警署署長親自負責警衛，到處都有暗探。四月二日，黃、喻二人第三次來到小石橋下鋪設引線時，忽然發現橋上有人偷看，吃驚之下就跑到樹林裡躲避起來。過了一會兒，他們發現有一個人拿著燈籠到橋下察看了一番，待那人走後，他們從隱身的大樹後跑出來，想到橋下取走炸藥罐，誰知藥罐太沉重，無法搬動，只好用泥土草草封上。待聽到有人聲時，就見一堆警察來橋下搜查。暗殺計劃又暴露了。

## 刺殺載灃

決定刺殺載灃後，四人首先查清了載灃的相貌，計劃在他上朝的路上行事。但經歷卻一波三折。

宣統二年（一九一〇年）二月二十八日，汪精衛、陳璧君二人一早便等候在地安門，只等載灃一來，便扔炸彈。但等了幾個時辰，載灃也未來。後來才知載灃上朝之路，均有警察、禁衛軍嚴加防備，沿途每家店都必須關門，且門口都有軍隊把守，路上行人則被驅趕到一個胡同內。

如此一來汪精衛很難找到隱蔽之地，且炸彈埋到哪兒也成了問題。一行人幾經周折，終於尋得一地可埋炸彈，卻不料趕上此路翻修，載灃改道。

三月三十日，黃復生發現什剎海邊的一座銀錠橋是載灃的必經之路，且因橋下極爲隱蔽易於藏身，四人便決定在橋下埋設炸彈，到時引線一拉，同歸於盡。當日便在橋下埋好了炸彈，怎奈估計不足，引線太短，無奈之下，只好又隔日再去。

四月二日深夜，最後的時刻到來了。當夜，黃復生和喻培倫先去銀錠橋埋炸彈，汪精衛則自告奮勇去引爆炸彈。此炸彈威力極大，凡是靠近之人必定粉身碎骨，汪精衛深知此次必定有去無回。

一切準備妥當，載灃只要上朝經過此地便必死無疑。但怎奈天不從人願，夜深人靜的什剎海，本應人跡罕至，怎料一位跑了老婆的車伕出來散心，結果發現有兩個人鬼鬼祟祟，自以爲捉到了姦夫淫婦，直至走近一看才發現有顆炸彈，立馬報告了朝廷。

## 悲情賦詩

明眼人都能看出此舉是想謀殺載灃，朝野震動。第二天，此事自然成爲報紙的頭版頭條，被大肆渲染，但人們大都猜測此爲朝廷內訌。汪精衛鬆了口氣，看來清廷並沒有懷疑到自己，於是便想謀劃第二次行刺，派俞、陳二人返日重購炸彈。

汪精衛不知這是清廷放出來的煙幕彈，清廷此舉的目的正是讓行刺之人放鬆警惕。汪精衛果然不夠老辣，信以爲眞，待在北京沒跑，結果在守眞照相館內被逮個正著。清廷正是透過炸彈的線索順藤摸瓜，找到了守眞照相館。

清朝醇親王載灃像

攝政王載灃聽聞刺殺事件後，驚恐之餘更是憤恨不已，逮到汪精衛後恨不得將他千刀萬剮，誅滅九族，未經審訊便判了他死刑。

但此時救命的關鍵人物出現了，他就是肅親王善耆（他有個大名鼎鼎的女兒，亦是頭號漢奸川島芳子）。肅親王是清廷裡難得的開放派，思想也較爲進步，他在審訊時發現汪精衛眞是個不可多得的人才，便十分憐惜。他極力向載灃遊說，希望保汪一命，載灃自然不肯。肅親王便說，汪精衛一條命不算什麼，但殺了他正中革命黨的下懷，顯得他們殺身成仁，若是留他條命倒顯得我們胸懷博大。載灃想想有道理，便頒了道旨改判無期，稱汪、黃二人係誤解政策，情有可原。

相反地，汪精衛被捕後，在獄中早已抱定必死之心。「慷慨歌燕市，從容作楚囚；引刀成一快，不負少年頭。」他的這一番表白也曾引來人們無數感慨。

如果汪精衛因刺殺清朝攝政王，落下個「爲革命殺身成仁」的美名，歷史上就會多一個革命義士。但他卻因肅親王的憐憫，多活了些年月，留下了個惡名，被釘在了歷史的恥辱架上。

銀錠橋

北京什剎前海與後海連接處的銀錠橋，建於明代，因形似元寶而得名。當年攝政王載灃上朝改由王府跨過這座小石橋，穿鴉兒胡同後再轉入鼓樓大街前往紫禁城，為汪精衛刺殺團提供了一個機會。

# 鐵血刺客彭家珍

## ——清末良弼遇刺案

故事要從一封絕命書談起：「良弼，反對共和最力，極為陰狠。不殺此人，共和難成。良弼雖力，我獨當之。為挽救國家危亡，共和成，雖死猶榮；共和不成，雖生亦辱。」這封絕命書是辛亥志士彭家珍於民國二年（一九一二年）一月二十五日寫下的。次日，他便帶上炸彈前去行刺良弼，並與良弼同歸於盡。

他用自己的鮮血、用自己的生命講述了一個可歌可泣的故事。僅從這一封絕命書中，人們就可以讀出他那一腔的忠貞。

### 擔當重任

民國二年（一九一二年），對革命黨人來說，是一個極爲重要的年份。雖然，辛亥革命給清政府巨大的打擊，但是，以良弼爲首的一些清廷貴族卻仍不死心，在奄奄一息中籌劃著最後的一搏。這一年一月十二日，清廷皇族良弼、毓朗、溥偉、載澤、載濤、鐵良等人以「君主立憲維持會」的名義發佈宣言，成立宗社黨，以此來鎮壓革命黨人。良弼、鐵良等人更是率軍準備與南方的革命黨人決一死戰。

宗社黨成爲革命黨人前進路上的最大障礙。當時，流傳著這樣的說法：「先刺良弼，後炸鐵良，二良不死，韃虜不亡。」由此，宗社黨核心人物——良弼成了革命黨人要除去的首要目標。

當時是一個崇尚暗殺的時代。同盟會中的一些重要的領導人如史堅如、汪精衛等人都對暗殺這一方式表示贊同，認爲暗殺是革命的一種捷徑，甚至身體力行。在這樣的一種環境下，要對付良弼，暗殺當然成爲革命黨人的首選方式。

目標確定了，方式確定了，現在缺少的就是一個殺手，一個刺客，一個甘於爲革命獻身的人。而就在這時，出現了一個肯爲革命事業奉獻一切的勇士，他就是彭家珍。

彭家珍，光緒十四年（一八八八年）出生於四川，從小便有「寧爲國家蹈鼎鑊以求死，不甘屈蠖而偷生」的壯志。他有著強烈的愛國民主思想，並且對革命有著極大的熱情。光緒三十一年（一九〇六年），十八歲的他便在日本加入了同盟會，之後便把自己的一生都獻給了革命事業。

彭家珍性格剛烈，崇拜那些捨生忘死的英雄。行刺前，他在寫給同志的〈遺趙鐵橋黃以鏞書〉中，曾用極其血性的文字自比荊軻、聶政等人。在給自己幾位戰友的訣別信中，他留下了這樣的豪言：「山河破碎，大陸將沉；祖逖起舞，劉琨擊楫；樓船風利，正當努力中原。」

民國二年（一九一二年），年僅二十三歲的他便憑著那一腔的熱血把這一歷史的重任擔在了自己的肩上。

彭家珍

光緒十四年至民國二年（一八八八年至一九一二年），近代民主革命烈士，字席儒，四川金堂人。民國二年（一九一二年）一月二十六日，在北京炸死宗社黨首領良弼，自己當場犧牲。南京臨時政府成立後，孫中山追贈彭家珍大將軍銜。

## 偷樑換柱

能夠在清廷大勢已去的情況下還負隅頑抗，足見良弼不是等閒之輩。因此，想要暗殺他也並不容易。況且，當時的彭家珍還不認識良弼，這就使得刺殺行動更加困難了。

然而，多年的革命生活早已把彭家珍歷練成熟。他懂得與敵人周旋，懂得尋找機會接近敵人。他明白要獲取良弼的訊息，接近良弼，就要從他周圍的人下手。

於是，彭家珍輾轉與良弼的親信哈滿章、羅春田等人搭上關係，以設法獲取良弼的資訊。正是在與哈滿章、羅春田等人的一次賭局中，彭家珍無意間看見牆壁上掛著一個大清權貴的照片，他漫不經心地問了一句，卻得到了一個意外的答案，這就是良弼的照片。就這樣，彭家珍認識了良弼。從那一刻起，那個照片中的人的模樣便深深地印在了彭家珍的心裡。

知道良弼的相貌後，要如何才能接近良弼，完成任務呢？彭家珍整天都在尋找著機會。

一次偶然的機會，彭家珍見到了良弼的親信子弟、奉天講武堂監督崇恭，他發現崇恭與自己長得十分地相像。於是，一個計劃油然而生：假扮崇恭以接近良弼。

為了確保刺殺成功，彭家珍做了

精心的準備。他先是偷偷印了一匣崇恭的名片，用此來證明自己的身分，接著又買了一身清軍上等官的服裝，以確保自己與崇恭更加相像。就這樣，這位革命義士搖身一變，成了良弼的親信崇恭。這一招「偷梁換柱」堪稱完美。

在考慮具體的刺殺方式時，彭家珍考慮到街頭狙擊或投彈準確性差，自己的同志也有因此而失敗的例子，因此，為防萬一，他毅然決定直接上門刺殺良弼。

## 英勇就義

彭家珍從要刺殺良弼的那一刻起就做好了最壞的打算，他不怕流血，不怕犧牲。他甚至想過自己如果失敗被捕就說是受袁世凱指使，把一切責任推到革命黨人的另一個敵人的身上。

民國二年（一九一二年）一月二十六日的晚上，彭家珍得到可靠的情報，良弼等人密謀將於次日實施軍事行動以鎮壓革命黨人。彭家珍感到事關重大，不能再遲疑，以免良弼的陰謀得逞，於是決定立即行動。

他換好事先買好的清廷上等官員的服裝，取出早已準備好的炸彈藏於外套之中，驅車直奔紅羅廠良弼的住宅。到那以後，便向看門人遞上名片說是「奉天講武堂監督崇恭有急事求見良大人」，看門人告知彭家珍，「良大人尚在陸軍部」，還沒回來。

清末，遭到宗社黨人押解的革命黨人。

彭家珍轉而準備去鐵獅子胡同的陸軍部刺殺良弼。他行至胡同口時，看到對面來了一輛馬車，車中之人的面貌頗似良弼，便急忙回到良弼宅門前等候。見那人在門口下車後，他便手捧崇恭的名片上前求見，並說「有緊急軍情向良大人報告」。

良弼聽出來人的口音不對，正在

懷疑之時，彭家珍突然掏出炸彈向良弼擲去。由於他和良弼的距離太近，被台階彈回的彈片擊中了頭部，當場身亡。就這樣，彭家珍英勇就義，他把自己的一腔熱血獻給了革命的事業，獻給了他心目中那神聖的「民主共和」。

良弼雖然沒有當場死去，但是被炸沒了右腿，第二天還是不治而亡。良弼死前曾說：「知我炸我，我實欽佩，好英雄也。我死不足惜，唯清廷宗社，從此滅亡，甚爲痛惜！我死，清廷亦亡也。」正如良弼所感慨的那樣，他死後，宗社黨中人人膽寒，無人再敢出頭，遂解散了。二月十二日，隆裕太后攜年幼的清帝退位。中國兩千多年專制王朝的時代到此徹底地終結了。

從良弼成立宗社黨，放出狂言要鎮壓革命那時起，到清帝退位，僅僅一個月的時間，清廷的美夢就隨著那一聲「轟隆」的巨響徹底破滅了。

良弼
光緒三年至民國二年（一八七七年至一九一二年），宗社黨領袖，晚清的保皇派，極力反對清帝退位。民國二年（一九一二年）一月被同盟會暗殺團的成員彭家珍暗殺。

「個人肯爲同胞死，一彈可當百萬師」，彭家珍用自己的生命和熱血推動了歷史的車輪，他捨生取義的精神也必將爲後人所銘記。

## 百世流芳

上述那悲愴的一幕便是載入史冊的著名的「紅羅廠事件」。彭家珍的炸彈徹底地炸毀了清廷反撲的野心，炸散了清廷那最後一縷遊魂。因此有後人評價：彭家珍炸死了清禁衛軍的頭領良弼，即斷絕了大清的命脈。

良弼被除去以後，清帝無奈退位，這樣南北便統一於民國的旗幟之下。革命黨人在歡慶勝利的同時，無法忘記這位爲民國建立而捐軀的烈士。民國二年（一九一二年）二月二十二日，民國政府以「臨時大總統令」追贈彭家珍爲「陸軍大將軍」。

# 革命黨內第一樁血案——蔣介石謀刺陶成章

揭開歷史真相，事實不免令人震驚。民國是個傳奇的年代，也是個刺客叢生的年代。無數個風雲人物正是以刺客的身分登上歷史舞台的，之前說的汪精衛是一個，而日後鼎鼎大名的蔣委員長也是其中一個。

## 夜半槍聲

民國元年（一九一二年）一月十四日凌晨，廣慈醫院內，病人們早已鑽進溫暖的被窩，睡得正香。突然而來的槍響，劃破了寂靜的夜空，令人毛骨悚然。被驚醒的病人們慌成一團，不知發生了何事。護士們循著槍聲匆忙趕往出事的病房，卻發現二〇五號病房門口，一人早已躺在血泊之中，兇手已不見蹤影。

此事第二天引起強烈震動。因為被殺之人不是別人，正是光復會的領袖、著名的革命志士陶成章。

陶成章其人，章炳麟說他為了革命不畏艱苦，十年如一日；孫中山如此評價：「陶君抱革命宗旨十有餘年，奔走運動不遺餘力。」對於他的死，「不勝駭異，非常痛悼」。

正是這樣一個為革命立下巨功之人，竟在革命勝利之後不久便慘遭暗殺。暗殺發生的時間，僅在民國成立後的十幾天。

第二天出版的《上海民立報》是如此描述這場暗殺的：「昨晚二時許，公在廣慈醫院醫室靜宿；忽有二人呼陶先生，公寤而外視，二人即出手槍，擊中公太陽部……。」

孫中山和黃興均致電給上海軍政府都督陳其美，要求其嚴辦此案。然而不久，憤怒不已的革命黨人就將矛頭直指陳其美和他的部下、亦是他的結拜兄弟蔣介石。

陶成章

光緒四年至國二年（一八七八年至一九一二年），字煥卿，浙江紹興人，近代民主革命者，中國辛亥革命時期革命派的領袖。

眾人的推測並非捕風捉影，革命黨人內部早就知曉陳其美與陶成章不睦已久。蔣介石在巨大的輿論壓力下，避逃日本，二十年後對這段暗殺亦是供認不諱。而參與暗殺的另外一人，蔣介石的助手王竹卿，不久後便被人殺死在家裡。

辛亥革命時期．中華民國中央銀行鈔票五圓（一枚）

辛亥革命時期中華民國中央銀行鈔票五圓一枚，帶存根。此票是在民國初期，孫中山先生為推翻清政府籌集革命經費而發行的籌餉券，在中國國內未發行，目前發現存世共計四枚，其中五圓三枚（包括此枚）、壹圓一枚，除此枚外，其餘上海博物館藏五圓一枚，日本收藏家藏壹圓、五圓各一枚，此枚五圓券最珍貴之處在於它是唯一一枚帶有存根的中華民國中央銀行鈔票，此枚鈔票極為罕見並具特殊歷史價值，甚為珍貴。

## 不得不說的恩怨

如今看來，陶成章被殺，兇手確係蔣介石無疑，但蔣介石只不過是個替人行事的槍手，幕後眞正主使則是當時赫赫有名的陳其美。陳其美爲何要殺陶成章？這就不得不說到一場政治糾紛和一段私人恩怨。

說是政治糾紛，因爲這場暗殺牽涉到近代中國的兩個著名的革命團體，一個是國民黨的前身同盟會，一個則是光復會。殺人者與被殺者正是分屬這兩會，陶成章是光復會的創始人之一，是會內領袖，陳其美則屬於同盟會。

同盟會雖在光復會的基礎上成立，但實質上兩個革命團體在政見上卻存在分歧。陶成章是光復會的領袖，曾因籌措革命善款一事公開反對孫中山，並重組光復會。孫中山對陶成章這種宗派分裂行爲十分不滿，這也引起同盟會對光復會的強烈不滿。

在革命勝利建立國民政府之前，兩會爲了推翻清廷這一共同目標，尚能共處，但在革命取得勝利之後，建立怎樣的政府，兩個革命團體意見卻相差很大。同盟會主張建立共和國，實行美國式的民主和憲政；光復會的觀念則比較陳舊，主張由人民選舉皇帝，或實行無政府主義，實現大同社會。

陶成章是光復會的著名領袖，然而卻性情褊狹，不能容人。他曾爲了向南洋華僑募捐，請孫中山幫忙，後因效果不理想便認定是孫中山從中作梗。於是後來在同盟會中煽動「倒孫風潮」，甚至公開製造分裂，恢復了光復會，自任副會長。此事引起陳其美的不滿。另外，陳其美擔任滬軍都督時，對於光復會力量在上海地區的侵入，也頗有微詞。此外兩人更有一段私人恩怨。

據說，陳其美此人生性好色好賭，經常混跡於聲色犬馬之中。陶成章曾在孫中山面前勸誡過陳其美，要其戒毒戒嫖，陳其美認爲陶成章此舉是在有意侮辱自己，便懷恨在心。

有一次，陶成章從南洋籌得巨款回國，陳其美欲從中分一部分爲同盟會所用。陶成章雖同意了，卻當著眾人的面對陳其美說，這錢來之不易，只可用來革命，不可用來嫖娼。陳其美一聽，頓時火冒三丈，立馬拔出手槍便要殺了陶成章，幸得眾人勸阻。此事後來雖平息，但陳其美與陶成章的關係緊張程度可見一斑。

此後，因爲浙江都督一位，陳其美對陶成章的不滿是到頂峰。

陳其美在革命勝利之後，十分熱衷於權勢，不僅借助上海青幫勢力坐

民國元年（一九一一年）底時的南京路。同年十月十日，武昌起義，全國紛起響應，清王朝終於垮台了。十一月四日，上海光復，七日，滬軍都督府成立，陳其美任都督，李平書任上海民政總長。圖為南京路上掛滿了當時的民國國旗（紅黃藍白黑五色旗），市面秩序安定，行人熙熙攘攘，店鋪照常開市。

### 蔣介石日本偶遇陳其美

光緒三十二年（一九〇六年）四月，蔣介石毅然踏上了東渡日本求學的道路。這時候的他思想激進、滿懷抱負，然而由於沒有認識的人推薦，他在日本四處碰壁。當時的清政府與日本政府簽有協議：只有清政府陸軍部的保送生，才有資格進日本的軍事學校學習，這是爲了防止有可能反對清政府的青年激進分子學到技藝後回國「搗亂」。因此，渴望上軍校的蔣介石一籌莫展，只好在日本爲中國留學生所辦補習日文的清華學校學習語言。

就在這種黯淡惆悵的歲月裡，他碰到了比自己年長十歲、閱歷豐富、思想上又十分相近的陳其美。兩人一見如故，過從甚密，經常在一起談天說地，暢想未來。後來，在陳其美的指引下，蔣介石先回國報考軍校，後終於躋身出日留學行列，接著加入中國同盟會，覲見孫中山，踏上了眞正的革命者的道路。

上了滬軍都督的位置，更是覬覦浙江一帶的勢力。時任浙江都督的湯壽潛改任交通總長，於是有人舉薦陶成章「代理浙江」。陶成章雖力辭，但其在江浙一帶有著極高的威望，不少有名望的紳士聯名致電希望他能夠早日赴任。在如此情形下，陳其美想要擔任浙江都督一職根本沒有希望。此時，他又聽說陶成章對浙江都督一職的態度是：別人均可，唯獨陳其美不可，更是氣得七竅生煙。由此，陳其美必欲除陶成章而後快。

## 爲虎作倀

蔣介石此時在革命陣營中還是個無名小卒，無論是在政界還是在軍界都毫無建樹，想要在革命內部成功成名，必定要幹出一番轟動的事來。蔣介石受到了陳其美的賞識，並在陳其美的介紹下加入了同盟會。從日本歸國後，蔣介石投在陳其美的麾下。浙江光復後，陳其美任命蔣介石做第一師副師長兼第一團團長。滬軍都督府剛剛成立，江蘇全境尚未光復，經濟上十分拮据。爲了擁有一支能聽命於己的軍隊，蔣介石十分賣力地訓練軍隊，並在此期間與陳其美結成兄弟。

陳其美和陶成章之間的心結，蔣介石都看在眼裡，他認爲如果能殺了陶成章，一來能成就自己在同盟會的名聲，二來能報答陳其美的提攜之恩。但密謀刺殺之事，非同小可，僅憑蔣介石一人之力恐難爲之。蔣介石知道自己必須物色一個得力助手，他想到了一個人，此人便是被陶成章稱爲「癟三」的王竹卿。

王竹卿原本是個強盜，槍法、武藝都不錯，在太湖一帶混蕩。後雖混入光復會，但仍舊習未改，一派江湖作風不說，竟拿著會內的機密與別人做起了買賣。陶成章知道此事後，非常惱怒，直斥王竹卿吃裡扒外、豬狗

浙江紹興陶成章故居

不如。

蔣介石得知此事後，認爲王竹卿便是自己要尋覓之人。緊接著他就千方百計，不擇手段地找到王竹卿，威逼利誘、恐嚇要挾，更散佈謠言，說陶成章要嚴懲王竹卿。王竹卿自然擔心陶成章不會放過自己，決定先下手爲強。於是蔣介石把自己的想法跟王竹卿說了。

此時，上海也早在風傳陳其美想暗殺陶成章。但陶成章並不相信，直至有人得到確切消息，陶成章這才知道事情不妙。陶成章開始四處躲避，先是客居旅館，後又是國民聯合會，再是江西路光復會機關所，然後又是匯中旅館。最後因身體不適，住進了法租界金神父路廣慈醫院療養。

如此飄忽不定的行蹤，讓蔣介石難以尋摸。經歷幾天的折騰後，有些心灰的蔣介石蜷縮在馬車上休息，竟然不經意地看見了在路邊屋簷下躲雪的陶成章。蔣介石大喜，趕忙下車，上前攀談。陶成章面對這個彬彬有禮、態度謙遜的後輩毫無防範，兩人甚至像朋友一樣推心置腹。一番交談之後，蔣介石用自己的馬車把陶成章送回了醫院。

蔣介石趁此機會知道了陶成章所在的具體位置，

又在第二天藉探病之名，摸清了醫院的環境，制定了行刺的進出路線。於是悲劇便有預謀地發生了。民國元年（一九一二年）一月十四日凌晨，蔣介石與王竹卿翻牆而入，摸至陶成章病房。其中一人叩門輕喚道：「陶先生，陶先生……」睡夢中的陶成章忽然聽見有人喊自己，半睡半醒中就打開了房門。這一開門便要了他的命，蔣介石、王竹卿的手槍衝著他開了火。開完槍後，二人迅速逃離現場。

## 賊喊捉賊

陶成章被刺遇害後，革命黨人憤怒不已。陶成章的骨灰被迎回杭州後，前來悼念者超過萬人，無不激憤異常，要求嚴懲兇手，浙江都督甚至拿出三千元懸賞緝拿兇手。

陳其美知曉情況後，一面裝出一副悲痛的樣子參加哀悼會，一面拿出一千元佯裝緝兇，上演了一齣賊喊捉賊的戲碼。

二十年後，蔣介石對於這段歷史是如此描述的：「陶成章回國後，故意破壞同盟會，擁戴章炳麟，抹殺孫黃歷史，並謀刺陳其美……熟權公私利害，決先除陶，以定革命全局，事後自承其罪……」此時的蔣介石早已貴爲委員長，中國第一人，誰又敢對此提出異議。

但無論事實如何，蔣介石的名字，終因陶成章被殺，而被寫進歷史，他也由此發跡。

民國五年（一九一六年）八月十九日，孫中山在紹興祭奠陶成章時與「陶社」成員合影。

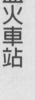

# 民國第一血案
## ——宋教仁喋血火車站

二十世紀初，孫中山等革命黨人為了心目中理想的社會做著巨大的努力。然而，那些反動勢力卻對他們進行瘋狂的鎮壓，先是垂死的清政府，後是夢想稱帝的袁世凱，他們對革命黨人製造了一場又一場慘絕人寰的血案。其中，以宋教仁被刺殺案最令人震驚。

### 血案發生

民國二年（一九一三年）三月二十日，宋教仁在袁世凱的急電催促下，準備從上海前往北京。當晚十時左右，在第一屆國會選舉中獲得大勝的宋教仁與致很高地與前來送行的黃興、廖仲愷等人握手告別，準備乘車回北京組織責任內閣。突然，傳來一聲槍響，接著又是兩聲，宋教仁突然倒了下去，用手摀住腰部，艱難地對他們說：「我中槍了。」現場一片混亂。宋教仁雖然很快被送到醫院，但由於傷勢太重，子彈又有毒，於二十二日凌晨逝世，年僅三十二歲。

這便是震驚中外的宋教仁被刺案，被人們稱爲「民國第一血案」。

### 線索突現

宋教仁是卓有聲望的民國元勳，得到了很多人的尊重。據記載：二十三日中午十二點，在滬寧鐵路醫院（宋教仁被刺後所在的醫院）的門口就聚集著數以百計的人。下午三點，前來送殯的人已過三千人。他的被刺引起了全國的轟動，國人共憤，一致要求緝拿兇手，查明眞相。孫中山也從日本匆匆回國，黃興等人代表國民黨總部致函上海總巡捕房：懸賞

民國初年，北洋軍訓練情況。袁世凱在暗殺宋教仁時，加緊戰爭準備，計劃用武力解決南方軍隊。

一萬銀元，緝拿眞兇。

重賞之下必有勇夫。

三月二十三日下午，一個叫王阿發的人走進了巡捕房，並說有線索提供。當時的總巡捕卜羅斯一看案情有進展，十分興奮，趕緊招呼書記官記錄。

據王阿發說，他是從事古董生意的，在交往中認識了當時出任中華民國共進會會長和江蘇省駐滬巡查長應桂馨。王阿發經常把好的古董送往應桂馨那裡，長此以往，二人便熟識了。案發前十天左右，王阿發帶著新得的一件古董去找應桂馨，應桂馨自是喜出望外。就在王阿發起身告辭時，應桂馨把他叫住，說：「阿發，我平時待你怎樣？」王阿發急忙說：「您對我很好，沒有您的關照，哪有今天的我啊？」應桂馨笑了笑說：「我現在有件事想請你幫忙，不知你願意不願意。」王阿發忙說：「凡用得著小人的地方一定盡力，但不知是何事？」應桂馨取出一張照片遞給他說：「這個人是我的死對頭，你把他殺了。槍由我來想辦法，事成之後，給你一千大洋酬金。」王阿發一聽嚇了一跳，忙說：「我生性膽小，實在沒有膽量殺人，再說我也不會用槍，弄不好會誤了您的大事。」應桂馨臉色沉了下來，但很快就大笑幾聲說：「和你開個玩笑，眞是飯桶……」事情就這樣過去了，王阿發也沒放在心上。

宋教仁，光緒八年至民國二年（一八八二年至一九一三年）湖南桃源人。同盟會主要領導人，為國民黨預定的內閣總理。民國二年（一九一三年），在國民黨國會選舉中獲勝，宋教仁沿江發表演說，為袁世凱所忌。三月二十日，宋教仁在國會召開前北上，被袁世凱手下刺殺於上海車站。

然而，在宋教仁被刺以後，王阿發無意中翻閱報紙時，看到了懸賞緝拿刺客的佈告。當他看到了上面的宋教仁的照片時，不僅大吃一驚，原來，照片上的人正是那天應桂馨讓他殺的人。

一萬元的賞銀實在是太有誘惑力了，於是，他來不及多想，便匆匆來到了總巡捕房。

## 循線緝凶

根據王阿發提供的線索，卜羅斯馬上展開部署，抓捕嫌疑犯應桂馨。當晚十點左右，卜羅斯帶人直奔應桂馨的住宅，但是，據門房說，應桂馨去了青和坊妓院，不在家中。卜羅斯半信半疑，爲防萬一，他決定兵分兩路，一路監視應宅，一路去青和坊妓院抓人。還沉浸在溫柔鄉中的應桂馨沒明白過來怎麼回事，就被巡捕房的人帶走了。

應桂馨落網之後，巡捕房的人便奉命搜索他的住宅。在搜查的過程中，一個濃眉大眼、身材矮小的男人引起了巡捕房的注意，因爲據火車站的目擊者說，向宋教仁開槍的正是一個這樣相貌的人。巡捕房當即把他逮捕。經證人指正，此人正是槍殺宋教仁的兇手。這人一看事情瞞不住了，只得交代了他受雇於應桂馨殺害宋教仁的經過。

原來，此人名叫武士英，山西人，原本是來上海出售古董的，後來，與應桂馨相識。應桂馨以一千元的賞金爲酬勞，讓他殺死宋教仁，他禁不住金錢的誘惑便答應了，並於三月二十日在火車站槍殺了宋教仁。

袁世凱戎裝像

袁世凱，咸豐九年至民國五年（一八五九年至一九一六年），字慰亭，號容庵，北洋軍閥的領導人。辛亥革命後，袁世凱竊取了革命果實，成為中華民國首任大總統。後因眾叛親離而死。

兩名兇手都已落網，按理說本案也該結束了，但是，在搜查應桂馨的住宅時發現的一些信件和密電卻揭露了一個驚天的內幕。

## 幕後黑手

巡捕房在搜查應桂馨的住宅時不僅抓獲了兇手武士英，而且，在應桂馨的房間裡還發現了一些重要的信件和密電。這些信件和密電的內容表明應桂馨也不是眞正的主謀，主謀竟然是當時的大總統袁世凱，同謀的要犯還有國務總理趙秉鈞和內務部秘書洪述祖。

這些信件和密電被曝光之後，人們心中最大的疑團（應桂馨的殺人動機）也被解開了。眞正要置宋教仁於死地的人是袁世凱。在袁世凱眼裡，宋教仁是自己專制統治最大的障礙，也是自己稱帝路上的絆腳石。

民國元年（一九一二年）三月十一日，袁世凱在北京就任臨時大總統，宋教仁被任命爲農林總長。由於不滿袁世凱的獨裁專制，宋教仁於當年的七月憤然辭職。辭職後的宋教仁，爲了限制袁世凱的權利，主張由國會中的多數黨組閣，實行責任內閣制。於是，八月份，在同盟會的基礎上，他聯合統一共和黨、國民共進會、共和實進會等黨派組成了國民黨。

國民黨的力量不斷地擴大，因而在國會中逐漸佔據了優勢。在同年年底的國會大選中，國民黨大獲全勝，取得了多數的席位，身爲國民黨代理理事長的宋教仁自然成爲了責任內閣的組閣人。

宋教仁爲了實現民主憲政的理想，推翻袁世凱的獨裁專制，便親臨各省發表講演，宣傳責任內閣的主張，所到之處掌聲不斷。宋教仁的舉止嚴重地危及袁世凱的獨裁統治，於是，袁世凱試圖收買宋教仁。他曾給宋教仁五萬元的支票，要他放棄責任內閣制的主張。宋教仁欣然接受了袁世凱的支票，但是卻把這些錢全部用在了宣傳工作中，更加擴大了國民黨的影響。

趙秉鈞

咸豐九年至民國三年（一八五九年至一九一四年）河南臨汝人。早年為袁世凱效命。民國元年為內務總長、國務總理，為刺殺宋教仁案幕後指使者。後因事發請假，不久調直隸督軍。民國三年（一九一四年）二月，暴斃於天津督署。

袁世凱見收買宋教仁沒有成功，便起了殺機。他一方面急電宋教仁趕快返回北京，另一方面又派趙秉鈞、洪述祖等人聯繫到上海的應桂馨，讓他想辦法殺死宋教仁。

## 作惡者的下場

刺殺宋教仁的五名案犯的陰謀雖然得逞，但是他們都沒有落得一個好的下場。

直接兇手武士英被捕後，於四月二十四日晚上離奇地暴死於被羈押的看守所中，其身體特徵有明顯的中毒跡象。民國二年（一九一三年）七月二十五日，應桂馨買通了典獄長，和他的手下裡應外合，越獄後逃往青島。孫中山領導的「二次革命」失敗後，應桂馨以爲自己的出頭之日到了，便多次要求袁世凱給自己平反，並履行「毀宋酬勳」的諾言，索取「勳二等」和現大洋五十萬元。後來在逃跑的火車上，被袁世凱派來的人槍殺。

趙秉鈞於民國三年（一九一四年）二月二十九日，被袁世凱派人毒死於家中。洪述祖逃到青島後，隱姓埋名躲進了德租界。袁世凱死後，他以爲人們已經忘記了宋教仁被刺的事，便悄悄潛回上海租界，不想被宋教仁的兒子宋振呂發現，租界當局將其引渡給中國政府，由京師地方檢察廳提起公訴，被京師地方審判廳判處無期徒刑。民國八年（一九一九年）四月五日，又被大理院判處絞刑。

至此，刺殺宋教仁的五個兇犯都得到了應有的懲罰。

# 革命未成憾九泉——陳其美中計殉國

陳其美有這樣幾個響噹噹的名頭：國民政府的滬軍都督，孫中山的得力臂膀，被贊為「革命首功之臣」；蔣介石政治生涯中的引路者和結拜兄弟；民國「四大家族」陳姓家族創始人陳立夫、陳果夫的叔叔。除此之外，他還有一個甚為不堪的名號「楊梅都督」，因其酷愛聲色犬馬之事，整日花天酒地而得名。

對於他的功過評價，歷來頗有爭議，但無論如何都繞不開兩場暗殺：一是暗殺光復會領袖陶成章，陳其美是主使者；二是作為受害者被暗殺，而主謀則是袁世凱。歷史有時就是這樣驚人地相似，暗殺者也可能變為被暗殺者。

## 懸賞買凶

陳其美自國民政府成立以來，便坐鎮東南，一直掌控著上海一帶。袁世凱竊取大總統一位後，竟夢想恢復帝制，專制獨裁。在上海一帶，陳其美便成了袁世凱的一塊心病。袁世凱命自己的心腹鄭汝成率臨時改編的海軍警衛隊，控制了上海的兵工廠——江南製造局。二次革命爆發後，陳其美被孫中山任命爲上海討袁軍總司令，與鄭汝成展開激戰，終因不敵被迫轉移。

二次革命失敗後，陳其美逃亡海外，後又奉孫中山之命潛回上海，主持上海革命黨人活動。而在此期間，鄭汝成因卓越的戰功被袁世凱封爲上海鎮守使，並在上海大肆殺害革命黨人。陳其美潛回上海後，便決心剷除鄭汝成，一爲革命剷除禍害，二爲死去的革命黨人報仇。經過精心的謀劃，陳其美組織了一支敢死隊，暗殺了欲前往日本使館祝賀日本天皇登基的鄭汝成。

鄭汝成被殺，讓袁世凱十分震驚和惱怒，深恐東南不保，看來只有除掉陳其美才能保證東南一帶的安全。

爲了保證任務萬無一失，袁世凱

陳其美

光緒四年至民國五年（一八七八年至一九一六年），字英士，浙江吳興人，中華民國早期政治人物，青幫代表人物，於辛亥革命初期與黃興同為孫中山的左右股肱。

下了狠心，出手七十萬大洋。這次嗅著錢味兒趕來的是被稱爲「狗肉將軍」的張宗昌。二次革命失敗後，他背叛革命軍，轉投馮國璋，混了一個副官。這次他就是通過馮國璋的關係，接受了袁世凱的收買。

## 鴻門宴

張宗昌接受袁世凱的任務後，便在上海組織了一幫小混混當眼線。按照袁世凱的指示，他要先拉攏陳其美，拉攏不了再謀行刺之事。

陳其美戎裝像

陳其美死後，上萬人參加了為陳其美舉行的國葬。孫中山、唐紹儀、章太炎等主祭，次日歸葬浙江湖州。中華民國郵政發行的烈士像普通郵票中就有陳其美，圖案用的是他任滬軍都督時的戎裝照。

張宗昌擺好了鴻門宴，以舊部下的名義請陳其美敘舊，還拉上了陳其美的遠房親戚，一個陳姓老人。陳其美欣然赴約，他雖不知張宗昌葫蘆裡賣的什麼藥，但機警的他還是暗地裡邀上了幾位軍界的朋友一同前往，以防不測。

陳其美準時赴約，恭候在門口的張宗昌笑臉相迎，慇勤地將陳其美扶上了酒樓。酒桌上，三人一陣寒暄，幾杯酒下肚，張宗昌向姓陳的遠房親戚使了個眼色。

老頭兒忙說道：「大總統眞是個善人哪，專門匯了七十萬大洋，專請英士（陳其美）你出洋考察呢。」

「哦？有如此好事？」陳其美冷笑道，「好啊，我們革命黨人正缺錢呢。」

「這個……」老頭哆哆嗦嗦地說道，「大總統說了，這錢是專爲你出洋準備的，不做他用，若是你不肯接受，恐怕……這錢……就是只爲你而用的。」

陳其美明白了老頭傳達的意思，若是他不接受這個錢，這七十萬大洋便是用來買他的命的。

陳其美淡淡笑了笑，輕呷了一口茶，應道：「我幹我的，他做他的便是。」

張宗昌聽此，覺得拉攏無用，便不動聲色地朝著一旁佯裝喝酒的殺手發了個動手的信號。一時間，幾把槍對準了陳其美的腦袋。眼看著陳其美就要當場喪命，從樓下上來了幾個身著軍裝的人。到底要不要開槍，幾個殺手拿捏不定，陳其美卻熱情地招呼幾位軍官過來坐。幾個人看形勢不好，便要撤離，張宗昌雖不甘心放棄如此大好機會，卻也無可奈何。幾個殺手撤離時驚出一身冷汗，原來他們到樓下後才發現下面還坐著好幾位軍官，他們暗自慶幸自己沒有動手。張宗昌煞費苦心的鴻門宴宣告失敗。

陳其美銅像

杭州西湖孤山，陳其美銅像。該銅像高四公尺，底座高二・五公尺，重二・五公噸。

## 以錢為餌

此後，張宗昌又安排了幾次刺殺，竟然都鬼使神差地失敗了，只是打死了幾個替死鬼。

這時，張宗昌找到了一個關鍵人物李海秋，此人曾是與陳其美共患難的好友，但現在已經叛變。李海秋深知陳其美為人十分機警，在外面刺殺恐不容易，便向張宗昌提議，既然在外面不易得手，不如就去陳其美家中行刺，所謂不如虎穴，焉得虎子。張宗昌聽後大喊「妙哉」。

如何才能混進陳其美家中呢？二人費了一番苦心。他們僱人打探到，陳其美現在最缺的便是錢。孫中山一直敦促其發動起義討伐袁世凱，好配合蔡鍔的護國軍，但資金缺乏確實是擺在陳其美面前的一道難題。於是二人便想到拿錢做誘餌，釣陳其美上鉤。

李海秋聯繫到陳其美，稱淮南鴻豐煤礦公司與日本一家實業公司簽署典押礦地的合約，要陳其美做擔保。作為感謝，鴻豐煤礦公司會把其中的三十萬給陳其美做革命的活動經費。正為經費而苦惱的陳其美不假思索地答應了，地點便約在陳其美在法租界薩坡賽路十四號的寓所內。

魚已上鉤，張宗昌趕緊佈置，組織了一隊人，假扮鴻豐煤礦公司代表，還特意找來了一個日本人。

## 死亡之約

民國五年（一九一六年）五月十八號，雙方約定簽約的日子到了。陳其美喊了輛黃包車急急地趕往法租界薩坡賽路十四號。坐在車上，陳其美想到這筆三十萬的款項不禁眉頭舒展，陳其美仔細在盤算著這筆錢將如何使用，全然不知自己現在正在趕赴的是一個死亡之約。

陳其美按約定時間來到寓所，這時同在寓所的還有廖仲愷等人，他們正在樓上商議事情。他們並不知此次的擔保之事，全因陳其美求錢心切，未與他們商量查證。李海秋等人為了不引起懷疑，分乘了幾輛馬車陸續到了寓所。

陳其美對李海秋此次的牽線搭橋甚為感激，忍不住拉住李海秋的手多寒暄了幾句。一向老謀深算的陳其美完全沒有注意到李海秋瞬間閃過的異樣表情，突來的喜悅使他放鬆了警惕，沒意識到身邊暗藏的殺機。

事情很快步入正題，陳其美引眾人坐至沙發準備談簽約之事，李海秋卻突然用手捶頭，「哎呀，陳兄，十分抱歉，擔保合約我竟然忘帶了。你看我這腦子，最近真是不管用了……」誰都看得出他十分懊惱。陳其美連忙安慰道：「無妨，無妨，李兄回去取便是。」李海秋立馬起身，「真是對不住，耽誤各位了。」說著便向門口走去。

李海秋剛打開寓所大門，幾把手槍便對準了毫無防範的陳其美。原來這是李海秋的暗號，只要自己打開門，他們便開始行動。陳其美見此情形，愣了一下，馬上去摸自己的手槍，但殺手們根本沒有留給他任何反擊的時間，幾把槍對著陳其美一陣猛烈掃射。陳其美連中數槍，睜圓雙眼倒在了血泊中。待樓上開會的廖仲愷等人聞聲衝下樓時，除了陳其美的屍體，已經再無他人了。

## 遲來的追悼

陳其美的慘死，使得孫中山和蔣介石悲痛萬分，蔣介石更是撫著陳其美的屍體痛哭不已，誰能料到自己的結拜兄弟就這樣突然慘遭不幸。陳其美是為了革命才遭此不幸的，按說該辦一場隆重的追悼會，但此時正處於袁世凱統治時期，敢公開露面之人不多，此事便耽擱下來。

民國五年（一九一六年）八月十三號，上海革命黨人雲集一堂，為陳其美舉行了遲來的烈士追悼大會。孫中山更是寫信建議北洋政府對其實行國葬，可見孫中山對陳其美的厚愛之心。陳其美也因此次殉難而飽受盛譽。

民國三年（一九一四年）七月八日，流亡日本的孫中山組織中華革命黨，以「掃除專制政治，建設完全民國」為目的，武力討袁。圖為中華革命黨在東京成立時合影。前排右起：田桐、廖仲愷、居正、胡漢民、孫中山、陳其美、許崇智、鄧鏗年、鄧鏗；中排左一：萱野長知；後排左五戴季陶。

# 鄧鏗飲恨廣州站

## ——陳達生暗殺鄧鏗案

「仲元遽以創死，傷哉！平時忠於國事，勇於奮鬥，前途之望，正復無量！壯年遽殞，不止粵中惜此人才也！」以上是孫中山先生所發的一封唁電。是誰能得到孫中山先生如此高的評價呢？他就是赫赫有名的粵軍參謀長兼第一師師長鄧鏗。他以革命事業為重，竭力化解陳炯明和孫中山之間矛盾的一番苦心，最終隨著那聲槍響而付之東流。

### 突發血案

民國十一年（一九二二年）三月二十一日傍晚，一列從香港九龍開來的火車緩緩地駛進了廣州車站。火車靠站後，從火車中走出了一個一身戎裝的中年軍官，就在他步出車門向迎接自己的人們走去的時候，人群中閃出一個大漢，這個大漢對著那個軍官連開兩槍後，迅速混在人群中逃走了。由於開槍之人戴著帽子，遮住了臉，所以在場的人都沒有看清兇手的相貌。

這位軍官中槍後並沒有當場死去，好心的圍觀者急忙把他抬上汽車送到省長公署，當時擔任粵軍總司令的陳炯明派人以最快的速度將他送往法立韜美醫院搶救。然而，由於傷勢過重，搶救無效，這位軍官於二十三日清晨五時不幸身亡，年僅三十八歲。

廣州市黃花崗鄧鏗墓前塑像

鄧鏗，光緒十二年至民國十一年（一八八六年至一九二二年），原名士元，字仲元，原籍嘉應，後居惠陽。歷任東江第一軍參謀長、中華革命軍東江總司令、參謀長兼第一師師長等職。民國十一年（一九二二年）三月二十一日在大沙頭廣九車站遭陳炯明部屬暗殺。

## 民國軍閥

民國軍閥是指在二十世紀初影響中國政治格局的主要力量，源自於清朝末年，由於義和團事件清廷受到嚴重打擊，慈禧太后體認到面對西方勢力的衝擊訴諸傳統武力乃毫無作用，因此開始主導新政執行。其中一環乃新軍建立，此新軍之核心部隊由袁世凱建立，乃日後的北洋六鎮。辛亥革命發生時，這些原來效忠清廷的北洋新軍就成了後來的北洋軍閥。而地方新軍則成爲各地軍閥之骨幹。

民國軍閥名義上歸屬「中央政府」領導，但他們在各地建立自己的勢力並爲擴大自己的勢力採用各種手段，以軍隊作爲主要政治資本的勢力，在其勢力強大時即成爲當時中國的正式主導政府。在實質上依然屬於傳統意義上的割據勢力。主要勢力早期爲北洋軍閥、滇系軍閥、粵系軍閥等。後期則由中國國民黨、中國共產黨、桂系軍閥、直系軍閥、奉系軍閥等取代。

在其醫治期間，廣州各大報紙紛紛刊登「粵軍革命軍參謀長兼第一師師長鄧鏗遇刺」這條新聞，這件事一時成爲輿論的焦點。社會各界人士都盼望著案件能盡快有個明晰的進展。

鄧鏗，字仲元，廣東嘉應（今梅縣）人。光緒三十一年（一九〇五年），考入廣東將弁學堂第四期步科，祕密加入同盟會。宣統元年（一九〇九年），任黃埔陸軍小學堂學長。第二年，他參加了廣州新軍及黃花崗起義，失敗後出走香港。武昌起義爆發後，鄧鏗與陳炯明等攻下惠州。

鄧鏗於民國元年（一九一二年），任廣東陸軍第一混成協協統，廣東都督府陸軍司長兼稽查局長，後改任都督府參謀長。民國元年（一九一三年），授陸軍中將銜，任瓊崖鎮守使兼民政長，後回省任都督府參謀長。民國三年（一九一四年），在日本加入中華革命黨，任軍務部副部長。民國五年（一九一六年），任中華革命軍東江討逆總司令。民國六年（一九一七年），參與組建粵軍，任總部參謀長。民國九年（一九二〇年）十月，任粵軍參謀長兼第一師師長。

### 迷霧重重

鄧鏗遇刺之後，全國一片嘩然，許多正義之士要求迅速緝拿眞兇。然而，兇手十分狡猾，沒有留下一點線索，使得整個案情毫無頭緒。時間一天天地過去，跟隨而來的是種種猜測和傳聞。

有人說，由於鄧鏗曾率軍打垮桂系陸榮廷的勢力，他的遇刺是陸榮廷的舊部所爲；還有人說，鄧鏗的死是滇系所爲，原因是鄧鏗曾奉孫中山之命討伐滇系；當時在廣州還流行著一種說法，那就是鄧鏗的死是「孫中山派人來幹的」，目的是「為了搞垮粵軍」。一時間眾說紛紜，整個案件也籠罩在重重迷霧之下。

## 眞凶浮出

負責這個案子的是廣東革命政府政務廳廳長古應芬，他認為這個案子事關重大，一定要查個水落石出。經過幾番明察暗訪，他得到線索，矛頭直指陳達生，於是立即對陳達生展開調查。陳達生聞訊後感到害怕而逃匿香港，這更堅定了古應芬的想法。於是他派人去香港暗中察訪，最終探得這次暗殺確係陳達生買通黑社會歹徒所為。

陳達生為什麼要找人刺殺鄧鏗？

陳達生是陳炯明的族弟，經常做一些不法的勾當，曾因操縱兌換券的事被鄧鏗訓斥。後來，陳達生曾向鄧鏗要求擔任廣東鹽運使，主持廣三鐵路和省立銀行，鄧鏗知道陳達生的人

民國十四年（一九二五年）二月一日，廣東革命政府右路軍出師討伐軍閥陳炯明。

品不好，因此沒有答應。從此以後，陳達生便對鄧鏗充滿了仇恨。民國十年（一九二一年），總司令部探得陳達生涉嫌從事武裝販運鴉片的走私活動，走私鴉片的價值達一百萬元，案情重大。事發後，陳達生求情於陳炯明。但是，陳炯明當時兼任禁煙局長，不便開脫，於是交給了鄧鏗去處理，希望鄧鏗能從輕處理。孰料，鄧鏗接案後，堅持嚴辦，沒收了全部走私財物，致使陳達生更加仇視鄧鏗。

民國十一年（一九二二年）三月，陳達生獲悉鄧鏗將在二十日單獨去香港，他認為除去鄧鏗的機會來了，於是買通了一個黑社會歹徒，守候在廣州火車站，等鄧鏗從香港回來時對其行刺。之後，便是故事開頭的那一幕血案。

陳炯明

光緒四年至民國二十二年（一八七八年至一九三三年），廣東海豐人，同盟會會員。民國十一年（一九二二年）因反對北伐，發動叛亂，砲轟總統府。後討陳軍攻克廣州，陳部退據惠東一帶。

## 借刀殺人

案件到此似乎已經接近尾聲，然而事實卻遠非這麼簡單，這後面還有不為人知的內幕。

查明殺害鄧鏗的兇手是陳達生後，古應芬便以廣東革命政府政務廳的名義要求港英當局協同將兇犯逮捕歸案，引渡廣州處置。然而，一個人的出現卻使得所有的努力都毀於一旦，他就是粵軍總司令陳炯明。

陳炯明當初追隨孫中山參加革命，但是在自己手中的權力日益增大之後，其野心也一點點地洩漏了出來，「自立」的打算也愈來愈堅定。鄧鏗在陳炯明的手下為官，兩人曾共同取得了不少戰爭的勝利，身為孫中山三民主義的忠實信徒、中華革命黨的元老，又是陳炯明的老戰友、老部下，鄧鏗為了維繫孫中山和陳炯明的關係，周旋於這兩個人之間，試圖化解他們的心結，引起了陳炯明及其親信的不滿。

陳炯明是廣東海豐縣人，他選用的官員往往都是自己的親信。陳炯明任廣東都督後，大量任用同鄉之人，於是廣州都督府幾乎成了海豐人的天下。民國九年（一九二〇年），陳炯明當了廣東省省長，他在省政府裡安插的親信更多。然而這幫人多是勢利之輩，貪污勒索，無所不爲。鄧鏗爲人正直清廉，對這些人十分不滿，尤其是當他們插手一些軍政要事時，更是讓他十分反感。

鄧鏗曾多次向陳炯明反應那些人的不良行爲，要求陳炯明加以約束，以正軍紀，取得民心，陳炯明並沒有聽取鄧鏗的建議。鄧鏗的進言沒有發生作用，反而引起陳的心腹對鄧鏗的不滿。陳炯明的親信曾買通爲鄧鏗做飯的僕人放毒藥在飯菜內，企圖毒死鄧鏗，但是這個僕人見鄧鏗爲人正直清廉，便不忍心下毒手。

孫中山討伐舊桂系取得勝利後，兩廣的軍政大權落到了陳炯明的手中。他不支持孫中山北伐，還處處阻撓，並且暗中與北洋軍閥吳佩孚聯絡，共同鼓吹「聯省自治」。鄧鏗對此十分不滿，曾多次公開指責陳炯明的所作所爲。曾有人勸鄧鏗不要與陳炯明正面衝突，以免遭人暗算。但是，鄧鏗對此卻一笑置之：「怕死則不做革命事業，大丈夫寧玉碎，何慮也！」

隨著陳炯明和孫中山之間的衝突日益加深，陳炯明便把鄧鏗看做是孫中山埋伏在他身邊的一顆釘子，認爲要以公開武力反對孫中山，必先除掉鄧鏗，就縱容他的那些親信設法除去鄧鏗。

民國十一年（一九二二年）三月二十日，鄧鏗去香港迎接一位朋友，臨走前照例向陳炯明辭行。陳炯明聽說鄧鏗要一個人去香港，心中暗喜，認爲除去鄧鏗的機會來了。但他知道這件事不能親自動手，因爲事情一旦敗露，自己必將成爲眾人攻擊的對象。於是他想到一直痛恨鄧鏗的陳達生，想借陳達生之手除去鄧鏗。陳炯明悄悄地把鄧鏗獨自去香港的行蹤告訴了陳達生，並授意陳達生可以自主行事。於是，陳達生便雇凶在鄧鏗回廣州之時殺死了他。

事發後，英國當局懾於陳炯明的勢力，沒有答應協同廣東革命政府政務廳「將兇犯逮捕歸案，引渡廣州處置」的要求，終使兇手逍遙法外。但是，陳達生最後並沒有落得好的下場，他在戲院前被密探擊斃。

鄧鏗遇刺之後，孫中山撫棺長哭，以中華民國非常大總統的名義下令追贈鄧鏗爲陸軍上將，並將其厚葬在黃花崗七十二烈士墓旁，親書墓碣。眞相浮出水面時，他下令免除陳炯明廣東省省長兼粵軍總司令、內務總長三個職務。爲了報復，六月十六日，陳炯明在廣州發動叛變，砲轟總統府，迫使孫中山退出了廣東。

## 永豐艦

永豐艦可以說是中國最爲出名的軍艦之一，有「濃縮的中國現代史」之喻。一八九四年中日甲午戰爭中，李鴻章主導經營的北洋水師在甲午海戰及之後的威海衛海戰中全軍覆沒。清朝政府再籌巨款重建海軍。一九一〇年，海軍大臣載洵和北洋水師統治薩鎮冰從日本三菱長崎造船所和川崎造船所訂購了同樣款式的鋼木結構軍艦兩艘。造價爲六十八萬日元。一九一一年辛亥革命爆發，清朝滅亡。一九一二年軍艦竣工下水，袁世凱執掌的北洋政府付清了造船的餘款。一九一三年一月，兩艘軍艦開抵上海吳淞，編入海軍第一艦隊，並分別命名爲「永豐」和「永翔」。

永豐艦艦長六十五公尺，寬八・八公尺，深四・五公尺，設主副砲二門，最快航速每小時二十五公里。永豐艦歷經袁世凱稱帝、張勳復辟之後，在張作霖執政時，一九一七年七月，孫中山在廣州發起護法運動，海軍總長程璧光率永豐艦所在的第一艦隊九艘軍艦在上海起義，開赴廣州，成爲孫中山所掌握的少數軍隊之一。

永豐艦與諸多歷史事件有關聯。一九二二年，第二次護法戰爭期間粵軍總司令陳炯明在廣州發動武裝叛亂，砲擊總統府，圖謀加害「臨時大總統」孫中山。孫中山、宋慶齡化裝逃出總統府，在艦長馮肇憲的護衛下，登上永豐艦指揮平叛，歷時五十五天，使此艦成了他的流動總部。

一九二四年十一月，孫中山最後一次搭乘「永豐艦」，轉赴北京共商國事，次年三月病逝。孫中山逝世後，三月三十日廣州國民政府將「永豐艦」改名爲「中山艦」，並於四月十三日舉行更名儀式。

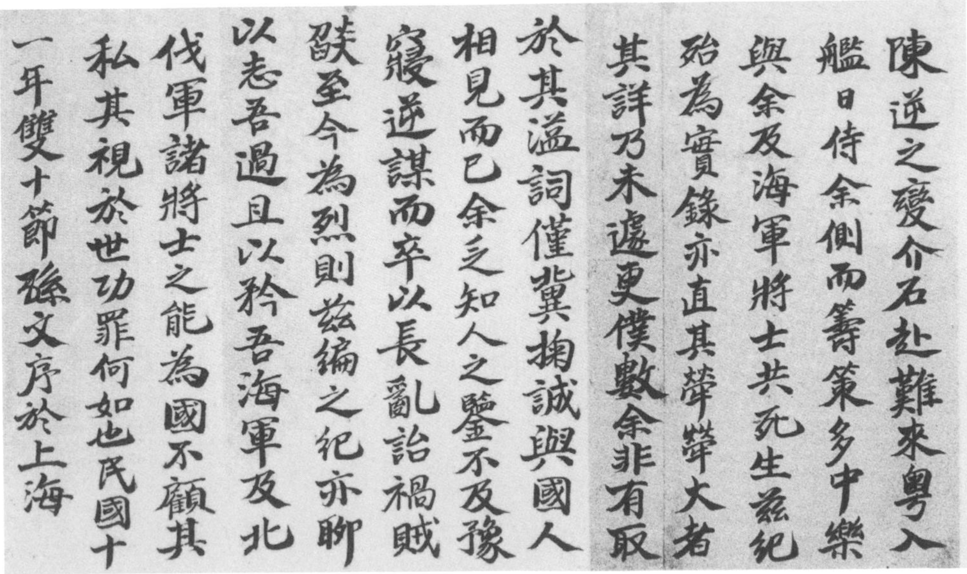
陳逆之變介石赴難來粵入艦日侍余側而籌策多中樂與余及海軍將士共死生茲紀殆為實錄亦直其犖犖大者其詳乃未遑更僕數余非有取於其溢詞僅冀掬誠與國人相見而已余乏知人之鑒不及豫寢逆謀而卒以長亂詒禍賊跌至今為烈則茲編之紀亦聊以志吾過且以矜吾海軍及北伐軍諸將士之能為國不顧其私其視於世功罪何如也民國十一年雙十節孫文序於上海

《孫大總統廣州蒙難記》序。鄧鏗死後不到三個月，陳炯明就砲擊廣州觀音山總統府，孫中山不得不避難永豐艦。事後，蔣介石將此事記錄下來並請孫中山作序。

# 菸槍裡的殺機

## ——吳佩孚暗殺蕭耀南

「如何不著急？著急又如何？且在黃連樹下彈琴，苦中作樂；哪裡去逃荒？逃荒到哪裡？但願青天睜開慧眼，絕處逢生。」這副對聯出自蕭耀南之手，是他在窮困潦倒時寫的。從這副對聯中，我們也可以看出這個臭名昭著的大軍閥有著怎樣的野心。正是這份野心使得他從困苦中發跡，在屠殺中一步步高陞。同樣，也正是這份野心，招來了他的殺身之禍。

### 結交貴人

蕭耀南，字衡山，湖北黃岡人，是家中次子。蕭耀南自幼家境貧寒，其父蕭榮俊以貨郎為業，難以撫養兩個孩子，便將蕭耀南過繼給其兄蕭榮順。蕭耀南在伯父的資助下完成學業，後來娶了蘇氏為妻，生一兒一女，以教書為業。然而，微薄的收入難以維持家裡開銷，因此負債累累。

光緒二十二年（一八九六年），二十歲的蕭耀南出於無奈，離開家鄉，出外謀生。蕭耀南曾賣過水，當過碼頭工人，後經人介紹，到武昌新軍第八鎮工兵營當兵。也就是從這時開始，蕭耀南開始了他的軍旅生涯。

光緒二十七年（一九〇一年），張之洞在武昌創辦湖北將弁學堂，由士兵中選取學生。蕭耀南便考入了該校，並在那裡認識了一個足以改變他一生命運的人——哈漢章。當時擔任清廷軍咨副使的哈漢章是蕭耀南在將弁學堂時的教官，他十分賞識蕭耀南，處處予以幫助。後來，他又把蕭耀南推薦到陸海軍練兵處任職。

宣統元年（一九〇九年），蕭耀南被陸海軍練兵處派到駐奉天的北洋第三鎮任第九標第三營管帶，從此便與該鎮統制曹錕結下深厚的關係，他的陞官之路也從此開始。

### 步步高陞

蕭耀南是個極富心機的人，他看到了曹錕的勢力，便決心依靠。在追隨曹錕期間，他一直扮演著一個「忠實的奴僕」的角色，對曹錕言聽計從。曹錕對蕭耀南也十分賞識，並把自己妻子的妹妹嫁給了他。二人的親密關係由此可見一斑。

民國二年（一九一三年），曹錕的第三鎮改為第三師，便任命蕭耀南為第九團團長，並授予陸軍少將的頭銜。民國九年（一九二〇年），皖直兩系軍閥戰爭爆發，結果段祺瑞失敗，曹錕便擁護黎元洪為大總統，因此頗得黎元洪的信任。曹錕自己陞官發財，也沒忘了自己的連襟，於是晉陞蕭耀南為陸軍中將師長。後來，曹錕選舉大總統時，蕭耀南出力又出錢，成為曹錕的忠實擁護者。曹錕就任大總統之後，提拔蕭耀南為兩湖巡閱使，晉陞其為炳武上將軍。

就這樣，蕭耀南從一介寒士，步步高陞，成為直系的一員大將。然而，隨著自己地位的提升，蕭耀南的野心也一天天地增長。他出任兩湖巡閱使不久，便把原來湖北省省長排擠出去，在沒有任命的情況下，自己兼任了湖北省省長一職。由於他與曹錕的關係，此事後來不了了之。

在陞官之路上，蕭耀南還結識了吳佩孚。蕭耀南任曹錕參謀長時，吳佩孚任師部副官長。二人都讀過一些書，同為秀才出身，不免惺惺相惜，遂義結金蘭，以兄弟相稱。但是，隨著自己勢力的不斷增大，兩人開始明爭暗鬥，都把對方視為自己前進的障礙。

吳佩孚

同治十三年至民國二十八年（一八七四年至一九三九年），山東蓬萊人，直系大將。光緒三十二年（一九〇六年）為北洋第三鎮曹錕部管帶，民國後為陸軍第三師師長。在直皖戰爭中，與張作霖合作打敗皖系。民國十五年（一九二六年）與張作霖聯手，對抗北伐軍，後失敗下野。

## 明爭暗鬥

蕭耀南和吳佩孚雖然一直在暗中較勁，但是考慮到公開對峙對自己有害無益，所以二人雖然都不滿於對方，卻一直沒有爆發衝突。然而，一件事情的發生使二人徹底撕破了臉。

民國十四年（一九二五年）十月，直奉戰爭爆發。由於奉直兩系軍閥的衝突異常地尖銳，直系的將領便擁護吳佩孚為川、黔、桂、粵、湘、浙、閩、蘇、皖、贛、鄂、豫、晉、陝十四省的聯軍總司令，討伐奉系。

蕭耀南雖然很不滿意吳佩孚出任總司令，但是礙於大局，只好同意。同時，他明白，吳佩孚的討奉行動勢必會影響到自己的利益。因此，在擁護吳佩孚時，他提出了自己的條件：第一，討奉軍聯合馮玉祥共同討伐張作霖；第二，各軍軍餉不得由湖北省負擔；第三，湖北的政務，由蕭耀南

湖北軍蕭耀南的銀質獎章

主持，吳佩孚絕不干涉。

不料，吳佩孚上任後馬上就違背了這些協議。首先，吳佩孚將聯馮討奉改爲聯奉討馮；其次，吳佩孚軍隊的軍餉仍靠湖北籌集。吳佩孚還設立匯兌總局，準備發行軍用券三千萬，並且對鹽加價，還要以湖北官產抵押貸款。最讓蕭耀南難以忍受的是吳佩孚利用權勢，橫加干涉湖北政務軍務，將其親信安插到蕭耀南管轄內的重要職位，意圖架空蕭耀南。

吳佩孚的這一切行爲嚴重地損害了蕭耀南的利益，他意識到自己必須有所行動了，否則就會被排擠出局。

不料，此事先被吳佩孚察覺。早有除去蕭耀南之心的吳佩孚一直苦於沒有理由和藉口，「倒吳」事件發生之後，吳佩孚認爲除去蕭耀南的時機已然成熟。

## 收買殺手

吳佩孚明白如果明目張膽地除去蕭耀南，勢必引起其他各省的驚慌，對自己十四省聯軍司令的地位不利，於是決定暗中除去蕭耀南。然而，蕭耀南畢竟是一省之長，無論在家還是出行，戒備都十分地森嚴，特別是他得知自己「倒吳」事件敗露之後，更是命令部下二十四小時執勤，不得有任何疏忽。這一切也都看在吳佩孚的眼中，吳佩孚明白要除去蕭耀南只能從他身邊的人下手。正是基於這種想法，一個人引起了吳佩孚的注意，他就是蕭耀南的書記官馬志宏。

馬志宏曾與蕭耀南的一個小老婆有私情，蕭耀南發現這件事之後十分惱怒，曾當眾大罵馬志宏。雖然，蕭耀南念在他跟隨自己多年的情面上沒有嚴懲馬志宏，但是這件事還是使得馬志宏感到沒臉見人，況且，自此以後他也無法與心上人相會。

吳佩孚瞭解到這一情況之後，馬上設法找到馬志宏，對他說：「我很欣賞你的才華，希望你能爲我效力。」馬志宏聽出吳佩孚的話中藏有玄機，忙不迭地說：「能爲總司令效力是在下的榮幸，但不知在下可以爲總司令做些什麼？」吳佩孚聽得此話，便知刺殺之事已有七八分的把握，於是笑著說：「我欲收馬書記官在我的帳下，不知馬書記官意下如何？」馬志宏忙說：「在下求之不得，有什麼可以爲司令效勞的，司令儘管說。」吳佩孚見時機已經成熟，便說：「我們就打開天窗說亮話吧，我確有一事想請你幫忙，我想請你幫我除去蕭耀南。」說完這話，吳佩孚看了有些遲疑的馬志宏一眼，接著說：「我知道你追隨蕭耀南時間很久了，難免會有一些感情因素的影響，你先別急著回答，聽我說完我的條件以後再回答。」吳佩孚笑了笑，接著說，「首先，我會保證你的生命安全；其次，成功之後，你到我手下工作，保證你的厚俸；另外，如果刺殺成功的話，你還可以和你的心上人在一起，何樂而不為呢？」久經官場的馬志宏明白，如果自己不答應這件事今天就很難活著回去，因此答應也得答應，不答應也得答應。他又想了想，吳佩孚和蕭耀南之間的決鬥在所難免，吳佩孚的勢力要遠遠勝過蕭耀南，如果有一天蕭耀南垮台了，自己就沒有了安身之所，那還不如早作打算，若是真能靠上吳佩孚這棵大樹，自己的前途必是不可限量。想到這些，馬志宏馬上笑著說：「承蒙司令不棄，在下一定完成使命。」吳佩孚笑著點了點頭。

## 菸槍抹毒

從吳佩孚那裡回來之後，馬志宏一直在考慮殺死蕭耀南的方法，他知道自己不能貿然行事，以免打草驚蛇，必須周密地安排，才能一擊致命。他突然想到蕭耀南每天都有吸大菸的習慣，於是一個計劃油然而生。

民國十五年（一九二六年）二月十四日，外出回來的蕭耀南照例拿起了菸槍，不料，沒吸上幾口，他便鼻孔噴血而死。原來，馬志宏事先在蕭耀南的鴉片中下了毒藥。就這樣，野心勃勃的蕭耀南結束了他的一生。

武漢漢口中山大道建築

蕭耀南公館就位於此道九九一號。在中國現代歷史上，曾經在武漢居住過的各派系軍事要員很多，如吳佩孚、蕭耀南、唐生智、白崇禧等。這些人在武昌或者漢口選地出資，修築豪華的私人宅邸，如今依然可尋蹤跡。

# 天津血案

## ——徐樹錚誘殺上將陸建章

滿清末年，整個中國都處在一種混亂之中，軍閥割據，戰爭不斷。各軍閥為了自己勢力的擴張，更是鉤心鬥角。為了除去自己的對手，他們用盡各種手段，暗殺便是一種常見的方式。因為在那個時代，暗殺只是一種方式，殺手只是一個工具，而目的只有一個，那就是利益。

徐樹錚就是這樣一個追逐利益的殺手，然而，他最終也沒有逃過被殺的命運。

### 徐樹錚其人

徐樹錚，字又錚，生於光緒六年（一八八〇年）十一月十一日，安徽蕭縣人。徐樹錚曾想投靠袁世凱，但未被青睞。後來，他無意中結識了段祺瑞，並受到段祺瑞的賞識，逐漸成為段祺瑞帳下的親信人物。光緒三十一年（一九〇五年），段祺瑞保送他去日本軍官學校步兵科學習。二十七歲的徐樹錚回國後，便擔任了段祺瑞的幕僚，曾先後任陸軍部軍學處處長、軍馬司司長、陸軍部次長等職務。

由於才幹出眾，徐樹錚深得段祺瑞的信任。段祺瑞的重大決策行動，大多出於徐樹錚的策劃，段祺瑞的一切公文批閱也都由徐樹錚主持。

南北軍大戰天安門。河北武強縣一家年畫店作坊刻印的作品，表現民國六年（一九一七年）月十二日張勳的軍隊（圖左）與段祺瑞的軍隊（圖右）在北京巷戰的情形。

也正是由於受到段祺瑞的重用，徐樹錚專橫跋扈，目中無人。據說，他每日進總統府蓋印時總是一言不發。有一次，他進總統府蓋章，黎元洪問其緣由，徐樹錚竟然回答：「總統但在後頁蓋章，何必管前面是何事。」足見其專橫的程度。

徐樹錚倚仗著段祺瑞的勢力做出了許多讓人震驚的事情。其中，有一件事情曾轟動一時，那就是他暗殺重臣陸建章。

## 積怨至深

軍閥們爲了自己的利益不惜採用一切方式。因此，軍閥之間的恩怨也是糾纏不清的。陸建章便成了這種恩怨下的犧牲品。

民國五年（一九一六年），時任國務總理兼陸軍總長的段祺瑞。

陸建章，字朗齋，安徽人。他早年畢業於北洋武備學堂，後來投靠袁世凱，又任練兵處軍學司副使、北洋軍第四鎮第七協統領、山東曹州鎮總兵等要職。民國初年，他又任袁世凱總統府警衛軍參謀官、右路備補軍統領，後改警衛軍統領兼北京軍政執法處處長。陸建章在任期間，利用手中的權力，大肆屠殺革命黨人、進步人士及廣大群眾，被稱爲「陸屠夫」。而陸建章與以段祺瑞爲首的皖系軍閥更是積怨已久。

民國三年（一九一四年），當時出任陝西都督的陸建章擁護袁世凱稱帝。這直接影響到了段祺瑞的利益，因此段祺瑞與徐樹錚竭力反對袁世凱稱帝，並暗中促使陝南鎮守使陳樹藩將陸建章驅逐出陝西。後來，有人告訴陸建章，陳樹藩的叛變實爲段祺瑞所爲，陸建章從此對段祺瑞恨之入骨。後來，陸建章被馮國璋任命爲總統府高等顧問，從此便南北奔走，務求倒段。

在鎮壓張勳復辟的事件上，段祺瑞和陸建章的主張也是南轅北轍的。段祺瑞和徐樹錚是徹底的主戰派，而身爲總統府高等顧問的陸建章則爲馮國璋出謀劃策，主張「和平統一」，鼓動曹錕、李純等軍閥發表和平通電。這使得段祺瑞的「武力統一」政策受到嚴重挫折。

民國六年（一九一七年）冬，段祺瑞派遣馮玉祥率領軍隊支援福建，而馮玉祥的軍隊開至浦口便停止前進。不久，段祺瑞又派馮玉祥支援湖南，但是，馮玉祥同樣在中途停止前進。民國十七年（一九二八年）二月，馮玉祥還公開發表主和通電。這一切都是陸建章背後策劃的。就這樣，陸建章和段祺瑞、徐樹錚之間的矛盾日益加深。

然而，段祺瑞和陸建章之間的心

結雖然不可調和，可是直接找到徐樹錚並要求他殺死陸建章的卻是另外一個人，他就是倪嗣沖。

倪嗣沖本來是擁護張勳復辟的。然而，張勳復辟的醜劇受到國人的反對，很快便失敗了。走投無路的倪嗣沖便投奔了段祺瑞，並得以復任安徽省督軍。有了靠山，倪嗣沖便把張勳原來的軍隊全部吞併了，一時間軍力大增，更加飛揚跋扈，無所不為。倪嗣沖的囂張氣焰引起了一個人的不滿，他就是陸建章。於是，陸建章組建「安徽討倪軍」，自己任總司令。

雖然，「討倪軍」給了倪嗣沖很大的打擊，但是，最終還是被鎮壓了下去。從此，倪嗣沖便對陸建章懷恨在心，決意要除去他，於是，他找到徐樹錚表明心意。徐樹錚早已對陸建章十分不滿，便欣然答應。

這樣，一個暗殺計劃便開始祕密醞釀。

## 「屠夫」被屠

民國七年（一九一八年）六月，各省軍事長官準備在天津召開軍事會議，討論繼續對南方作戰及總統選舉的問題。倪嗣沖、徐樹錚等人都來到了天津。當時的代理總統馮國璋為了保住自己的利益，暗中授意陸建章來天津，目的是說服曹錕加入直系，打擊段祺瑞的勢力。此刻倪嗣沖、徐樹錚等人早已決心除去陸建章，欠缺的只是一個好的時機。這次會議的召開正好給他們提供了一個絕佳機會。

六月十四日，徐樹錚打電話邀請陸建章到自己所在的司令部，說是有要事相商。陸建章雖然有些疑慮，但是，他想到自己畢竟是重臣，徐樹錚不敢明目張膽地對自己下手，於是便答應了。

陸建章來到司令部之後，徐樹錚對他十分地慇勤，一會兒倒茶，一會兒遞菸，但是始終不談正事。陸建章見狀有些按捺不住了，便問道：「不知徐先生把我找來，所為何事啊？」徐樹錚說：「早聞先生大名，一直想與您敘一敘，只是苦於沒有機會。今先生北上，來到天津，便冒昧請先生過來一敘，順便談談國家大事。」陸建章說：「你太客氣了，不知要談何事？」徐樹錚並沒有急於回答，他看了看外面，說：「先生，今天天氣很好，我們何不去後花園走走，邊走邊說。」陸建章點頭同意。於是，陸建章和徐樹錚走到了後花園，徐的身邊還帶了兩名衛士。陸建章的興致很高，邊走邊說，忽然，他感到徐樹錚被自己落下了一段距離。就在他回頭要找徐樹錚時，徐樹錚的那兩名衛士已經把槍口指向了他。只聽「砰砰」兩聲，陸建章便倒在了血泊之中。

就這樣，那個昔日殺人如麻的「陸屠夫」，毫無戒備地被殺於後花園。

## 殺人者終被殺

聽說徐樹錚殺死陸建章之後，段祺瑞大驚失色，他知道直系不會善罷甘休，希望徐樹錚早作打算。但是，徐樹錚卻毫不懼怕，從天津打電話通知院秘書長起草命令，稱陸建章勾結土匪，煽動造反，已被擒獲槍決。

但他低估了陸建章的內侄馮玉祥。陸建章非常欣賞馮玉祥的才華，不但視其為心腹，還把自己的外甥女嫁給了馮玉祥。馮玉祥灤州起義失敗被捕後，也是在陸建章的幫助下才倖免於難的。聽到陸建章的死訊後，為自己的老長官和恩人報仇的想法第一時間湧上了馮玉祥的心頭，他立誓要除去徐樹錚，為陸建章報仇。然而以他目前的力量尚無法與徐樹錚抗衡，於是他不動聲色地等待機會的到來。

民國十三年（一九二四年）十一月，天津日租界宮島街，段祺瑞與張作霖、馮玉祥等人召開「天津會議」後合影。同年，馮玉祥發動北京政變，推翻了曹錕的政府，在天津會議上決定擁戴段祺瑞出任中華民國臨時執政府臨時執政。

民國十四年（一九二五年），段祺瑞臨時執政，與馮玉祥的衝突也進一步加深。身為段祺瑞的心腹，徐樹錚積極奔走，想擁立段祺瑞為總統，竭力鼓吹奉、直、皖三系聯合起來，奉段祺瑞為唯一的領袖。他同時還積極聯合孫傳芳等來打擊馮玉祥，鞏固段祺瑞的政權。

十二月初，身在天津的徐樹錚不聽勸阻，準備去北京見段祺瑞，為打擊馮玉祥製造聲勢。在京期間，他大肆鼓吹自己的奉、直、皖三系聯合的主張，希望藉此削弱馮玉祥的氣勢。

新仇舊恨讓馮玉祥對徐樹錚已經忍無可忍，因此，他決定立即除去徐樹錚。十二月二十九日，徐樹錚在京事畢，準備回天津。段祺瑞恐怕途中有變，便派專列送他回天津。馮玉祥得知徐樹錚返津的時間之後，立即祕密部署，派人在廊坊車站埋伏，並命令將其就地槍決。十二月三十日凌晨，徐樹錚乘坐的專列徐徐地停在了廊坊車站，而此時車站早已裡外戒嚴。睡意朦朧的徐樹錚還沒明白是怎麼回事，便被帶出了列車，在車站外被就地槍決。

# 「狗肉將軍」之死
## ——韓復榘計除張宗昌

殺父之仇，不共戴天，而當家仇與軍閥之間的政治鬥爭聯繫在一起時，人們卻不免從中讀出些別的味道來。臭名昭著的「狗肉將軍」張宗昌便是因為有人要報殺父之仇而被殺死的。要說他的死，在當時也是一件大快人心的事。然而，那名正言順的「報父仇」的背後卻有著更為複雜的利益關係。

### 政治漩渦

有些人死了會令人傷心，而有些人死了卻是大快人心。張宗昌就屬於後者，用當時很多老百姓的話來說，就是「他眞的該死」。

張宗昌係土匪出身，後來成爲軍閥，割據一方。他曾出任山東省的主席，在任期間橫徵暴斂，殺人無數，人們怨聲載道。他的劣跡毋須多言，看看他的幾個外號便略知一二了。他因爲好賭被稱爲「狗肉將軍」（人們稱玩牌九叫「吃狗肉」）；又被稱爲「三不知將軍」，即不知自己有多少兵，不知自己有多少錢，不知自己有多少姨太太；還有人稱之爲「混世魔王」，足見其惡名昭著。

民國十六年（一九二七年）六月，張作霖想趁寧、漢分裂之際獲取更多的利益，便派張宗昌到隴海線一帶對付馮玉祥的軍隊。當時張宗昌的身分是安國軍副總司令兼第二軍團軍團長，可謂權傾一時。然而，他在與馮玉祥的交戰中讓軍隊損失慘重，張作霖多次電斥張宗昌久戰無功。氣急敗壞的張宗昌一直想尋機報仇。十月上旬，其部隊再次與馮玉祥的部隊激戰於河南蘭考一帶。

此次交戰中，張宗昌的師長潘鴻

張宗昌生前照片

民國二十一年（一九三二年），曾督理山東全省軍務的張宗昌由山東濟南返回北平，在車站被鄭繼成用手槍擊斃，鄭旋及被捕。國內各團體認為張死有餘辜，紛紛聲援鄭。

鈞用計誘降了馮玉祥軍的旅長姜明玉，並逮捕了馮軍第八方面軍的副總指揮、軍長鄭金聲。大獲全勝的張宗昌得意忘形，又想到之前戰敗被張作霖訓斥，便不顧眾人的勸阻，殺死了鄭金聲。而這個鄭金聲就是槍殺張宗昌的鄭繼成的父親。

事後，明白的人都知道，單憑一己之力鄭繼成是無法做出這種事來的，張宗昌頭部致命的一彈是步槍子彈，並不是鄭繼成手中拿的手槍子彈。於是，線索漸漸集中到了另一個軍閥身上，他就是山東新的土皇帝——韓復榘。

民國十七年（一九二八年）六月四日，張作霖被日軍炸死在皇姑屯。張宗昌向張學良請求率部下出關，然而，張學良對他並不信任，下令其不准出關，並派手下將其控制。九月，白崇禧率部包圍張宗昌部隊。張宗昌見大勢已去，就逃亡日本。張學良對日本人有著特殊的仇恨，他擔心張宗昌會充當漢奸，便於民國二十一年（一九三二年）春電邀張宗昌回國。

回國後的張宗昌想東山再起，而曾經是自己地盤的山東成爲了他最好的選擇。他多次當眾表達自己要回山東重整旗鼓的想法，這便引起了一個人的警覺，他就是當時的山東省主席——韓復榘。

民國二十一年（一九三二年）八月，張學良在北平召開軍事會議，召集華北的諸將領參加。在這次會議期間，張宗昌認識了韓復榘，並在石友三的撮合下結成盟兄弟，張宗昌爲大哥。然而，這位大哥的一席話卻讓他的結義兄弟甚爲不滿。張宗昌曾在席間說：「俺的許多老部下現在都散佈在山東各處，俺只要去招呼一下，立

### 文盲張宗昌之詩

〈天上閃電〉

忽見天上一火鏈，好像玉皇要抽菸。如果玉皇不抽菸，為何又是一火鏈。

〈笑劉邦〉

聽說項羽力拔山，嚇得劉邦就要竄。不是俺家小張良，奶奶早已回沛縣。（奶奶即罵人話）

〈趵突泉〉

趵突泉，泉趵突，三股水，光咕嘟，咕嘟咕嘟光咕嘟！

〈大明湖〉

大明湖，明湖大，大明湖裡有荷花。荷花上面有蛤蟆，一戳一蹦躂。

〈泰山〉

遠看泰山黑糊糊，上頭細來下頭粗。如把泰山倒過來，下頭細來上頭粗。

〈蓬萊閣〉

好個蓬萊閣，他媽真不錯。神仙能到得，俺也坐一坐。靠窗擺下酒，對海唱高歌。來來猜幾拳，老子怕喝多。

〈大風歌〉

大炮開兮轟他娘，威加海內兮回家鄉。數英雄兮張宗昌，安得巨鯨兮吞扶桑。

即可以會合成一支隊伍！」言者無心，聽者有意。不管張宗昌的話是口無遮攔的狂言，還是發自內心的實話，這一席話已經深深地烙在了韓復榘的心裡。對於一個軍閥來說，軍隊和地盤就是生命。一山怎能容二虎！那一刻起，韓復榘心中便起了殺機。

然而，韓復榘畢竟是個聰明人，他明白自己不能明目張膽地殺死自己的結義大哥，他更清楚在這混亂的時局中不能得罪任何一個人，從而背上一個不忠不義的罵名。於是，他想起了一個人，一個有正當理由殺死張宗昌的人，此人就是時任山東省議員的鄭繼成——為父報仇天經地義。

## 密謀定計

韓復榘回到濟南後便找到鄭繼成，告訴他可以幫助他報殺父之仇（其實，鄭金聲是鄭繼成的叔父，因其無子，所以承嗣鄭繼成，故鄭繼成稱其為父）。這鄭繼成也是個血性之人，一聽韓復榘可以為他報殺父之仇，便說：「殺父之仇，不共戴天！我當時就在父親靈前立誓，必手刃仇人以慰英靈。雖時隔五年，報仇之心未泯，只是苦無機會遂願。今若可以手刃仇人，必報大恩，一切全憑主席吩咐。」

於是韓復榘跟鄭繼成一番密語，鄭繼成含笑點頭。見成功說服了殺手，韓復榘放下心來，知道自己的計劃已經成功了一半，接下來要做的便是安排一場戲劇般的場景，讓鄭繼成手刃仇人，也除去自己的心腹大患。

幾天後，韓復榘派人向張宗昌送去許多貴重的禮物和一封親筆書信，說是山東匪亂太多，邀請張宗昌來濟南，共商大計。張宗昌看信後不覺大喜，以為自己翻身的機會來了。他太相信自己在山東的實力了，也絲毫沒懷疑這個結義兄弟，就不顧眾人的勸阻，火速趕往濟南。

張宗昌來到濟南後，韓復榘熱情相待，無微不至，使張宗昌更加堅信自己東山再起的機會來了。

張學良得知張宗昌去了濟南以後，十分著急，隱隱覺得有些不妙，便藉張宗昌姨太太的名義向張宗昌發了一封電報，謊稱其母病危，讓他火速回北平。張宗昌雖說是個殺人不眨眼的惡魔，對其老母親卻十分孝順，接到電報後十分焦急，便馬上向韓復榘辭行。韓復榘怎肯放過這大好時機，他一方面表現出莫大的同情，再三要求為張宗昌餞行；另一方面則加緊實施密謀已久的計劃。

當天中午，韓復榘大擺筵宴為張宗昌餞行。由於掛念家中的老母，張宗昌的心情不佳，沒喝多少酒就已半醉。席間，石友三提議要看張宗昌防身的新式德國手槍，並表現出一副愛不釋手的樣子。張宗昌見狀，便慷慨地把槍送給了石友三。他做夢也沒想到，這一慷慨竟然斷送了自己的性命。

爲了證明接下來發生的事情與自己無關，韓復榘便通知很多山東的軍政要員來爲張宗昌送行，讓他們來見證這一切的發生。

## 車站槍聲

下午五點左右，張宗昌在韓復榘等人的陪同下來到了火車站。

「我打死你這個王八蛋！」隨著罵聲，滿面怒容的鄭繼成拔出手槍便向張宗昌開槍。不料，這一槍卻沒有打響。此時，正站在火車車廂門口和韓復榘等人揮手告別的張宗昌見有人要槍擊他，大驚失色，急忙躲進車廂，並下意識地要掏出手槍還擊。他摸了半天，才想起自己的手槍昨天被石友三要去了。魂飛魄散的他見鄭繼成追上車來，只得跳下火車，沿鐵軌逃竄。鄭繼成哪裡肯放過，在後面緊追不捨。

石友三

光緒十七年至民國二十九年（一八九一年至一九四〇年），字漢章，吉林長春農安人。國民革命軍陸軍中將。石一生中曾先後投靠馮玉祥、閻錫山、蔣介石、汪精衛、張學良、日本人和中共，而又先後背叛之，被時人稱為「倒戈將軍」。

這時，張宗昌的部下劉懷周及幾個衛士趕了過來要救張宗昌，就向鄭繼成開槍。不料，一顆冷彈打來，劉懷周當場斃命，其他衛士也不敢再向前了。但是，平時只顧吃喝玩樂的張宗昌腳下還是慢了些，鄭繼成追到距他還有二十公尺左右的時候又發一槍，張宗昌應聲倒地。

鄭繼成趕上去又補了兩槍，並大聲喊道：「我是鄭金聲的兒子鄭繼成，爲父報仇。」顯赫一時的「狗肉將軍」就這樣結束了生命。

## 三個人的命運

由於「狗肉將軍」張宗昌作惡太多，全國各界人士紛紛致電南京國民政府，認爲其死有餘辜，要求赦免爲父報仇的鄭繼成。最終，在社會輿論和馮玉祥的努力下，一個月後，鄭繼成被國民政府特赦，無罪釋放。

在這件事裡，收獲最大的要算韓復榘了，他不用自己動手，便除去心腹大患，坐收了漁人之利。

# 弱女復仇記
## ——施劍翹手刃孫傳芳

「翹首望明月，拔劍問青天」，這是施劍翹一次舉頭望月的感慨，也是她名字中「劍翹」二字的由來。施劍翹，原名施谷蘭，若不是心中滿懷著殺父之仇，也許她的一生會宛如谷中幽蘭一般，清雅淡泊，充滿著女性的柔與美。但這一切，都被父親的慘死碾碎。施劍翹拔劍相向的正是自己的殺父仇人孫傳芳，曾叱吒一時的五省聯帥。這一切成就了一個弱女的傳奇故事。

### 殺父之仇

民國十四年（一九二五年）的秋天，蚌埠車站門廳上駭人地懸掛了一個頭顱，其狀極爲恐怖，頭顱旁的白布上還用紅筆寫了「新任安徽督辦施從濱之頭」幾個字。在陽光下，這幾個字難以言說地刺眼，令圍觀的、路過的人毛骨悚然。

這顆被曝曬了三天的頭顱正是屬於白布上所寫之人施從濱。施從濱，安徽桐城人，即施劍翹的父親，不過他並不是新任安徽督辦，這是孫傳芳對做了他刀下鬼的最後譏諷。

當時的中國處於軍閥混戰時期，各系的軍閥爲了爭奪地盤，擴大勢力而大動干戈。自二〇年代初，中國軍閥的兩大派系直系和奉系便混戰不斷，先後爆發了三次直奉戰爭，雙方各有輸贏。

刺殺軍閥孫傳芳的俠女施劍翹

孫傳芳早年跟隨吳佩孚，成爲直系將領，而施從濱在外闖蕩多年後當上了山東省軍務幫辦兼奉系第二軍軍長。民國十四年（一九二五年），孫傳芳爲了與奉系軍閥張作霖爭奪安徽，聯絡了些反對奉系軍閥張作霖的勢力，在江蘇展開大戰。張宗昌要一手提拔的愛將施從濱南下抵抗孫傳芳。施從濱開始以年事已高爲由回絕了張宗昌，但張宗昌一再堅持，並允諾只要拿下安徽，便任命其爲安徽都督，施從濱這才答應南下。這也是孫傳芳譏諷其爲「新任安徽督辦」的緣由。

施從濱率兵趕赴安徽，與孫傳芳的部隊展開激戰，孫傳芳從三面插入，對施從濱形成了三面包圍之勢。施從濱見勝利無望便下令部隊撤退。他的部隊裡配備鐵甲車，施從濱便和隨從乘坐鐵甲車撤退。不料孫傳芳早有準備，他命人拆掉了鐵軌，鐵甲車沒了軌道，無法前行，最終翻倒在地。施從濱等人便被俘虜。

兩軍交戰，不殺俘虜，這是部隊作戰的基本共識。施從濱從安徽固鎮被抓到孫傳芳的指揮部蚌埠車站時，孫傳芳周圍的人都這樣勸孫傳芳，讓他饒施從濱一命。但孫傳芳並沒有如此寬宏大量，這個軍閥頭子早已殺人無數，竟標榜殺人是替天行道，信奉的便是「殺人手段救人心」。對於敢於跟自己作對的人，孫傳芳想都不用想，便是一個字「殺」。不光是殺死敵人，他還要讓別人知道敢於跟他作對的下場，於是他將施從濱斬首示眾，還大加羞辱了一番。

## 十年復仇路

施劍翹在家中聽說了父親慘遭殺害的消息，頓時悲痛欲絕。她自幼備受父親疼愛，與父親感情甚篤。父親這樣慘遭殺害和羞辱，施劍翹心裡除了悲痛，只剩下仇恨，「被俘犧牲無公理，曝屍懸首滅人倫。痛親誰識兒心苦，誓報父仇不顧身！」這是施劍翹當時寫下的詩，手刃仇人便是她活著的最大動力！

但一個二十歲之前足不出戶，手無縛雞之力的女子如何才能報仇呢？尤其對方是擁有重兵之人，施劍翹想到了自己的兄長施中誠。施中誠原是施劍翹的大舅的兒子，但因自幼父母雙亡，便過繼給了施從濱，並被他撫養成人。此時，施中誠被張宗昌委命爲團長，這也算是張宗昌對替自己賣命的施從濱的最後一點補償。施劍翹心想，現在唯有還有些勢力的堂兄才有希望幫自己報仇了，便找到施中誠，說出了自己的請求。施中誠一口答應。

但施中誠並沒有履行自己的諾言。官運頗爲亨通的他，後被任命爲了煙台警備司令。此時的施中誠對報仇之事絕口不提，更怕施劍翹日後會連累到自己，便勸施劍翹放棄報仇的想法。施劍翹明白，現在的施中誠已是貪圖富貴享受之人，便心灰意冷，寫了封信給他，表明斷絕兄妹關係。

不能再指望自己的兄長了，施劍翹又把希望寄託在了自己的丈夫施國憲身上。施國憲原是施從濱的手下，當年與施從濱一起被俘，但因官小，孫傳芳未加計較便放了他。此後他在

孫傳芳像

孫傳芳，光緒十一年至民國二十四年（一八八五年至一九三五年），字馨遠，山東泰安人。民國時期為北洋直系軍閥首領。

太原閻錫山手下任了中校參謀一職，並與施劍翹相識。施國憲被施劍翹深深吸引，便向施劍翹求婚。而施劍翹的唯一條件，便是婚後他能替父親報仇。施國憲當下便賭咒發誓，將來一有機會便替她報仇，即使赴湯蹈火、粉身碎骨也在所不惜。施劍翹甚爲感動，便答應了施國憲的求婚。

但是婚後的施國憲實在令人失望，對於施劍翹多次報仇的請求，他只是說不急，等他有了權勢再說。但施國憲慢慢從中校做到了大校，卻依然對報仇之事決口不提。施劍翹也漸漸失望，帶著孩子離開了施國憲，從太原回到了天津。

施劍翹此時明白，報仇不能靠別人，只能靠自己，她再也不會對任何人抱有幻想了。回到天津的施劍翹，偶然聽說自己的仇人孫傳芳竟也因兵敗下野，一直居住在天津租界內。施劍翹不禁仰天一歎，自己多年來的執著果然沒有白費，現在，她和自己的仇人便在同一城市裡。

但天津不是一個小城，在偌大一個城市裡找到一個人又談何容易，況且施劍翹並未見過孫傳芳，連自己的仇人長什麼樣都不知道，又怎麼報仇呢？施劍翹便跑遍天津城，希望能找到一些關於孫傳芳的線索，裹過小腳的施劍翹行動不便，爲了能行動自如，她甚至去醫院做了腳趾拉伸手術。皇天不負苦心人，一日，施劍翹在街邊攤上看見有人將名人照片貼在鏡子上，仔細一找，果然有孫傳芳的，便買了下來，日日端詳，牢記仇人模樣。

一日晚上，施劍翹走至大光明電影院的門口，此時正是電影散場的時間。施劍翹注意到了停在電影院門口的一輛黑色轎車，這輛轎車施劍翹看見孫傳芳乘坐過，車牌號正是一〇九三。這時從電影院走出了熙熙攘攘的人，其中一人，雖是晚上卻仍戴著墨鏡，一副氣宇軒昂的模樣。

此人不是別人，正是施劍翹日也

想夜也想的仇人孫傳芳。仇人近在咫尺，施劍翹第一反應便是拔出手槍將其打死，但此時人群密集，動手肯定會傷及無辜。她還在猶豫中，孫傳芳已坐進車內，揚長而去。

## 血濺居士林

此後，施劍翹又多次跟蹤孫傳芳，但都因其戒備森嚴而無從下手。

轉眼已是民國二十四年（一九三五年）的秋天，父親已經逝世十週年了。但是施劍翹卻仍未能替父親報仇，這讓她內心焦灼無比。

天津居士林

民國二十四年（一九三五年）十一月十三日，施劍翹為替父報仇，在此刺殺了北洋直系軍閥孫傳芳。

民國二十四年（一九三五年）農曆九月十七，這日是施從濱去世十週年的祭日，施劍翹到廟內祭祀父親。一想到父親到現在仍死不瞑目，孫傳芳仍逍遙於世，施劍翹內心悲痛不已，當下不禁痛哭起來。廟內一個和尚見這位女施主如此悲痛，便上前勸慰。無意中，和尚提到了靳雲鵬、孫傳芳等人。

原來此時的孫傳芳已經搖身一變，由殺人如麻的五省聯帥變成了天津居士林的副林長，準備放下屠刀，立地成佛了。「九一八」事變之後，孫傳芳下野回天津居住，但日本人對這些舊軍閥想要極力拉攏。而在另一方面，國民政府的特務機關又對這些舊軍閥嚴密監控，謹防這些人被日本人利用。在這種兩難的境地下，孫傳芳聽從了曾任北洋政府總理的靳雲鵬的建議，皈依佛門，擔任了居士林的副林長，並公開聲明不再過問政治之事。孫傳芳皈依佛門後，法號智圓。

施劍翹就這樣得知了孫傳芳如此重要的訊息。她還打聽到，這位智圓法師每週三、六都必到居士林聽經。施劍翹便化名「董惠」，混進了居士林，以此觀察孫傳芳每次前來聽經所坐的位置和能射擊到他的角度。

民國二十四年（一九三五年）十一月十三日，為了報仇隱忍了十年的施劍翹終於要手刃仇人了。

這一天，秋風蕭瑟，天空還下起了雨，一直到中午都沒有停。這麼糟糕的天氣，孫傳芳也許不會去居士林了，施劍翹的心情又低落到了極點。

到了下午，施劍翹還是決定到居士林看看，希望能看到孫傳芳。孫傳芳果然沒有去，他一貫坐的位置上空空的，堂內聽經的人也不是很多。施劍翹在堂內逗留了一會兒，又要等下次機會了。正想著，施劍翹看見有人在擦拭孫傳芳常坐的椅子，她立刻意識到孫傳芳馬上要來了！

原來這日清晨醒來，孫傳芳便覺精神不爽，天空偏又下起了雨，孫夫人便勸其不要去聽經了，但孫傳芳覺得自己作爲居士林的副林長，誦經之日理當前往，便勉力而去。

施翹劍意識到孫傳芳要來了，趕緊攔了一輛車趕回寓所。原來施劍翹認爲孫傳芳不會前來，便把手槍放在了家中。施劍翹回到家中，穿上先前準備好的大衣。這件大衣是施劍翹特地爲這次刺殺準備的，大衣內深口袋是掩藏手槍的絕好之處。

三點半，一襲青色大衣的施劍翹又一次回到了居士林，誰也不知道她從容的眼神後面暗藏的殺機。孫傳芳也身著黑海青僧袍，像往常一樣邁著標準的軍人步伐走進了會堂，在自己的位置上坐下了。

施劍翹坐在靠後的位置，孫傳芳坐在前排，後面不是射擊絕佳位置，且容易傷及無辜。施劍翹便故意喊道：「後面的爐子怎麼烤得人這麼熱啊！」此時，一位居士便搭話道：「你不會到前排去嗎？」雖然口氣裡帶著些不滿，但施劍翹正求之不得，趕忙上前挪到了孫傳芳右後方的位置。

施劍翹默默地從大衣口袋內掏出了一把勃朗寧手槍，而此時眾居士們都閉目誦經，誰也沒有注意到她的舉動。她迅速打開保險，朝著孫傳芳後腦勺便是一槍，孫傳芳立刻撲倒在地，施劍翹又連補了兩槍。孫傳芳腦漿迸裂，鮮血流了一地。

佛堂內突然響起了槍聲，眾居士睜開眼睛便看見孫傳芳倒在血泊中，又不知發生了何事，現場頓時混亂不堪。施劍翹站起身大聲喊道：「我叫施劍翹，今日爲父報仇，絕不傷及無辜！」接著便向人群散發早已準備好的傳單，一份〈告國人書〉和一張施從濱的照片。

傳單上寫著：「一、今天施劍翹打死孫傳芳，是爲先父施從濱報仇；二、詳細情形請看我的〈告國人書〉；三、大仇已報，我即向法院自首；四、血濺佛堂，驚駭各位，謹以至誠向居士林及各位先生表示歉意。」

施劍翹鎮定地給家中打了個電話後，便向警察局走去。

## 重獲自由

此事轟動了整個天津，天津多家報社也都爭相報導。這起刺殺案交由天津地方法院審理。施翹劍向法官敘述了自己報仇的經歷，法院認為如此縝密的刺殺不可能是一人行為，決心要審出幕後黑手。但施劍翹堅稱是自己一人所為，因復仇之事謀劃十年之久才會如此縝密，何況自幼跟隨父親，懂得如何裝槍射擊，此事絕不牽涉第二人。

同時，孫家人則在四處活動，希望施劍翹被判重刑。但社會輿論站在了施劍翹這一邊，孫傳芳畢竟是個惡貫滿盈的軍閥頭子，雖然死了，也沒贏得社會的普遍同情。社會各界特別是婦女界，強烈呼籲國民政府赦免施劍翹。

法院一審判決施劍翹有期徒刑十年，施劍翹不服，上訴至天津高等法院，二審改判七年。

施劍翹服刑一年後，民國二十五年（一九三六年）十月二十日，國民政府在輿論的壓力下，特赦了施劍翹。在這其中，馮玉祥也出了大力。馮玉祥早年曾跟施劍翹的叔父施從雲參加過反清運動，得知施劍翹之事後，便四處奔走，聯合了三十多位黨政要員，呈請國民政府特赦施劍翹。

施劍翹最終重獲自由。這位傳奇女俠在之後的歲月裡，積極投奔到愛國事業中。特別是在抗日戰爭中，她募集到的款項能購置三架飛機，一九四九年後曾擔任中國蘇州婦女聯合會的副主席。

北京植物園內的孫傳芳墓地

# 英雄魂斷廣西——暗殺大王王亞樵之死

亂世民國，橫空出現了這樣一位神祕人物。他一把斧頭闖蕩上海灘，是赫赫有名的斧頭幫幫主。他神出鬼沒於鬼子、漢奸、特務身邊，只要被他盯上的人，不被殺死，也要聞風喪膽。

日本人說他是「人間魔鬼」，暗殺起家的蔣介石一提起他便頭皮發麻；上海灘的黑幫老大杜月笙、黃金榮經常告誡門徒，遇到斧頭幫能躲就躲。頭號漢奸汪精衛硬是活生生被他敲斷了肋骨。

一路殺來，有人說他是英雄，有人說他是魔王，更有人說世人怕鬼，但鬼都怕他。

他便是有「民國第一殺手」之稱的暗殺大王王亞樵。

## 創立斧頭幫

王亞樵，字九光，光緒十三年（一八八七年）出生於安徽合肥的一個偏僻農村。王亞樵家境貧寒，祖父輩都是佃農。父親王蔭堂略懂醫術，務農之餘行醫看病。王亞樵自幼聰穎過人，十六歲參加清末的科舉考試名列前十。

王亞樵也曾跟隨父親行過醫，雖然不精醫術，但卻深受父親懸壺濟世的思想影響，加上他天生嫉惡如仇，好打抱不平，尤其痛恨清政府腐朽統治和鄉紳惡霸欺壓、魚肉百姓，所以早年便立志要為民除害，幹出一番事業。不久，王亞樵便在家鄉投入到反清革命中。

辛亥革命爆發後，王亞樵在合肥郊區成立了軍政分府，以響應武昌起義，後來受人迫害，逃往南京。在南京加入中國社會黨，宣揚「除暴抑強，鏟富濟貧」。他善於演講，待人

民國十六年（一九二七年）四月十二日，蔣介石在上海發動政變，當局把被殺害的共產黨員和進步人士的頭顱掛在街頭電線桿上。

接物都十分誠懇，善於交際。他遊走於皖中、皖北各縣，有極強的組織能力，在短短的幾個月內，就在安徽地區吸收了社會黨員幾萬人。

但不久，社會黨被軍閥政府宣布爲亂黨，下令解散。王亞樵受到了通緝，逃往上海。初到上海的時候生活極其困窘。王亞樵租住了一間小屋，靠幫傭的姑母接濟。就在這樣的環境下，王亞樵還是廣交各種人士。民國四年（一九一五年），認識孫中山後，王亞樵便追隨孫中山加入革命黨，參與了武裝討袁、南下護法。護法運動失敗後，王亞樵因組織武裝反對軍閥，遭到通緝，就回到安徽。在安慶，王亞樵又組織了「安徽民權協進會」，繼續反對軍閥。

民國十年（一九二一年），王亞樵回到上海，發起組織了「安徽派滬同鄉會」，不到三個月的時間，入會的工人便達十萬人之多。但是上海的資本家和黑社會，是不能容忍這樣一個工人組織的。他們聯合起來，想盡一切辦法搞破壞，王亞樵一氣之下，便決定以惡治惡。他派人打造了一百多把小斧頭，挑選了百名彪形大漢，組成了斧頭幫。

斧頭幫在王亞樵的帶領下，極重友情，講義氣，只要聽說自己的工友被欺負了，斧頭幫便拿上斧頭一擁而上，把對方砍死砍傷。從此斧頭幫殺出一片自己的天地，在上海灘成爲不可小覷的勢力。就連上海的黑幫老大，黃金榮和杜月笙，都視斧頭幫的人爲一群亡命之徒，不敢招惹他們。

有一次杜月笙的手下爲了一艘貨船與王亞樵起了衝突，這位手下仗著自己有杜月笙撐腰，還是張嘯林的侄子，便不把王亞樵放在眼裡，不肯讓步。結果王亞樵直接派人把張嘯林家的後院炸了個窟窿。所以杜月笙經常告誡門徒，遇到斧頭黨能躲就躲，千萬不要起衝突。

但王亞樵畢竟和杜月笙、黃金榮這種黑社會流氓不一樣，他有自己的政治抱負。他跟隨孫中山，擁護三民主義，還暗中結識資助過共產黨人。他的暗殺名單裡有前清餘孽、貪官污吏，還有漢奸特務。而他窮極一生想要暗殺的對象就是當時中國第一人，位尊至極的蔣介石。

王亞樵與蔣介石結怨還得從民國十六年（一九二七年）說起。

## 廬山刺蔣

民國十六年（一九二七年），蔣介石發動了「四一二」政變，製造白色恐怖事件，大肆殺害工人糾察隊員和共產黨員。王亞樵靠勞工起家，他公開發表演講，反對清共，反對蔣介石。

蔣介石本想拉攏、重用王亞樵，見王亞樵反對自己，深知此人若不爲己所用便是一個大禍害，便想先動手收拾了王亞樵。南京警察廳長得到了蔣介石逮捕王亞樵的密令，便命手下七、八個警察前去王公館捉人。但王亞樵在江湖上闖蕩了這麼多年，豈是七、八個警察能對付得了的。這些警察剛進院內，就被王亞樵的手下繳了械，五花大綁地關了起來。蔣介石小覷了王亞樵的本事，而王亞樵更堅定了反蔣的決心。

自民國十六年到二十年（一九二七年到一九三一年），王亞樵共謀劃了五次刺蔣行動，但都未成功。

民國二十年（一九三一年），蔣介石與胡漢民因政見不合，蔣介石強迫胡漢民辭去一切政務並將其軟禁。此舉引起胡漢民部下的強烈不滿，他們紛紛反蔣，甚至密謀暗殺蔣介石。這些人中還有孫中山之子孫科，他帶著二十萬元巨款找到了暗殺大王王亞樵。王亞樵本來就組織過暗殺蔣介石的行動，他們的請求對他來說可謂正中下懷。爲了能刺殺蔣介石，王亞樵在南京上海等地都分設了刺殺小組，準備伺機而動。

這年六月，正值酷暑，蔣介石打算飛往廬山避暑，這一消息被王亞樵探得。王亞樵立刻命令手下分成兩組，一組埋伏在南京機場，另一組則化裝成路人潛往廬山。埋伏在機場的行動小組等候了一天一夜都沒見到蔣介石的蹤影，原來蔣介石臨時改變計劃，改乘軍艦前往廬山。蔣介石在廬山上設了重重檢查關卡，槍械根本無法攜帶進山。

這時發揮關鍵作用的竟然是江浙的特產金華火腿。有一天，王亞樵看妻子在廚房切火腿，頓生出一個好主意。他命人買了十根金華火腿，將中間挖空一塊，剛好能放下一把手槍，接著用針線將肉皮縫在外面還裹上了

民國十六年（一九二七年）三月，蔣介石在上海發動政變，捕人的警車呼嘯在上海街頭，地上尚有群眾的屍體。

些鹽巴。一路上，並沒有人特別注意到這幾根火腿，行動小組順利地將這些槍帶到了蔣介石在廬山上的住處太乙村附近。

行動小組的人到了目的地後，扒開火腿拿出槍後，便將火腿隨意地丟棄在了樹林裡。蔣介石的侍衛巡查時偶然在樹叢裡看見了這幾根火腿，十分詫異。拿起一看更覺新奇，每根火腿中間都被掏空，仔細一聞還有一股機油味。警覺的侍衛馬上意識到中間可能是放了手槍，有人攜槍上山。他們一方面加強了警備，一方面開始封山搜索。

民國二十四年（一九三五年），蔣介石與宋子文在上海合影。

一日，風和日麗，身著長衫的蔣介石靠在滑竿的竹椅上，正欣賞廬山的綺麗風光，心情大好，殊不知危險就在附近。蔣介石行進到樹林附近時，刺殺小組的成員，化裝成路人的陳成喬就在附近。

這正是一個刺殺蔣介石的絕好機會，陳成喬來不及聯繫同伴，從草帽下拿出手槍，扣動扳機就要射擊。蔣介石的一個侍衛突然喊了一聲「危險」，一把按下蔣介石。子彈呼呼地朝蔣介石飛去，卻沒有擊中他，只從他耳邊呼嘯而過。陳成喬還想開槍，但蔣介石的侍衛們集中火力向他開了火。陳成喬身中數彈，當場斃命。

蔣介石躲過一劫，他命手下將陳成喬的屍體掩埋，不許聲張，又密令戴笠迅速查出幕後策劃之人。其實戴笠一猜便是王亞樵。說起來王亞樵應該算是戴笠的恩師，當年戴笠投奔王亞樵的門下，正是王亞樵勸戴笠投考黃埔軍校，戴笠才有了日後的飛黃騰達。戴笠很清楚王亞樵的作風，卻沒有找到任何證據。

## 刺殺宋子文

在廬山的行動小組聽見槍聲後，知道大事不妙，便立刻撤離。王亞樵此次的廬山行刺雖未成功，但他仍未放棄刺蔣行動，無奈蔣介石加強了警備，一直沒能得手。

這時有人建議，要反蔣就先斷蔣介石的財路。一個有力的政權光靠發號施令者還不夠，還要有強大的財力

民國二十年（一九三一年），唐腴臚新婚照。七月二十三日，宋子文在上海北站遇襲，雖僥倖逃脫，但其機要秘書唐腴臚身亡，留下剛結婚五十天的妻子。

支持，蔣介石財政支持者便是時任財政部部長的宋子文。確立宋子文爲暗殺目標後，王亞樵便派人潛伏在南京打探宋子文的消息。

民國二十年（一九三一年）七月的一個下午，王亞樵突然收到了一份南京來的加急電報，電報稱康叔將於今晚乘火車抵滬。電報中的康叔正是宋子文的代號。王亞樵得到消息後立刻部署了三個暗殺行動小組，一組把守在火車站站台內，一組化裝成旅客埋伏在候車室內，還有一組在車站外的路邊把守，三組殺手就這樣盯緊了宋子文。

王亞樵爲每位暗殺組成員都配置了一把手槍、十發子彈和一枚煙幕彈。他的計劃是開槍打死宋子文後，立刻釋放煙幕彈，掩護大家離開。他自己租賃了車站附近的一棟三層樓房，以便隨時觀察車站情況並坐鎮指揮。

七月二十三號，一切都部署好了，計劃也安排得相當嚴密。但就在此時，一個日本人的出現打亂了計劃。就在火車到達前的十五分鐘，站內突然來了很多警察，並開始清理月台上的閒雜人等。原來上海警察局接到通知，與宋子文坐同一輛車來的還有日本駐華大使重光葵，於是佈置了警戒。月台上無法動手了，行動小組立刻向埋伏在候車室的行動小組發出緊急行動信號。

晚上七點整，火車準時到達。普通旅客的人海湧出火車站後，坐在豪華車廂裡的宋子文這才下車。先下來的是他的兩個侍衛，緊隨在後的是宋子文的機要秘書唐腴臚。唐腴臚是豪門貴公子，又出洋留過學，穿著也十分體面洋氣，一身白色亞麻西裝，頭戴一頂白色硬殼太陽帽，腋下則夾著黑色的公文包。宋子文在唐腴臚的身後，也是一身白色西裝，頭戴白色帽子，緊隨宋子文身後的則是背著槍的四名侍衛。

當宋子文一行穿過月台，走至貴賓出口前時，埋伏在車站大樓樓柱後的伏擊小組突然躍出，向著這群人開了火，而在前面的唐腴臚來不及反應便身中數槍倒地。機警的宋子文聽到槍聲後的第一反應就是扔掉顯眼的帽子，拚命往人群裡跑。宋子文的侍衛隊則開始還擊，早有準備的刺殺小組扔了四顆煙幕彈，便撤離了現場。

王亞樵一直以爲擊中了宋子文，後來看到宋子文悼念唐腴臚的訃告，才知道行動失敗了。王亞樵誤殺了唐腴臚感到過意不去，暗地裡爲唐的家屬送去了一千元撫恤金。王亞樵自嘲宋子文是千金之子，不死於盜賊。

## 勇炸日本大將

「九一八」事變爆發後，王亞樵把斧頭幫改組成了鐵血除奸團，專殺日本人和漢奸。民國二十一年（一九三二年），淞滬戰爭爆發，日本陸軍大將白川義則奉命親臨上海吳淞口，坐鎮指揮。上海第十九路軍與日本人展開激烈的交戰，王亞樵憑著自己卓越的組織才能，在幾天內便組織了有萬人參加的「上海抗日救國決死軍」，直接配合十九路軍。得知白川義則來滬的消息後，王亞樵便決心除掉這個魁首，重創日本。

得知白川義則是在「白雲」艦上坐鎮指揮後，王亞樵組織了一支水性好的敢死隊，每人身捆炸彈，潛入江中，他們的目標是炸毀整個「白雲」艦。他們潛到軍艦底部，捆上炸藥。但無奈炸藥的威力太小了，「轟」的一聲響後，整個軍艦只是輕微地晃動了幾下，並未受到重創。

但這一炸，把白川義則嚇得趕忙把司令部從軍艦上遷到了陸地，但暗殺行動並未就此罷休。

民國二十一年（一九三二年）四月國民政府同意與日本簽訂《淞滬停戰協議》，囂張的日本人居然要在虹口公園開「淞滬戰爭勝利祝捷大會」。在中國的領土上開侵略中國的「祝捷大會」，這是每個中國人的恥辱，極具剛腸的王亞樵自然不能容忍，他發誓一定要殺死白川義則，滅無恥日寇的威風。

民國二十一年（一九三二年）四月，日本帝國主義在虹口公園舉行慶祝日本天皇生日及上海事變勝利的典禮時，朝鮮革命黨人放置的炸彈爆炸後的情景。廣西柳州市樂群路大韓民國臨時政府抗日戰爭活動陳列館的歷史照片。

「祝捷大會」那天，日本人把整個虹口公園佈置得異常繁榮。日本人怕中國人鬧事，除了規定中國人不得入內外，更加強了警衛，公園四周崗哨林立。王亞樵早有準備，他命其弟密約朝鮮革命黨人安昌浩等人商議計劃。裝扮成日本僑民，將定時炸彈藏在熱水瓶中帶進了會場。裝著炸彈的熱水瓶與其他水瓶一起被放在了主席台上，並未引起日本人的注意。

上午九點整，日本大將白川義則、日本駐華大使重光葵等十幾名日本政要大員到場，在主席台上就座。但未過多久，隨著一聲巨響，主席台上頓時血肉橫飛。白川義則被炸得血肉模糊，三日後不治身亡。重光葵被炸斷了條腿，其餘十幾人也死的死、傷的傷。

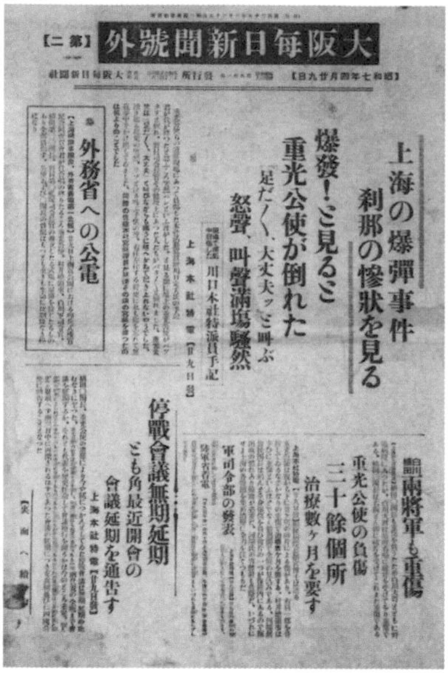


民國二十一年（一九三二年）四月二十九日，日本《大阪每日新聞》號外，上海日租界虹口事件，韓國義士炸死日軍司令，日本公使重光葵被炸斷一條腿。

## 刺殺汪精衛

蔣介石雖對王亞樵恨之入骨，多次命戴笠追捕，卻無果而終。在刺殺日本大將成功後，蔣介石感到既然抓不到王亞樵，不如就把他掌控在自己手中，為自己所用，於是又動了拉攏之心。他命戴笠派人送四萬元給王亞樵以示表彰，王亞樵收下錢轉眼就送給了安昌浩等人。蔣介石知道後，又找來與王亞樵有些交情的人，送去了三千元的票子，並許之中將官職。但王亞樵不為所動，說自己不想效仿戴笠。

蔣介石收買不成，便想名正言順地收拾王亞樵，就到處找王亞樵的把柄。正巧此時，王亞樵謀刺國聯調查團團長的事情暴露，蔣介石立刻懸賞百萬緝拿王亞樵。

王亞樵看形勢不對，便避走香港。即使在香港，王亞樵也沒有放棄反蔣。民國二十四年（一九三五年），國民黨四屆六中全會即將召開，王亞樵便與李濟深等人密謀，藉開會的機會殺掉蔣介石，殺不了蔣介石，也要除掉國民黨的第二把交椅的汪精衛。

為了能拿到國民黨四屆六中全會的入場證，王亞樵籌措資金，在南京辦了晨光通訊社。取得了記者身分的孫鳳鳴順利拿到了入場證，刺殺任務就由他來擔任。開幕式後，按照慣例，國民黨中央委員們將要站在會議廳門前列隊照相。孫鳳鳴便打算在照相時下手，但照相時卻唯獨不見蔣介石和汪精衛的身影。原來汪精衛未見蔣介石便上樓請他，蔣介石卻突然改變主意，決定不參加拍照了。汪精衛只得下樓，和委員們照完相後便準備離開，孫鳳鳴怕錯失良機，便迅速從衣內掏出手槍，朝著汪精衛連開三槍，汪精衛轉眼便倒在血泊中。

蔣介石大驚，命戴笠迅速破案。後來，他知道此事係王亞樵所爲，繼而得知原本的刺殺目標是自己，頓時覺得頭皮發麻，惱怒之餘，眞正倒吸了口冷氣。舊怨添新仇，蔣介石命令戴笠，要不惜一切代價剷除這個令他夜不能寐的刺客。

## 魂斷梧州

戴笠得知王亞樵隱匿在香港後，專程飛赴香港，要求香港警察配合緝拿王亞樵。一時之間，軍統特務游穿於大街小巷。王亞樵深知自己在香港處境十分不利，便來到廣西，改名換姓，住進了李濟深家。

在廣西的這段日子，王亞樵看到國內形勢的瞬息萬變，感到此時社會上任何勢力都有和蔣介石苟合的可能，只有共產黨不會。在輾轉反思中，王亞樵決定遠赴延安，投奔共產黨。他向李濟深表明心跡，李濟深專門給周恩來寫了封推薦函。然而還沒有等到延安的回信，王亞樵竟命喪廣西。而一向神出鬼沒的王亞樵之所以會喪命，竟然是因爲一個女人。

戴笠在香港的特務偵查到王亞樵去過一個骨幹余立奎的住處，便設法將之逮捕。余立奎有個小老婆叫余婉君，余立奎被捕後，戴笠對她威逼利誘，從她口中得到了王亞樵的下落。接著戴笠便要求余婉君去找王亞樵，釣其上鉤，給余婉君的好處就是一大筆金錢。

被戴笠收買的余婉君來到廣西梧州，找到了王亞樵。她告訴王亞樵余立奎被捕了，自己和三個子女沒有經濟來源，無處安身，希望王亞樵能接濟他們母子。仗義的王亞樵便一口應了，把她安排在梧州東邊的一個樓房裡。

一日，余婉君說是有事相求，請王亞樵到家中商量。王亞樵一時疏忽大意，毫無防備地就過去了。誰知道王亞樵一進余家門，早已潛伏在余家的特務立刻把門掩上，朝著王亞樵的眼睛便撒上一把石灰。接著特務們手持利刃，一擁而上，朝著王亞樵要害連捅幾刀。而特務們爲了向戴笠領賞，竟殘忍地將王亞樵的臉皮撕下來。余婉君最終也未得到好下場，戴笠爲了殺人滅口，事後就暗暗殺死了她。

# 河內槍聲

## ——軍統赴越追殺汪精衛

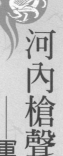

政治從來都不是一泓淨水。歷史上刺客之間，利益面前兄弟反目、朋友背信自古便是常事，通敵賣國者更不乏其人。大難之時更能顯示出一個人的本性。歷史時刻在考驗著人們，而這點在政客身上表現得最為突出。

汪精衛是個經不起歷史考驗的人。在利益面前，在國難之時，他選擇了背叛，選擇了賣國。

### 與蔣決裂

從「七七事變」到民國二十七年（一九三八年）十月，僅一年多的時間，侵華日軍就佔領了北平、天津、上海、南京、廣州、武漢等中心城市，國民黨軍節節敗退，局勢岌岌可危。

在這國難當頭之時，汪精衛的心開始不安分起來。他想自保，更想掌權。他想在這亂世之中成就自己的一番「事業」。與蔣介石翻臉後，他設法討好日本人，密謀媾和。

此時的日本人也想在中國扶植傀儡政權，以瓦解中國軍民的鬥志。因而，他們也不斷地向汪精衛透露著「曖昧」的訊息。

可恥的行徑就這樣開始了。

民國二十七年（一九三八年）十月十二日，日軍在大亞灣登陸，廣州告急，武漢難保，國民黨的軍事指揮機關也全部遷到重慶。這時，日方提出了一個「和談」的方案，主要內容是：蔣介石下野，汪精衛重組內閣，與日本政府共促「和平運動」。

面對此種境地，蔣介石毅然做出一個決定——抗日。此話一出，果然一呼百應。

汪精衛的美夢就這樣破滅了，走投無路的他只得出國避難，逃奔越南河內。

險些成為別人階下之囚，蔣介石怎能就此罷手，此仇不報，怒氣難消，況殺一賣國之人亦名正言順。於是，他選派殺手，要對汪精衛實施暗殺。

### 鎖定「獵手」

蔣介石知道汪精衛是一個十分狡猾的人，想要暗殺他並不容易。他要選擇好的「獵手」以確保一擊致命。

他的目光鎖定了陳恭澍。

陳恭澍，福建龍海人，黃埔軍校第五期警政科畢業。此人爲戴笠手下軍統四凶之一，也就是軍統「四大金剛」之一，人稱「辣手書生」。

陳恭澍受過專業訓練，軍旅生活造就了他成熟穩重的性格，他遇事沉著、冷靜，應變能力強。蔣介石之所以選定陳恭澍，也是看重了他這一點。因爲，蔣介石明白，殺手不僅要有殺人的技巧，還要有智慧，特別是在對付汪精衛這樣狡猾的對手時，智慧往往更加重要。

爲防萬一，蔣介石又選派擅長武術和手槍射擊的武術教官唐英傑，勇敢機智的於鑒聲、張逢義、陳邦國、王魯翹等人一同前往。他深深明白，汪精

### 「革命不成功就不結婚」

光緒三十四年（一九〇八年）二十六歲的汪精衛與時十七歲的陳璧君相互都有了好感。在《民報》的編輯部裡，受大家追捧的富家小姐陳璧君逐漸發現自己愈來愈喜歡相貌英俊、生活嚴謹的汪精衛。在一堆年輕人中，很少有人能像他這樣潔身自好，菸酒不沾。

更使她頗為動心的是汪精衛「革命家不結婚」的信念，他認為真正的革命家生命無保證，生活無著落，結婚必然讓妻子跟著自己受苦，而讓自己所愛之人一生不幸福則是最大的罪過。最終，奉行「革命不成功就不結婚」的汪精衛在辛亥革命成功後，迎娶了一直追隨在身邊的陳璧君，婚後也一直嚴守一夫一妻的準則，成為當時的一段佳話。

民國二十七年（一九三八年）三月，汪偽「國民政府」成立時，汪精衛與陸海軍首腦合影。汪精衛（中穿西裝者）左為鮑文樾，右為任援道。

衛只要活著就是自己的威脅，因此一定要置汪精衛於死地。

## 投毒失敗

久經沙場又深諳政壇之道的陳恭澍懂得金錢的力量。他以重金收買了汪寓的侍從阮小姐，這個阮小姐熟悉汪寓裡面的一切。陳恭澍等人便不斷從她的身上獲取有關汪精衛的情報。

利用阮小姐提供的情報，陳恭澍等人曾先後兩次試圖毒死汪精衛，但是均告失敗。

一次是透過阮小姐，他們瞭解到汪精衛早餐吃麵包，而且只吃某一家麵包店的麵包。於是他們決定在麵包裡下毒。可是，當他們買來麵包進行試驗時，發現不管什麼樣的麵包，注入劇毒藥水後，接觸藥水的地方都會變成硬塊。儘管他們多次努力，麵包都有較顯著的痕跡。因此，這一計劃只好放棄。

另一次是準備在汪精衛的浴室裡放毒氣。陳等人透過阮小姐得知汪精衛用的浴室的水龍頭有漏水的毛病，想找人修理。他們便想藉此機會殺死汪精衛。他們設法把欲去汪寓維修的修理工人軟禁，然後，派一名略懂水管修理的行動人員冒充修理工前往汪寓。這名行動人員在修理完水管後便把一瓶盛有毒氣的瓶子放在浴盆的底下，並在離開時把瓶蓋打開，關閉了浴室的窗戶，希望毒死汪精衛。但是，沒想到水管修好後，汪精衛的一名侍從到浴室檢查時，感覺到空氣有問題，繼而發現了浴盆下的毒氣瓶。

就這樣，兩次下毒均告失敗。

民國二十八年（一九三九年）五月三十一日，汪精衛到日本東京商談在南京建立政權。

## 狙殺落空

陳恭澍等人知道浴室投毒失敗後，汪精衛已經有所警覺，他們必須等待更好的機會。

據阮小姐探知，汪精衛將於某日（約民國二十八年三月中旬）去離河內四十多公里的丹通鎮三島風景區旅遊。陳恭澍等人毅然決定要狙殺汪精衛。他們分乘兩車，在汪精衛出遊之日，搶在前面，停在他的必經之路上，等待時機下手。

然而，汪精衛畢竟還是有自知之明，他知道現在自己是眾矢之的，因此每次外出必是戒備森嚴，此次出行更是有一輛滿載安南武裝警察的警備車跟隨。可是，陳恭澍等人不想放過這個機會，便緊緊跟隨，伺機下手。不料，汪精衛的警備人員見有兩輛車一直跟著，便起了疑心，於是，突然調轉車頭往河內市裡駛去。陳恭澍等人只得調頭追趕，這就更加暴露了他們的目的。由於警備車始終行駛在汪精衛和陳恭澍等人的車之間，陳恭澍等人一直跟到河內市裡，見敵眾我寡，而又無機可乘，只得驅車而回。

就這樣，狙殺行動又告破局。

民國二十八年（一九三九年），汪精衛發表「和平救國論」，鼓吹和平運動曲線救國，《上海時代》當天推出號外。

## 不安的等待

兩次失利讓陳恭澍等人感到了對手的狡猾。他們知道，經過這兩次事件之後，汪精衛肯定會更加小心、更加謹慎，因此不敢再輕舉妄動。他們明白需要更好的時機、更周密的計劃、更大膽的決定，必須準備到萬無一失才能一擊制敵。

他們在汪精衛的住所（河內高朗街二十七號）對面租賃了一棟房子住下，密切地注意著汪寓的一切：房屋的佈局、出入的行人、武裝的設置等。在此期間，他們還派擅長武術的唐英傑兩次進入汪寓打探情況。

就這樣，一個多月的時間在寂靜中過去了，而這一個多月的寂靜中卻充滿了殺機。

## 誤殺曾仲鳴

民國二十八年（一九三九年）三月二十日的夜晚，汪精衛必定終生難以忘懷。當夜，汪寓大擺筵宴，一片歡騰，有宴必有酒。酒後的人們都疲憊了，鬆懈了。

大約午夜十二時左右，正當汪寓的人們沉浸在睡夢中時，陳恭澍等人翻牆而入。經過一個月的觀察，陳恭澍等人對這座三層小樓的佈局爛熟於胸。什麼地方住著什麼樣的人，什麼地方有什麼樣的武裝，他們都一清二楚。他們直奔二〇四號房間（汪精衛的臥室）。

王魯翹拿出事先複製好的鑰匙準備開門射殺汪精衛，或許是看到勝利在望比較激動，他用力過猛，鑰匙竟然被掰斷了。唐英傑見狀不及多想，掄起鋼斧向房門砍去，沒幾下，一塊木板被擊落，露出一尺見方的窟窿。唐探頭瞧去，藉著微弱的燈光見有人正躲在床上，他們認定此人便是汪精衛，連開三槍。陳恭澍等人見那人當場斃命，甚是歡喜。由於槍聲驚醒了警衛人員，他們不敢逗留，立刻撤走。

## 功虧一簣

陳恭澍等人沒想到，自己的努力、自己的準備竟因一

民國二〇年代（一九三〇年代），汪精衛與秘書曾仲鳴（左二）坐渡船赴南嶺旅遊途中留影。

## 汪政府時代

民國十四年（一九二五年）三月十二日，國父孫中山因肝癌在協和醫院逝世。由於他生前沒有指定自己的接班人，國民黨內資歷和聲望很高的汪精衛，就成了國民黨第一領導人。同年七月一日，國民政府正式成立，汪精衛當選爲國民政府主席，兼任中央軍事委員會主席，集黨、政、軍大權於一身。

上任後的汪精衛，積極遵守孫中山提出的「聯俄、聯共、扶助農工」的三大政策，任命了一批共產黨員位居國民政府的要職。然而國民黨內部愈來愈激烈的派系紛爭終以左派代表人物廖仲愷被暗殺達到了白熱化，汪政權不穩固的事實使汪精衛陷入進退兩難的窘境。

以胡漢民爲首的國民黨右派反對聯共，他們經常在黨內猛烈地批評左派的主張。廖仲愷死後，主謀胡漢民被迫離職出國，群龍無首的右派在廣州政府無法立足，於是跑到北京另立中央。

民國十四年（一九二五年）十一月二十三日，戴季陶、林森等一批國民黨中央執行委員和中央監察委員，召開了所謂的「西山會議」，通過了一系列反對聯俄聯共的決議案，還宣布開除汪精衛黨籍半年。第二年四月，廣州國民黨中央召開了「國民黨第二次全國代表大會」，汪精衛在會上重申堅持孫中山的聯俄聯共三大政策，並當選執掌最高權力的中央執行委員會主席。這時迅速崛起的蔣介石開始漸漸改變擁護左派的立場。民國二十五年（（一九二六年），逐漸被架空的汪精衛不得不主動辭職，把政權交給了蔣介石。

個女人而功虧一簣。

原來，當夜汪精衛的秘書曾仲鳴的妻子方璧君從香港來到河內，宴席便是爲她準備的。汪精衛對朋友還算用心，便主動要求與曾仲鳴換房間，以成人之美。就這樣，曾仲鳴夫婦住進了二〇四號房間，而汪精衛則住在隔壁的二〇五號房間。當陳恭澍等人打破房門，拔槍怒射時，屋內的其實是曾仲鳴夫婦。由於光線的緣故，他們沒有看清是誰，以爲射殺的就是汪精衛，歡喜而歸。

汪精衛做夢也沒想到，這樣一個小小的舉動竟救了自己一命。要說汪精衛能夠活命還得感謝這樣一個莽夫，那就是山東大漢趙國慶。

趙國慶是汪精衛的保鏢，當夜他住在汪精衛的隔壁房間，聞聽槍聲，立即跑入汪精衛的房間，連房門也來不及鎖上，就用雙腳死死地把門頂住。陳恭澍等人原本也想衝進二〇五號房間，但是由於房門一時無法打開，而槍聲又驚動了警衛，只好作罷。汪精衛由此撿回一命。

逃過一劫的汪精衛更堅定了與蔣介石分裂的決心，加速了投靠日本人的步伐。

# 傅筱庵血染菜刀

## ——朱升源受雇除奸

並非所有的殺手都是以殺人為職業的，當一個從未殺過人的人突然拿起屠刀時，那是最危險的，因為沒人對他存有戒心。當一個從未殺過人的被選擇作為殺手時，往往是因為他可以無限度地接近要暗殺的對象。

朱升源就是這樣的一個人，他沒有殺過人，卻被選為殺手；他不是一個職業殺手，但是他做出了或許職業殺手都做不到的事：他用一把菜刀就殺死了躲過無數次暗殺的大漢奸傅筱庵。

### 賣國求榮

傅筱庵是浙江鎮海人，北伐戰爭前，他已是上海灘集官僚、買辦、金融巨頭於一身的顯赫人物。但是，他是一個不知滿足、爲了達到目的不惜付出一切代價的野心家。北伐軍佔領上海以後，傅筱庵遭到通緝，他便向日本人求援，在日本人的保護下逃往大連。他在大連的幾年，一直等待時機以求東山再起。

「七七事變」後，日軍佔領了上海，想在上海實行他們一貫的「以華制華」政策，因此，一直尋覓合適的人選，爲自己服務。也就在這時，傅筱庵受到日本人的注意。民國二十七年（一九三八年）十月十六日，傅筱庵正式出任僞上海市的特別市長，成爲日本人的走狗。

利慾熏心的傅筱庵上台後的第一件事就是撤掉上海市所有的青天白日旗，換上維新政府的五色旗，並且以日本人爲後台大肆鎮壓中國人民的反抗，一時之間，民憤難平。這也惹惱了一個人，那就是蔣介石。傅筱庵的所作所爲直接影響到了以蔣介石爲首的國民黨的利益，因此，蔣介石決定除去他。

傅筱庵

同治十一年至民國二十九年（一八七二年至一九四〇年），名宗耀，字筱庵，浙江鎮海縣城人，曾任偽上海特別市市長等職。

## 柳暗花明

傅筱庵投日之後，蔣介石決心要除去他，就命令戴笠安排一切。於是，戴笠發電報給軍統上海特區區長陳恭澍，要不惜一切代價除去傅筱庵。陳恭澍接到電報後，馬上做了積極的安排。

然而，傅筱庵深知自己現在是眾矢之的，因此格外地小心，經常深居簡出。他住的地方佈滿了警衛部隊，晝夜站崗，任何人都不得接近。每次外出，他都是乘坐防彈汽車，並且前後四輛警衛車，二十幾名保鏢全副武裝，因此很難下手。雖然，陳恭澍曾兩次派人伺機刺殺傅筱庵，但是都沒有成功。

民國二十八年（一九三九年）三月，插著日本國旗和五色旗，慶祝偽維新政府成立一週年的上海百老匯大廈。

這兩次刺殺雖說沒有成功，卻也驚出傅筱庵幾身冷汗，這使得他行事更加小心，也使得刺殺行動更加困難了。陳恭澍等人明白，要想除去傅筱庵，還得想一個萬全之策，不能再留然行事，以免打草驚蛇。考慮再三之後，他們決定從他身邊的人下手，只有可以接近他的人才會使刺殺更加有把握。

軍統的目光很快就鎖定了一個人，他就是傅筱庵的廚子朱升源。朱升源爲人憨厚剛直，從小父母雙亡，後來被傅筱庵收留，因感激傅筱庵的恩情，二十多年來一直對傅忠心耿耿。傅筱庵對他也十分信任，很多重要的事情都交給他做。然而，最近朱升源卻和傅筱庵鬧得很不愉快。

原來，朱升源在被傅筱庵收留之前曾在一家日本工廠工作，那一段日子讓他受盡了折磨，生性剛直的他看到同胞們受苦亦是十分地心痛。因此，朱升源對日本人有著一種仇恨。在傅筱庵出任上海僞市長之前，朱升源就曾幾次勸說傅筱庵不要淌這渾水。然而，一意孤行的傅筱庵根本聽不進去。傅筱庵當上上海僞市長之後，朱升源也曾幾次勸說傅筱庵不要再當了，但是都被傅筱庵拒絕。因此，朱升源一直悶悶不樂。

殊不知，他們主僕的不合卻爲軍統的人創造了一個千載難逢的機會。

這一天，朱升源走到傅筱庵的書房，試圖再次勸阻傅筱庵。由於最近的刺殺事件讓傅筱庵十分頭痛，還沒等朱升源說幾句，他就一頓臭罵，把朱升源罵了出去，使得這位忠心耿耿的老僕人十分地傷心。憂心忡忡的朱升源便一個人跑到酒館喝悶酒。而這家酒店的老闆正是軍統的眼線，朱升源一進酒館，老闆就把他認了出來，便主動上來搭訕，並裝出一副一見如故的樣子，主動請朱升源喝酒，二人聊得十分投機。酒過三巡，老闆想探探傅筱庵的情況，便問朱升源在哪裡高就。此刻的朱升源已是半醉，便說自己是傅筱庵的僕人，酒店老闆連忙裝作驚訝，連聲說「失敬失敬」，並說朱兄可是貴人啊，在傅市長府裡工作很讓人羨慕啊。然而，這幾句話卻打開了朱升源的話匣子。他把酒杯一摔，便將自己勸說傅筱庵反而被罵的事情告訴了這個酒店老闆。

老闆聽到這些心中暗喜，本想打探傅筱庵的情況，卻有意外的收獲。老闆愈加殷勤，並在朱升源走時約定改天再聚。送走朱升源後，酒店老闆馬上把這一情況上報給陳恭澍等人。得知這個消息後，陳恭澍等人十分驚喜，認爲這是個機會。如果能把朱升源拉攏過來，刺殺必定能夠成功。然而，陳恭澍等人也考慮到，朱升源和傅筱庵畢竟有二十幾年的主僕之情，要拉朱升源下水，必須得想個權宜之計。

## 設計誘降

金錢和美女自古便是政治家善用的招數，而且屢試不爽。這二者單純一樣就可以讓人迷失自己，如果兩者並用，其威力可想而知。

陳恭澍等人一方面命令酒店老闆繼續與朱升源交往，一方面積極籌劃策反朱升源的計謀。就這樣，時間一點點過去，而時機也正一點點成熟。

這天，朱升源又來到酒館，此時他已經和酒店老闆是無話不說的朋友。這次，老闆照樣是殷勤招待，酒酣之時，老闆說：「我知道朱兄雖已年過四旬，卻還沒有老婆，我有一個表妹至今還未嫁人，我和朱兄情投意合，想撮合你們，你看怎樣？」說著，便叫進一個亭亭玉立的女人來。四十多歲的朱升源至今未近女色，見到這麼漂亮的一個女人，自是神魂顛倒，連聲說「好」。從此之後，朱升源來酒館的次數更加頻繁。

民國二十九年（一九四〇年）十月的某一天，朱升源再次來到酒館，他剛進門，老闆便說有人想要見他，並帶他走進了後堂。後面坐著的人正是陳恭澍。陳恭澍見到朱升源之後，直言道：「我是軍統上海特區區長陳恭澍，有事想請朱先生幫忙。」朱升源先是一驚，後來鎮定下來問道：「什麼事？」陳恭澍說：「我知道朱先生是個愛國之人，看不慣傅筱庵的惡行，所以我想請朱先生幫我們軍統除掉他。」朱升源大吃一驚，不知怎麼應答。陳恭澍又說：「我知道你和傅筱庵有二十幾年的主僕之情，你很難下手，但是你要考慮一下，如果你一直待在他的身邊，你也逃不了賣國賊的罵名。如果你能幫我們除去他，不僅會留得一個美名，我們軍統還會擔保你的安全，並以五萬大洋爲報酬，送你和你那位未來的老婆遠走高飛。你好好考慮一下。」經過一番思量，朱升源咬咬牙說：「我幹。」

日軍統治上海時，市民們在排隊搶購配給米（即「户口米」）。

## 深夜除奸

民國二十九年（一九四〇年）十月十日，是汪僞國民政府正式成立後的第一個雙十節，日僞佔領區的南京、上海等地的大大小小漢奸大肆慶祝了一番。

狂歡過後，六十八歲的傅筱庵於凌晨三點從法租界返回自己的官邸。回來後，朱升源先伺候他睡下，隨後等所有的人都睡著了，便悄悄地拿了把菜刀走上了樓。隔著門一聽，裡面的傅筱庵鼾聲如雷，朱升源便拿出事先配好的鑰匙，輕輕打開了傅筱庵的房門。朱升源悄悄走到了床邊，拿出了菜刀。雖然，他說要殺死傅筱庵，但是，真要動手的時候又猶豫了起來，畢竟他們有二十幾年的感情，況且他從沒殺過人。考慮再三以後，他終於舉起了菜刀，向傅筱庵的頭狠狠地砍去，接著又是一頓亂砍。就這樣，這個無惡不作的賣國賊吭都沒吭一聲就死去了。

朱升源殺了傅筱庵之後，連忙回到自己的房間換下那身血衣。他並沒有急著逃走，他知道半夜出去必然惹人懷疑。等到天快亮的時候，他拎著一隻菜籃，騎自行車走出了傅府的大門。由於這是他的日常工作，因此沒人懷疑。

當第二天有人發現傅的屍體時，朱升源早已逃之夭夭了。

# 鋤奸記
## ——林懷部刺殺張嘯林

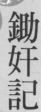

清末民初的中國可謂多災多難，日本人的侵略更加是一場災難。國難當頭之時，無數仁人志士把熱血灑在了抗戰的沙場。但是，也有一些不知廉恥之人，如汪精衛、張嘯林之流，在利益的面前選擇了賣國。賣國之人人人得而誅之，所以有了之前的陳恭澍等人刺殺汪精衛，又有了後來的林懷部刺殺張嘯林。

### 「三色大亨」

清末民初之際，上海有三個響噹噹的人物，那就是黃金榮、杜月笙和張嘯林，被稱爲「上海三大亨」。他們都是臭名昭著的青幫頭子，幹著殺人放火的勾當。其中，張嘯林更是作惡多端，被稱爲「三色大亨」，一是黃色，即開妓館；二是黑色，即販毒；三是白色，即殺人與開賭館。

民國十六年（一九二七年），在「四一二」政變中，張嘯林曾糾集自己的手下大肆屠殺上海工人，因此受到蔣介石的褒獎，被授予「少將參議」。然而，從民國二十七年到二十九年（一九三八年到一九四〇年）八月，蔣介石卻命令手下對張嘯林實施了多次暗殺（有人說多達七次），最終把張嘯林殺死在家中。這其中有著複雜的背景和頗富傳奇色彩的故事。

### 投敵賣國

張嘯林是一個容易被利益驅使的人，在利益的面前往往背信棄義，不擇手段。他能夠從一個地痞流氓發展成爲顯赫一時的青幫頭子，靠的就是種種卑劣的手段。民國二十六年（一九三七年），國難當頭之時，他選擇了背叛，選擇了投敵賣國。

民國二十六年（一九三七年），日本發動了「八一三」事變，十月下旬，戰局進一步惡化。蔣介石準備放棄上海。而當時的「上海三大亨」都擁有很大的勢力，爲了防止他們被日本人利用，蔣介石便電邀黃金榮、杜月笙和張嘯林三人離開上海，前往香港。杜月笙收到蔣介石的來電立即表示同意；黃金榮則表示由於自己年事已高，經不起長途的顛簸，想留在上海，但是，保證不爲日本人做事。唯有張嘯林在這時卻表示了異議。

「三大亨」的地位排列上，原本是黃、張、杜，後來，在蔣介石的扶持下，杜月笙成爲上海灘的青幫老大。野心勃勃的張嘯林很難滿足於這樣的格局，一直想獨霸上海。

「八一三」事變爆發之後，張嘯林認爲自己的機會來了。他想到上海是一個十分複雜的地方，各種勢力盤根錯節，日本人攻陷上海後必然要拉攏上海的幫會頭目，而「三大亨」中杜月笙去了香港，黃金榮則表示不爲日本人辦事，這正是他獨霸上海的好機會，因此他心懷鬼胎地留在了上海。

青幫首領張嘯林。原名張寅，字嘯林，與黃金榮、杜月笙並稱「上海三大亨」。民國十六年（一九二七年）四月，被蔣介石任為海陸空軍總司令部顧問、總司令部少將參議、行政院參議，兼任上海法租界納稅華人會會長。

民國二十六年（一九三七年）十一月，上海淪陷。日本人果然想要實施「以華制華」的伎倆，並派上海派遣軍司令官松井石根物色漢奸爲其服務。正在等待時機的張嘯林當然不會錯過機會，經過幾次談判，他很快便與日本人達成了交易：由張嘯林出面組織「新亞和平促進會」，幫助日本人維護上海治安，收購軍需物資；等日軍攻下浙江後，張嘯林出任浙江省政府主席。

張嘯林公開投敵後，便開始大肆鎮壓抗日救亡運動，脅迫各行業與日本人「共存共榮」，並且以「新亞和平促進會」的名義爲日本人收購各種軍需用品。

張嘯林的投敵賣國行爲引起了國民黨極大的不安，張嘯林被列入了暗殺名單。

## 策反林懷部

面對張嘯林日益猖狂的賣國活動，蔣介石要求軍統局長戴笠設法除去張嘯林。於是，戴笠向潛伏在上海的軍統上海區區長陳恭澍下達了針對張嘯林的鋤奸令。陳恭澍立即組織特別行動組，並任命曾受過專業訓練的陳默爲行動組組長。從此，便拉開了鋤奸的序幕。

刺殺行動小組成立以後，先後對張嘯林實施了幾次暗殺，包括狙擊、美女誘惑等，但是均被狡猾的張嘯林逃脫。

幾次被刺經歷也使得張嘯林心驚肉跳，他整天躲在家裡，除了日本人召見外，絕不外出。爲了確保自己的安全，他又召募了二十名保鏢，並向日本人借了一個憲兵班駐守在他家。

這使得行動小組的刺殺更加困難了。

後來他們還是決定從張嘯林身邊的人下手，林懷部就這樣走進了他們的視線。

林懷部，山東人，原是上海法租界的巡捕。一次偶然的機會，他認識了張嘯林的司機阿四。後來，經阿四的推薦當了張家的門衛。張嘯林幾次被刺之後，便不斷尋找保鏢。這時，阿四便向張推薦了林懷部。林懷部的槍法很準，能在十公尺之外打中撲克牌的紅心。張嘯林見後十分高興，立即聘林懷部爲保鏢。

青幫頭子杜月笙、張嘯林等人的合影。右為杜月笙，中為張嘯林。

陳恭澍、陳默等人認爲林懷部是刺殺張嘯林的最佳人選，一方面，林懷部可以接近張嘯林；另一方面，林懷部的槍法準，可以一擊致命。

於是，陳默找到了林懷部，先是曉之以民族大義，然後以五萬銀元爲酬勞，希望他能夠除去張嘯林。陳默還告訴林懷部，如果刺殺成功，一定會叫軍統總部設法疏通，救他出來，並且會安排他做法租界巡捕房捕辦。林懷部本也是血性之人，早已看不慣張嘯林的所作所爲，只是不知該怎樣行事。況且，陳默提出的條件也足夠誘人。於是，林懷部便下定決心要刺殺張嘯林。

## 妙計鋤奸

林懷部受命之後，一直都在尋找機會接近張嘯林，但是一連幾天，他都被派到外面辦事，根本見不到張嘯林。

民國二十九年（一九三七年）八月十四日，張嘯林家中來了一位客人，他就是張的學生、杭州錫箔局局長吳靜觀。張、吳二人一直都在樓上密談。林懷部感覺這是一個好機會，他決定在張嘯林出來送客人的時候，將其擊斃。但是，沒過多久，張的管家從樓上下來，說是去翠芳樓叫局（所謂叫局，就是去妓院請妓女前來陪酒陪賭）。林懷部聽後，暗暗叫苦，這樣一來，張、吳等人可能玩到深夜，要是那樣的話，就又沒有機會下手了。

林懷部正在焦急之時，突然看見阿四在院中擦汽車，一個計劃油然而生。他走到阿四的面前說：「我有些私事，請師傅去樓上向張先生說一聲，准我幾天假。」阿四一臉爲難地說：「張先生的規矩你又不是不知道，他會客時不允許別人打擾。」林懷部爲了把張嘯林引出來，便故意激怒阿四說：「你平時老是說張先生如何如何看得起你，怎麼怎麼重用你，這麼點事都辦不了，我看全是吹牛。」阿四一聽林懷部這麼說，非常不高興，便對林懷部大罵起來。林懷部一看把阿四激怒了，心中暗自高興，也對著阿四大罵起來。就這樣，兩人愈吵愈凶，聲音也愈來愈大。

林懷部的計謀終於收到了效果。

「吵什麼？」張嘯林在樓上聽到下面吵鬧不休，打擾了他們的談話，便忍不住來到窗邊看看發生了什麼事。林懷部一看張嘯林出來了，非但沒有住嘴，反而罵得更凶了。張嘯林見林懷部沒有理會自己的訓斥，非常生氣，便指著林懷部大聲呵斥道：「你這龜孫子，吃飽了不幹事還吵架，老子多叫一個東洋兵來，用不著你了！」林懷部也不示弱：「我早就不想幹了。」張嘯林本來是想找個台階下，沒想到林懷部竟然這樣頂撞他，勃然大怒，對著阿四說道：「阿四，把這個龜孫子的槍卸了，讓他滾蛋！」

林懷部見狀，知道機會來了，便說：「用不著，老子自己走！」說完便伸手去拔腰間的槍。在場的人都以爲林懷部眞的要交槍走人，不料他甩手對著張嘯林就是一槍，張嘯林當場斃命，身子往前一傾，倒在了地上。林懷部知道張嘯林狡猾，怕他詐死，便提著槍衝上了樓。林懷部到了樓上，確定張嘯林已死，正準備下樓，見到吳靜觀正在打電話給法租界巡捕房報警，便連開兩槍，把吳靜觀也打死了。

林懷部殺死吳靜觀之後，快步下樓，準備逃跑，沒想到被張嘯林的幾個保鏢攔腰抱住，無法脫身。這時，法租界巡捕房的巡捕已經趕到，林懷部知道自己逃不了了，索性把槍一丟，說道：「大丈夫一人做事一人當。」林懷部被捕後，始終不承認自己與重慶國民黨方面有關係，說是由於自己請假沒有獲准，還遭到辱罵，出於義憤開槍打死了張嘯林。法租界巡捕房最後將林懷部刺殺張嘯林一案定爲宣洩報復的刑事案，判處林懷部有期徒刑十五年。抗戰勝利後，林懷部才被釋放。

**戴笠**

光緒二十三年至民國三十五年（一八九七年至一九四六年），浙江江山人，字雨農，號稱「蔣介石的佩劍」、「中國的蓋世太保」，以殘酷無情著稱。因對蔣介石忠誠而受到無限信任，親手策劃了多起暗殺蔣政敵的事情。民國三十五年（一九四六年）三月十七日因飛機失事，死於江蘇江寧板橋鎮戴山，著有《政治情報學》。

# 美女刺客鄭蘋如

## ——美女計殺丁默邨

刺客總給人以神祕的色彩。他們有的長於蠻力，有的善用智謀。然而，無論用力還是用智，用刀還是用劍，在刺客眼中，最重要的就是最大限度地接近目標，離目標愈近，就愈容易一擊致命。

女人生來便是一把利器，愈漂亮就愈鋒利。她們有著成為刺客的得天獨厚的條件，那就是可以無限度地接近目標；身旁，甚至是枕邊。

鄭蘋如就是一個貌美的女人，同樣也是一把利器，是一個香艷的殺手。

### 天生麗質

天生麗質，這個詞語用在鄭蘋如身上一點都不過分。民國七年（一九一八年），鄭蘋如出生在一個顯赫的家庭，是中日混血兒。其父鄭鉞，又名英伯，早年留學日本政法大學，追隨孫中山先生奔走革命，加入同盟會，可說是國民黨的元老。其母是日本名門閨秀木村花子。鄭蘋如的身上既有父親身上的儒雅與剛毅，又不乏其母身上的那種日本女人所具有的獨特的韻味。

出生在革命家庭的鄭蘋如，從小耳濡目染，對革命有著極大的熱情，她見過太多的鮮血、太多的殺戮，幼小的心靈中始終有著一顆革命的種子，而這顆種子正隨著她的年齡、閱歷在萌發、生長。

十九歲時，鄭蘋如毅然地加入了中統，參加抗日救亡運動。上海淪陷後，她更是以自身的優越條件（良好的社會關係和卓越的日語能力）從事抗日的地下工作，擔任中統上海區的情報員。

### 勇挑重擔

同樣是在這個亂世之中，一個識香之人出現了，他就是中統上海潛伏組織負責人陳果夫的侄子——陳寶驊。

日軍侵華後，國民黨內部的分裂鬥爭愈演愈烈，許多人公開投靠日本，造成國民黨極大的損失。對於中統來說，除去這些人成了當務之急。而陳寶驊此次的目標是丁默邨。

丁默邨，湖南人。民國十三年

（一九二四年），二十三歲的他加入了國民黨。民國十九年（一九三〇年），丁默邨被派到上海，以國民黨中學校長的公開身分，在上海調查情報。然而，丁默邨並不是一個安分的傢伙，他不滿足於自己的現狀，積極地擴張自己的勢力。

民國二十七年（一九三八年），汪精衛公開投靠日本。漢奸頭目李士群便開始拉攏丁默邨，此時的丁默邨早已不是那個一襲長衫的丁校長，而是國民黨組織部調查科上海區直屬情報小組組長。利慾熏心的他對李士群的拉攏欣然應允，開始大肆出賣國民黨情報。此後，丁默邨「官場得意」，一路躥升。

民國二十七年（一九三八年）底，他偷偷潛回已經淪陷的上海，按日軍駐上海特務組織機關長影佐楨昭的指令，著手在極司菲爾路（今萬航渡路）七十六號籌建汪僞特工組織。一個殺人的魔窟就這樣形成。他們對各界愛國志士大開殺戒，荼毒一方；並以原國民黨人員爲對象，或拉攏或翦除，順昌逆亡，在上海灘製造了一系列血腥事件。

民國時中統間諜鄭蘋如，民國二十九年（一九四〇年）被汪僞政權殺害。

由於丁默邨熟稔國民黨的內部情況，駕輕就熟，因而屢屢得手，使中統、軍統元氣大傷。此時的丁默邨已變成了人見人畏的「丁屠夫」。

丁默邨的行徑已經使國民黨忍無可忍，但以他當時的勢力，想接近他，殺掉他並不容易。然而，丁默邨的好色是人盡皆知的。陳寶驊決定利用他好色的這一弱點來除掉他。於是，他找到了貌美的鄭蘋如，想藉助這位美人之手除去丁默邨。他之所以找鄭蘋如，一方面是因爲鄭蘋如的美貌；另一方面是因爲在丁默邨當校長時，鄭蘋如正好是他的學生，這樣可以爲鄭蘋如接近丁默邨找到合適的藉口。對革命充滿熱忱的鄭蘋如也明白這件事的利害，毅然把這份重任擔在了肩上。

## 機警周旋

鄭蘋如與丁默邨的第一次相遇，當然是一種人爲的「巧合」。至今，

### 極司菲爾路七十六號

上海極司菲爾路七十六號，即今天的萬航渡路四三五號。汪偽政權成立後，漢奸丁默邨、李士群在日本人的支持下建立了特工組織，原來機構設在上海大西路七十六號，後因此處活動不便，改在極司菲爾路七十六號。他們大量網羅願意降日的「軍統」、「中統」人員做骨幹，另收買流氓、地痞等人做打手，拼湊起了一個漢奸特務組織的班底，對革命黨人和進步人士肆意抓捕，連普通老百姓如果經過時因為好奇而多看兩眼或多待幾分鐘，都會被抓進拷打一番，甚至再也出不來了。因此，當時的人們對「七十六號」聞之變色。

說法不一，有人說是「電車巧遇」，有人說是「宴會奇逢」。到底怎樣，現在已無從知曉。只是知道，相遇之後，鄭蘋如以昔日學生的身分與丁寒暄，而丁默邨也為鄭蘋如的美貌深深地吸引。

然而，一件事的發生卻讓鄭蘋如有了進一步接近丁的機會。

民國二十八年（一九三九年）初，丁默邨糾合李士群誘捕了中統軍委會別動隊駐淞滬特遣分隊隊長熊劍東。熊劍東是中統的一員大將，中統一直想把他救出，只是苦於沒有機會。鄭蘋如的出現讓中統看到了希望，他們便派鄭蘋如以師生的名義去為熊劍東求情，這樣鄭蘋如不但可救出熊劍東，還可以進一步接近丁默邨，可謂一舉兩得。

於是，鄭蘋如親自去找丁默邨，並對丁默邨說，熊劍東是自己的朋友，希望丁校長能網開一面。第一次相遇後，丁默邨已經對鄭蘋如垂涎三尺，正苦於沒有機會接近，看見鄭蘋如有事求他，便欣然答應，以博取這位美人的芳心。果然，幾天後，熊劍東便被放了出來。

此後，鄭蘋如便以「報恩」的名義頻頻與丁默邨接近，而這也正是丁默邨所希望的。丁默邨身為汪偽的特務頭子，經常地約會並不方便，而且，他知道自己作惡太多，經常出去也不安全，就索性把鄭蘋如安排為自己的秘書，跟隨在自己左右。這樣一來，鄭蘋如便可以自由地出入極司菲爾路七十六號這一魔窟。

鄭蘋如憑藉自己的美貌與機智順利地接近了丁默邨，並不斷地與其周旋。而此時的丁默邨也陶醉於鄭蘋如的美貌之中。他做夢也沒有想到，這位美人正在尋找殺死他的機會。

## 功敗垂成

取得了丁默邨的信任之後，鄭蘋如便不斷地尋找除去他的機會，她一刻也沒有忘了自己的使命。

某日，鄭蘋如邀請丁默邨到她家做客，丁默邨頓時心花怒放，而此刻鄭家附近佈滿狙擊手，準備在他出現時將其擊斃。然而，當他的轎車快到鄭家時，他突然改變了主意，掉頭離去。

就這樣，第一次計劃宣告失敗。但是，鄭蘋如並沒放棄。時機又一次出現了。

民國二十八年（一九三九年）十二月二十一日，丁默邨去滬西一個朋友家吃中飯，打電話邀鄭蘋如一同參加。下午六點多鐘，從丁默邨的朋友家出來以後，二人乘車返回。當汽車行至戈登路西伯利亞皮貨店時，鄭蘋如便向丁默邨撒嬌說，耶誕節要到了，要他送自己一件皮衣，並讓丁默邨同她一起下車挑選。由於事情比較突然，不是預約的地點，停留時間也不是很長，丁默邨沒有生疑，便一同下車。然而，鄭正在挑選皮衣時，丁默邨突然發現，玻璃櫥窗外有兩個形跡可疑的人，正向他打量。他欠的血債太多了，任何一絲異樣對他來說都是致命的。丁默邨一看情形不對，便掏出一疊錢往櫃檯上一放，說「你自己挑吧，我有事先走了」，接著便奪門而逃。丁的司機見他狂奔而出，急忙發動引擎，開好車門。丁默邨鑽進車中，倉皇逃竄。那兩人雖連開數槍卻還是讓丁逃脫了。暗殺又一次失敗。

兩次失利後，鄭蘋如並不甘心，她決定深入虎穴，孤身殺敵。

民國三十五年（一九四六年）十一月，原汪偽政府最高國防會議秘書長丁默邨出現在法庭上。丁默邨，湖南常德人，早年曾加入中國共產黨，後來叛變投靠國民黨，並在上海文化界從事特務活動，與中統、軍統組織關係密切。汪偽政府成立後，丁默邨先後出任偽行政院社會部長、交通部長以及最高國防會議秘書長等職務。民國三十六年（一九四七年）二月，江蘇高等法院以叛國罪名，判處丁默邨死刑，在南京老虎橋監獄行刑。

## 花殘

明知不可為而為之，悲劇往往就是這樣發生的。此時的鄭蘋如已經拋棄了一切，她的腦海裡只有一個念頭，那就是殺死丁默邨，殺死這個嗜血的劊子手。

她繼續與丁默邨周旋，想創造更好的機會。在槍擊之後的第三天，鄭蘋如驅車到七十六號見丁默邨。她身攜手槍，準備伺機動手。但她哪知丁默邨早已布下羅網，等她上鉤。她剛到那裡，就被丁默邨的親信林之江給扣住了，被關進七十六號的囚室。

丁默邨雖然凶殘，但還是懂得憐香惜玉的，他並沒有要殺死鄭蘋如的想法。然而，一個女人的出現卻徹底改變了她的命運。她就是丁默邨的老婆趙慧敏。

就在鄭蘋如被關之後，趙慧敏悄悄找到林之江，面授機宜。

民國二十九年（一九四〇年）二月裡某一天，林之江把鄭蘋如帶出囚室，連發三槍，把她打死在荒野之中。

鄭蘋如死前曾留下悲愴的遺言：「這樣好的天氣，這樣好的地方！白日青天，紅顏薄命，竟這樣地撒手西歸！我請你不要毀壞了我自己一向十分珍惜的容顏，幫幫忙，打得準一點，別把我弄得一塌糊塗。」

這時的鄭蘋如只有二十一歲，可憐一代佳人，就這樣香消玉殞。

雖然沒有死在鄭蘋如的手中，但是大漢奸丁默邨也沒有得到好的下場。民國三十六年（一九四七年），丁默邨被國民政府執行槍決。而殺害鄭蘋如的直接兇手林之江案發後逃往香港，後來患精神分裂症，民國三十九年（一九五〇年）吐血而死。

愛美之心，人皆有之。對於女人來說，更是如此。然而，美貌一旦與政治放在一起，往往便意味著悲劇的開始。

依據張愛玲小說改編的電影《色戒》的宣傳海報。這個故事的原型就是鄭蘋如刺殺丁默邨事件。

## 軍統局

軍統局是國民政府軍事委員會調查統計局（BIS）的簡稱，前身乃爲一九二七年成立之「國民政府軍事委員會密查組」與一九三二年成立的復興社特務處，同年九月則又改組爲「軍事委員會調查統計局」，下轄二處，第一處負責黨務，第二處則負責情報，並直接向委員長蔣中正負責。軍統局是中華民國情報機關之一，早期的領導人爲戴笠，一九四六年戴笠死後由毛人鳳繼任。

一九三八年二月對日抗戰開始，該局重組，第一處另成爲「國民黨中央執行委員會調查統計局」（即中統），而軍統局仍交由戴笠負責。除負責刺探情報，進行反諜工作外，軍統局亦以刺殺等手段執行情報任務，反對中國共產黨。

軍統局於抗戰期間曾多次刺殺投日的軍政人員，如暗殺張嘯林、唐紹儀，暗殺未成的有殷汝耕、汪精衛、周佛海。而隸屬其下的各個「游擊司令部」和「交通警察大隊」則深入日本佔領區開展廣泛的游擊戰，對打擊日軍和與日協作者，發揮了不小的作用。

特工人員最多時近五萬名，分布到國民黨的軍隊、警察、行政機關、交通運輸機構，乃至駐外使領館，專門以監視、綁架、逮捕和暗殺等手段進行活動。軍統局在許多地方設有集中營、祕密監獄和看守所。抗日戰爭期間，軍統也從事一些搜集敵方情報並恐怖活動。也有一些軍統人員投降日本，日本佔領區的重要特務頭子不少來自軍統。

日軍在上海租界附近極司菲爾路（今萬航渡路）七十六號所設特務總部，死於此殺人魔窟的愛國人士不下數千。

國家圖書館出版品預行編目 (CIP) 資料

刺客列傳 / 童超主編 . -- 第一版 . -- 新北市：
風格司藝術創作坊出版：知書房出版發行，
2021.03
面；　公分 . -- ( 圖說天下 ) ( 中國大歷史 )
ISBN 978-986-5493-11-0( 平裝 )

1. 中國史

610.4　　110003306

## 刺客列傳

主　　編：童　超
責任編輯：苗　龍
發　　行：知書房出版
出　　版：風格司藝術創作坊
地　　址：235 新北市中和區連勝街 28 號 1 樓
Tel：(02) 8245-8890
總 經 銷：紅螞蟻圖書有限公司
Tel: (02) 2795-3656　Fax: (02) 2795-4100
地　　址：台北市內湖區舊宗路二段 121 巷 19 號
http://www.e-redant.com
版　　次：2021 年 8 月初版　第一版第一刷
訂　　價：320 元


ISBN　978-986-5493-11-0　　Printed in Taiwan